《第2版》憲法講話

24の入門講義

長谷部恭男

有斐閣

第2版はしがき

今回の改訂では、岩沼市議会議員出席停止事件、孔子廟事件など、最近の最高裁判例についての説明を加えるとともに、各所で法改正などに即した説明の加除修正をおこない、あわせて全体にわたって表現の整序をほどこしました。記述にあたって心がけたことは、初版の際と異なりません。

今回の改訂にあたっては、有斐閣書籍編集部の中野亜樹さんに大変にお世話になりました。厚く御礼申し上げます。

二〇二一年一二月

Y・H

初版　はしがき

この本は、扱っている論点や法令・判例の範囲から言うと、ごく標準的な憲法の教科書です。執筆にあたって心がけたことがあるとすると、以下の五点になります。

第一に、日本の社会で現実に機能している憲法が何か、それを記述することを心がけています。憲法と言われているものは実際には何か、憲法が現にどんな働きをしているか、それを描くことを心がけています。

第二に、初学者の方でも、読めば分かる文章であるよう努めています。理解するために通常の語義から離れた解釈が必要であったり、行間を読んだりしなければならない教科書ではないよう心がけています。

第三に、憲法の学習が一応、終わった方にとっても、通読することで憲法の理解が深まるような本であるように努めています。憲法全体の働きの中で、個別の判例や学説がどのような位置を占めるのか、それが分かるように、論点相互のつながりが理解できるように、説明の上でも心がけていますし、また、関連する論点を相互に参照できるようにしています。

第四に、大日本帝国憲法以来の日本の憲法学の流れを意識した説明に努めています。旧憲法下の学説や法理を反面教師としてしか扱わない教科書もありますが、旧憲法下の法理論の的確な把握なしには現下の問題を理解できないこともしばしばあります。過去の思想を学ばない人は、知らないうちに過去の思想にとらわれます。

第五に、憲法学は、他の法律学よりも人としての良識に頼らなければならない点が多い学問です。そうした点については、そのことを率直に認める説明を心がけています。法は所詮、人として本来すべき実践的思考を簡易化するための道具にすぎません。ときには道具が頼りにならないこともある。法に頼りすぎるのは考えものです。そのことを想起させてくれるのも、基本権条項をはじめとする憲法典の役割です。

有斐閣編集部の亀井聡さんと三宅亜紗美さんに、こうした本の執筆をすすめていただいたのは、二〇一八年九月のことでした。その後もお二人からは、全体の構成に関する助言、原稿の整理から校正、カバーのデザインにいたるまで、万般にわたるお世話をいただきました。厚く御礼申し上げます。

二〇二〇年一月

Y・H

主な目次

目次

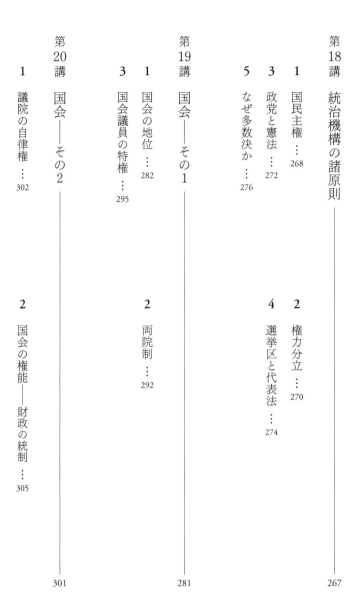

第1講

近代立憲主義の成立

1　近代立憲主義の成立

憲法学は若い学問です。日本の現在の憲法——日本国憲法——が立脚する根本的な考え方は近代立憲主義（modern constitutionalism）と言われるものですが、それがヨーロッパで成立したのは、一七世紀から一八世紀にかけてのことです。

近代的な立憲主義は、狭い意味での立憲主義です。広い意味の立憲主義もあります。憲法またはそれに代わるもので、政治権力の行使を縛るべきだという考え方を、広い意味での立憲主義と言います。広い意味の立憲主義は、古典古代のギリシャやローマ、中世のヨーロッパにもありました。中世のヨーロッパでは、今で言うカトリックのキリスト教の考え方が唯一正しい価値観・世界観であるとされ、一般庶民はもちろん、王侯貴族や皇帝・教皇に至るまでが、それに則って生きるべきだと考えられていました。ですから、政治権力もそうした考え方で縛られていたと言うことができます。

近代的な立憲主義が一七世紀から一八世紀にかけてのヨーロッパという、特定の時期、特定の場所で生まれたことには理由があります。一五一七年、マルティン・ルターの「九五カ条の論題」の公表により、宗教改革が始まります。その結果、教会は複数に分裂し、「正しい」とされる価値観・世界観も複数に分裂しました。宗教は人としての正しい生き方を教えてくれるだけでなく、なぜこの世界が存在するのか、自分は何のためにそこで生きるのか、その意味も教えてくれるはずのものです。来世の存在を信ずる人にとっては、この世で正しい信仰をつかみ取ることができるか否かによって、来世で永遠に幸せに生きることができるか否かが決まります。正しい信仰が何か、それを判断する客観的な物差しがあるわけではありません。異なる信仰は比較不能です。しかも、自分にとって正しい信仰はすべての人にとって正しい信仰のはずですから、異なる信仰は激しい対立と闘争をもたらします。説得ではなく改宗が、改宗が不可能であれば神の敵の殲滅が目指されます。血みどろの宗教戦争が長く続くことになりました。

ただ、比較不能な価値観・世界観の激烈な闘争が続く中で、こうした闘争の意義を疑う見方が生まれてきます。この世に激しく対立する複数の価値観・世界観が存在することは、事実として認めざるを得ない。しかも、来世が本当に存在するか否か、それを知るすべはない。であれば、どのような価値観・世界観を奉ずる人も、人間らしく、公平に扱われる社会をこの世に構築すべきではないか。それが近代立憲主義です。多様な価値観・世界観を抱く人々、それぞれが平和で安全に暮らすことを可能とし、自身の才能と努力を生かして充実した人生をおくる機会を保障すること（憲法学では「公共の福祉」の実現と呼ばれます）、それが近代立憲主義の立場から見た国家の存在意義です。

トマス・ホッブズ、ジョン・ロック、ジャン・ジャック・ルソーといった社会契約論者と言われる人々は、多かれ少なかれ、こうした見方を出発点として、人々の私的な生活領域では各自が選び採る価値観・世界観に従って生きる自由を保障し、他方、社会全体の便益にかかわる問題については、各自の奉ずる価値観・世界観は脇に置いて、人として生きる以上誰もが必要とする便宜——平和で安全な社会秩序の維持、交通・交易・公衆衛生の維持など——を公平に分け隔てなく提供する、そうした社会の構築を提唱しました。

信仰に代表される価値観・世界観の激烈な対立は、現代の世界でもめずらしくはありません。自分が正しいと思う人としての生き方をなるべく多くの人に受け入れてもらいたい、場合によっては暴力に訴えてでも、という心情や性向は簡単になくなるものではありません。しかしそうした自然な心情や性向をそのままにしておくと、人間らしい社会生活は成り立ちません。近代立憲主義は、そうした自然な心情や性向を抑えなければ、いわば無理をしなければ、人間らしい社会生活が成り立たないという認識を出発点としています。近代立憲主義は、現代の欧米各国、そして日本の国のあり方を根底で支えています。

2　憲法ということば

日本語の「憲法」ということばですが、聖徳太子が定めたとされる「十七条憲法」にも見られるように、もともとは法や掟を一般的に指す意味で用いられていました。必ずしも国家の根本法という意味で用いられてきたわけではありません。明治の初年に西欧の法律学や法制度を導入する際、constitution あるいは Verfassung にあたる訳語として「国憲」「国制」と並んで「憲法」ということばが当てられるようになり、明治一五（一八八二）年、伊藤博文をヨーロッパ各国の憲法制度の調査に派遣する際、勅語に付帯する調査項目の一つとして「欧州各立憲君治国ノ憲法ニ就キ其淵源ヲ尋ネ其沿革ヲ考ヘ其現行ノ実況ヲ視利害得失ノ在ル所ヲ研究スヘキ事」が挙げられていたことから、国家の根本法という意味で「憲法」ということばを用いることが一般化しました。

今、国家の根本法と言いましたが、これは実質的な意味の憲法と同じ意味です。国家の名において行動する人や団体が誰であって、それぞれがどのような権限を持つか、相互の関係はどうなっているか、等を定めている原理や準則を指します。実質的な意味の憲法は、国家である以上は必ずあると言われます。また、実質的な意味の憲法の中には、先ほど述べた近代立憲主義に沿ったものもあれば、そうでないものもあります。

他方、憲法ということばは形式的な意味で使われることもあります。各国で「憲法」という名前のついているまとまった法典を、形式的な意味の憲法と言います。現在の日本には、日本国憲法という形式的な意味の憲法があり、アメリカにはアメリカ合衆国憲法という形式的な意味の憲法があります。多くの国家には形式的な意味の憲法がありますが、ない国もあります。イギリスやイスラエルが典型例です。

3　実質的意味の憲法と国家

ところで、国家である以上、実質的な意味の憲法が必ず存在するのはなぜでしょうか。その理由を考えるには、国家というものがどのようなものかを考える必要があります。国家は、さまざまな観点から分析することができます。歴史学者の考える国家、社会学者の考える国家、政治学者の考える国家は、それぞれ微妙に異なっています。ここでお話しするのは、法律学者が考える国家です。

法律学者の考える国家は、私たちの頭の中にしか存在しない拵え事です。目にも見えず、手でも触れられず、また、国家が口をきいたり歩き回ったりすることもありません。富士山や利根川が日本の「領土」なのは、私たちが国家という約束事を頭の中に置いて、自然の山や川を見るからこそそのように見えるだけです。霞が関や永田町にある、いかにも日本を代表しているかに見えるいろいろな建物も、それ自体は鉄やコンクリートの塊です。それが日本の「財務省の建物」であったり「首相官邸」であったりするのも、やはり私たちが「日本」という眼鏡をかけて、鉄やコンクリートの塊を見ているからです。

ところが、私たちは、国家が話をしたり、行動したりするかのように考えることがあります。アメリカと中国が会談するとか、イギリスとアルゼンチンが戦争するとかです。そうした場合も、具体的に行動しているのは生身の人間です。アメリカの大統領と中国の国家主席が会談すると、アメリカと中国が会談したことになり、アルゼンチン空軍のパイロットが発射したミサイルがイギリス海軍の駆逐艦に命中すると、アルゼンチンがイギリスの駆逐艦を撃沈したことになります。

ただし、誰が行ったどのような行為であっても、それが国家の行為だということになるわけではありません。定められた人が定められた範囲で定められた手続を踏んだ上で行った行為であってはじめて、国家が行った行為だということになります。アメリカの大統領がゴルフをしたからといって、アメリカがゴルフをしたことになるわけではありません。

誰がどの範囲でどのような手続を踏めば国家が行った行為だということになるか、その根本を定めているのが、国家の根本法たる憲法、つまり実質的な意味の憲法です。ですから、国家である以上、実質的な意味の憲法があるというのは、いわばトートロジーで、当たり前のことです。野球というゲームをするには、野球というゲームの規則が必要だというのと同じことです。

以上で説明したことを法律学の伝統的な概念を使って言い換えると、国家は法人だということになります。自動車会社や銀行のような株式会社と同様、国家は多くの人々が結集して作られた法人で、突き詰めれば私たちの頭の中にしか存在しない拵え事です。株式会社が契約などの行為をするためには代表取締役をはじめとする機関の手を借りる必要があるように、国家が行動するためには、議会や内閣、裁判所などの国家機関の手を借りる必要があります。国家は法人です。株式会社に定款があって株主総会や取締役会などの機関の権限を定めているように、国家には憲法があって議会・内閣・裁判所などの国家機関の権限を定めています。

国家を法人として捉える見方は、ときに守旧的な政治体制を擁護する言説であるとか、民主政治の発展を阻む狙いがあるなどと言われることがありますが、この見方なくして国家をめぐる諸現象を法律学の観点から筋の通った形で説明することは不可能です。政治運営の民主化を進めるか否かとは、そもそもレベルの違う問題で、国家を法人として捉えたからといって、民主化が進んだり止まったりするものではありません。

4 constitution について

2で説明したように、日本語の「憲法」ということばは、英語やフランス語の constitution に相当することばです。ところで、constitution ということばも、もともと国家の根本法という意味で使われていたわけではありません。さかのぼるとラテン語の constitutio ですが、このことばは、その派生語であるconstitutionやKonstitutionと同様、皇帝や教皇の定めた法令や布告を一般的に指す意味で使われていました。現在の英語のstatuteに相当する意味です。

国家の根本法という意味でconstitutionが使われはじめた時期の例としては、イギリスのチャールズ一世が内乱勃発の直前、議会からの要求が「王国の優れた憲法 that excellent constitution of this kingdom」を覆すものだと応答した例（King's Answer to the Nineteen Propositions, 18 June 1642）や、名誉革命の際、ジェームズ二世の退位（abdication）を宣言した一六八九年一月二八日および二月六日の両院決議が、彼が「王国の憲法 the constitution of the kingdom」を覆そうとしたことをその理由とした例が*あります。

その後、モンテスキューの『法の精神』がヨーロッパ中でベストセラーとなり、その中で権力分立原理について述べた章「イギリスの憲法 de la constitution d'Angleterre」が注目を浴びたことから（ここで彼が描いているのは、当然ながらイギリスの実質的意味の憲法です）、フランスでもconstitutionということばが国家の根本法という意味での憲法という意味で使われるようになったと言われます。

＊「ジェームズ二世は、王国の憲法を覆そうとし、イエズス会士その他の邪悪な者どもの助言によって基本法を犯し、王国から自ら逃走することで、統治を放棄した。王位は従って空位である。」

5 立憲主義の歴史的展開

一八世紀の後半に、近代立憲主義思想にもとづく国家（近代国家）がフランスやアメリカなどに成立します。この時代の国政は、教養と財産を保有する市民階級を主体として運営され、選挙権も財産や性別を指標として制限されていました（制限選挙制）。憲法や政治制度を通じて守られる基本権も、思想・信条の自由、表現の自由、身体の自由、財産権など、個人の権利を公権力から守るという色彩が強く、政府が国民の生活になるべく立ち入らないようにすることが、善い政治のあり方だとされていました。

こうした国家像は、一九世紀の後半から二〇世紀のはじめにかけて、大きく転換しました。そのきっかけの一つとなったのは、戦争遂行に際しての戦略の大転換です。一九世紀を通じて銃火器の精度と飛距離が著しく向上したため、会戦に際して、以前のように両軍が正面から衝突するという戦略ではなく、大量の兵力で距離を保ちながら敵軍を取り囲み、降伏あるいは殲滅戦に至るという戦略がとられるようになります（この戦略にたけていたのは、プロイセンの参謀総長モルトケです）。こうした戦略を遂行するには、徴兵制を通じて大量の兵力を長期にわたって訓練することが必要となります。戦争は究極の政策遂行手段ですから、いつ前線に送られるか分からない立場の国民の側としても、政治への参加を当然求めるようになります（普通選挙制度）。財産を保有しない大衆が政治に参加すると、すべての国民の福祉を格差なく向上させる福祉国家政策をとることが必要となります。教養と財産のあるエリート層の利害に着目した政治では済まなくなるわけです。

財産と性別によって参政権が制限されていた時代には、政治家は自身の声望と資産で国会議員となることができました。国会でどのような発言をし、どう投票するかは自分で自由に決めることができますから、議会内の政治家のつながりも緩やかなものにとどまります。しかし、大衆が政治に参加するようになると、自身の声望と資産だけで国会議員となることはできません。いずれかの組織政党のメンバーとなってその政党の策定した政策綱領に同意し、政党の資金と組織の援助を得ることで、はじめて政治活動を行うことが可能となります。また、政治過程に働きかけようとする各種の利益団体にとっても、まずは政党に働きかけることが効果的になります。議員の行動は自由ではなくなり、所属する政党によって発言や表決が規律されることとなります。

福祉国家観の下で、議会の制定する法律にもとづいて公権力の活動を制約するだけでなく、自由な経済市場での競争の結果もたらされた経済格差をはじめとするさまざまな社会問題にも、政府は対応すべきだと考えられるようになると、政府の活動領域は飛躍的に拡大します。政府は巨大な官僚組織の支援を得てさまざまな政策を立案し、それにもとづいて議会による立法活動を積極的に指導するようになります。政治の世界に現れた組織政党は、そうした政府および議会の活動を支える柱として機能してきました。
日本国憲法下での政治機構の姿と役割については、第18講から第23講で説明します。

6　法の支配

ときに、近代立憲主義と同じ意味で使われる概念として、法の支配があります。ことばの使い方はいろいろですから、そうした使い方が間違いとまでは言えませんが、そうなると、近代立憲主義ということばがすでにある以上、法の支配という概念をわざわざ持ち出す必要はなくなります。

英米の社会で法の支配（the rule of law）という概念が使われるときは、法が法として機能するために具えているべき特質を総称して使われることが普通です。

刑法や民法などの法は、人の行動を方向づけるための手段として使われます。たとえば、自動車を運転するときは、道路の左側を（あるいは右側を）通りなさい。そうしないと刑罰を科されます、と法律には定めてあります（日本の道路交通法では、一七条四項で車両の左側通行が定められ、一一九条一項二号の二で違反したときの刑罰が定められています）。

これが法の標準的な役割です。この標準的な役割を果たすためには、法の定め方に気をつける必要があります。法は公示されていなければなりません（一部の役人だけが知っているというのでは、一般市民は法に従いようがありません）。定めが明確であることも必要です（何を命じられているか訳が分からないというのでは、従いようがありません）。個別の人ごとではなく、一般的に定められていることも必要です（Aさんは盗みを働いても結構だが、他の人は刑務所に入れられるというのでは、訳が分かりません）。さらに、いろいろな法令が相互に矛盾していないこと、事後法ではないこと（やってしまった後になってあれは悪いことだったから罰すると言われたのでは、これまた従いようがありません）、朝令暮改ではなく、大体においては同じ法令が安定して通用していることも大事です。最後に、こうした特質を具えた法が、警察官を含めてその通りに執行されるようになっていること、できれば裁判所がそのようにコントロールしてくれることも必要です。

以上のような、法が①一般的であり、②公示され、③明確であり、④安定しており、⑤相互に矛盾しておらず、⑥事後法（遡及法）が禁止され、⑦法が忠実に執行されるよう裁判所がコントロールしていること、これらの特質を総称して、法の支配と言われているわけです。こうした法の支配は、一〇〇％実現されることは、望み薄です（そして、実はあまり望ましくもありません。その点については司法作用に関する第22講**4**［裁判官の良心］で説明します）。それでも、かなりの程度には実現されていないと、一般市民としては、法に従って生活することがそもそもできません。自分がどんなことをすると、公権力はどう対応するのか（あるいは何の対応もしないで放っておいてくれるのか）が分かって、はじめて人は、自分がどう行動するべきか、自分で判断することが可能となります。人としての普通の生き方を可能とするための必要条件でもあるわけです。

法の支配は、近代立憲主義特有の原理ではありません。人々の自由を極端に切り詰める独裁国家や徹底した人種・性別の差別を行う国家も、そうした国家であるためには、その法令は法の支配の特質を具えている必要があるでしょう。しかし、近代立憲主義の理念に立脚する国家も、法を用いて市民の行動を方向づけ、国家としての役割を果たそうとすれば、その法令は、法の支配の特質を具えている必要があります。

第2講

日本憲法史

1　大日本帝国憲法の成立

大日本帝国憲法（明治憲法）は明治二二（一八八九）年二月一一日に発布されました。この憲法の制定には、藩閥政府と自由民権運動のせめぎ合いの産物としての側面がある一方、幕末に西欧諸国と締結した不平等条約を改正するための前提条件となる西欧的法体系の整備の一環として見ることもできます。

近代国家の樹立を目指し、富国強兵をはかるために国民の政治的エネルギーの動員を必要とした明治政府は、一八七五年に「漸次立憲政体樹立の詔」を出し、一八七六年九月には「朕爰ニ我建国ノ体ニ基キ、広ク海外各国ノ成法ヲ斟酌シ、以テ国憲ヲ定メントス。汝等ソレ宜シク之カ草按ヲ起創シ、以テ聞セヨ。朕将ニ撰ハントス」との国憲起草の勅命が元老院に対して下されました。

これを受けて元老院は一八八〇年末に「日本国憲按」と題する草案を作成して天皇に奏上じましたが、政府内では、海外「各国之憲法ヲ取集焼直シ候迄ニ而我国体人情等ニハ聊モ致注意候モノトハ不被察」（伊藤博文の岩倉具視あて書簡）、あるいは「我カ国体ト相符ハサル所アル」（岩倉具視の論評）ものとされ、採択されるに至りませんでした。

出直しとなった憲法起草作業は伊藤博文を中心として進められます。伊藤は憲法調査の勅命により一八八二年にはヨーロッパに赴いて、ベルリン、ウィーンで、ルドルフ・フォン・グナイスト、ローレンツ・フォン・シュタイン、アルベルト・モッセら法学者たちの講義を聴き、帰国後、井上毅、伊東巳代治、金子堅太郎および政府顧問のヘルマン・レスラー等の協力を得て憲法の起草に着手し、一八八八年に成案を得ました。この草案は、伊藤自身を議長とする枢密院への諮詢を経て確定し、一八八九年二月一一日に大日本帝国憲法として発布されます。

2　君主制原理

こうして成立した大日本帝国憲法には、天皇主権、天皇大権による国政運営など、天皇の統治権を広く認める側面と、欧米諸国の憲法にならって、権利保障、権力分立、民選議院など、自由主義あるいは民主主義に即した制度を採り入れた側面とがありました。

大日本帝国憲法一条は「大日本帝国ハ万世一系ノ天皇之ヲ統治ス」とし、四条は「天皇ハ国ノ元首ニシテ統治権ヲ総攬シ此ノ憲法ノ条規ニ依リ之ヲ行フ」と定めています。四条は、国の統治権はそもそもは天皇がすべて掌握（総攬）しているが、天皇自身が欽定憲法を制定することで、統治権の「行使」に関する限りは自らの権限を自ら制限し、議会、裁判所、政府各機関の輔翼を得てそうした権限を「行フ」とする趣旨の条文です。これは、そもそもはナポレオンの退位を受けて成立したフランス一八一四年憲章に示され、その後ドイツ各邦に導入された君主制原理（monarchisches Prinzip）と呼ばれる考え方を井上毅らが採り入れたものです。日本では天皇主権原理と呼ばれています。

君主制原理を典型的に示す憲法の例としては、一八一八年のバイエルン王国の憲法があります。同憲法第二篇一条は、「国王は国の元首である。国王は主権的権限のすべてを保有し、この憲法において国王の定める諸条項に従いそれを行使する」としています。大日本帝国憲法四条ととてもよく似ていることが分かります。天皇主権原理というと、天皇の命ずることはどんなことであってもその通りにしなければならないという考え方であるかのように受け取られがちですが、本来は、天皇が自ら定めた憲法の条項に従って天皇が統治するという考え方を指しています。何でもやりたい放題というわけではありません。

大日本帝国憲法の下で天皇が保有する権限も、フランス一八一四年憲章や君主制原理にもとづくドイツ各邦の諸憲法における国王の権限とほぼ同じです。立法権については、天皇は緊急時に法律に代わる勅令を発する権限（八条）および法律の根拠なく独自に命令を発する権限（九条）を持ち、また、帝国議会の議決した法律案も天皇の裁可を得てはじめて法律として成立すると考えられていました。そのほかにも、天皇は、行政各部の官制の制定および任免（一〇条）、陸海軍の統帥（一一条）、非常時における戒厳の宣告（一四条）など、広範な大権を保有していました。また、統帥権については、慣行上、国務大臣の輔弼《ほひつ》によらず、陸軍参謀総長、海軍軍令部長が直接に天皇を輔翼するものとされ、このため、帝国議会も政府の責任追及を通じてこれをコントロールすることができないものとされました。さらに、そもそも統治権はすべて天皇が保有していたはずのものですから、憲法の条文からするとどの機関に帰属するか不明の権限は、天皇に帰属するとの推定が働くことになります。

大日本帝国憲法は第二章で国民の権利義務について定めを置いていましたが、そこで保障されたのは、天皇による自己制限によって認められた限りでの「臣民」としての権利であり、個々人に生来の平等な権利が保障されたわけではありません。

3　国家法人理論

君主制原理からすると、国家の統治権は元来は天皇（君主）がすべてこれを掌握しているはずのものです。すると統治権は、天皇の私有財産のようなもので、代々の天皇が相続承継していくものでしょうか。国家も国民も天皇の私的財産権の対象にすぎず、天皇が自由に処分しても構わないものでしょうか。そうだとすると、天皇が国の元首であるとは一体、何を意味しているのでしょうか。

こうした問題は、日本が参照した一九世紀から二〇世紀はじめにかけてのドイツでも激しい議論の対象となっていました。近代ドイツの法律学が出発点としたのは、哲学者イマヌエル・カントが『人倫の形而上学』で展開した法理論です。カントは、何を正しい行動だと考えるかは人によって違う。だから、各人が自分が正しいと信ずることをやりはじめたら、激烈な対立と抗争が巻き起こり、人間らしい暮らしは到底成り立たないと考えました。そこで、各人が自由に意思決定して行動できる範囲を一般的な法律であらかじめ割り振り、法律の認める範囲内ですべての人が平等に行動する自由を保障すべきだとしました（同書・法論第四一節〜第四四節）。こうしたカントの考え方は、まず私法の分野で広く受け入れられます。サヴィニーやプフタなど、当時のドイツを代表する私法学者はロマニスト（ローマ法学者）と言われることがありますが、彼らは古典古代のローマ時代の法律学よりも、個人の自由を尊重する啓蒙期の自然権論を集大成したカントの法理論の影響をより強く受けていました。

こうした法律学の基本的な枠組みは、次に公法の分野にも受け入れられていきます。一九世紀後半にドイツの近代公法学を構築したカール・フリードリヒ・ゲルバーやパウル・ラーバントは、もともとは私法の領域で活躍した学者でした。彼らは、私法の領域から法人という概念を公法学に採り入れて、国家をめぐる諸現象を、法人である国家から君主、大臣、議会等の諸機関への授権、諸機関の上下・並列の関係、諸機関による国家の意思決定とその執行等として説明することに成功しました。国家を法人とする理論によって説明し得ないことが仮に憲法の条文上にあらわれたとしても、それは法律学とは関係のない「政治的」あるいは「歴史的」なことがらとして、除外される必要があります。「政治的」という形容詞は「法律学とは無関係の」という侮蔑的な意味合いでしばしば使われました。

日本の公法学にこの国家法人理論を採り入れた代表的な論者は、東京帝国大学教授であった美濃部達吉です。美濃部によると、日本も含めて、国家は国民によって構成される社団法人です。天皇もこの法人の機関の一つであり（最高機関ではありますが）、その権限は憲法によって定められています。万世一系の天皇が決して揺らぐことなく日本を統治してきたことは、国の歴史や倫理に関する問題であって、法律学とは無関係です。もし統治権が天皇個人の権利だとすると、戦争は天皇の私闘となり、租税は天皇の個人的収入となり、国営鉄道は天皇の個人営業だということになって、良識に反すると美濃部は言います（美濃部達吉『憲法撮要〔改訂第五版〕』〔有斐閣、一九三二〕一二頁）。

他方、国民の権利や財産にかかわりのある国家の行為については、議会の審議と議決を経た法律の根拠が必要（侵害留保原則）だと美濃部は主張しました。大日本帝国憲法の条項でいくつかの臣民の権利や自由が規定されていますが、これらは単なる例示にすぎず、およそ法律の規定がない限り、国民は自由に行動することができます。ここには、カントの考え方が受け継がれています。大日本帝国憲法上諭にある「朕ハ我カ臣民ノ権利及財産ノ安全ヲ貴重シ及之ヲ保護シ此ノ憲法及法律ノ範囲内ニ於テ其ノ享有ヲ完全ナラシムヘキコトヲ宣言ス」との文言は、美濃部の理解によれば、侵害留保原則の宣言にほかなりません。

こうした議論を通じて、美濃部は、君主制原理に立脚しているはずの憲法の下で、国民の自由を可能な限り広く保障し、世論を反映する議会に支えられた内閣が国政の運営にあたる憲法の運用を実現しようとしました。しかし、非法学的要素を憲法学の外側に放逐しようとした美濃部は、ファシズムの台頭とともに天皇主権原理を強調する学説や政治勢力の攻撃を受けます。一九三五年の天皇機関説事件で、美濃部の著書は主著の『憲法撮要』を含めて発売禁止となり、美濃部は貴族院議員辞任に追い込まれました。

なお、元首というのは、国家を有機体（動物）に見立てたときに、君主や大統領がその頭部（head）に相当するという比喩的な意味で使われることばで、元首であることから当然に特定の権限が導かれることもありません。法律学的な意味はないと考えて問題ありません。

4　大日本帝国憲法下の政治運営

政治運営の面では、国務大臣はそれぞれ個別に天皇に責任を負うものとされ（五五条）、帝国議会による信任は国務大臣の在職の条件として明記されてはいません。しかし、大正末から昭和初期にかけては、衆議院の多数派政党が内閣を構成し政権を担当することが「憲政の常道」とされました。衆議院が貴族院と同等の権限を有し、衆議院の支持がない限り政府が必要とする法律、予算を獲得することは困難であったため、政府が衆議院に対して政治責任を負う政治運営が成立する制度的基盤が存在していたと言うことができるでしょう。ドイツでは、第一次大戦の敗戦直前になってようやく政党を主体とする内閣が成立しましたが、日本では大隈重信を首班とする初の政党内閣（隈板内閣）は、一八九八年に成立しています。

しかし、統帥権が政府による輔弼の対象から外されたことや、陸軍大臣および海軍大臣に現役の将官をあてる制度が長期にわたって存在したことから（軍部大臣現役武官制は、一九一三年山本権兵衛内閣時に廃止されましたが、二・二六事件後の一九三六年に復活しました）、軍が内閣の構成や存立に至るまで政治的に大きな発言力を確保しました。軍は組織内部の方針の統一もないまま、政府とは別ルートで外交工作を行い、陸軍参謀本部は平時における外国駐留の軍に対して直接の指揮権を行使しました。

一九三二年の五・一五事件によって憲政の常道が崩壊して以降は、軍部の政治介入に対する有効な歯止めが失われ、一九四〇年に諸政党が解散して議会を政府の「傀儡と化する手段」である大政翼賛会が組織されたことで、政党内閣を可能とする基盤自体が失われました。

東條英機は、第二次大戦敗戦の原因について、「根本は不統制が原因である。一国の運命を預るべき総理大臣が、軍の統帥に関与する権限のないやうな国柄で、戦争に勝つわけがない……自分がミッドウェーの敗戦を知らされたのは、一カ月以上後のことであって、その詳細に至っては遂に知らされなかった。かくの如くして、最後まで作戦上の完全な統一は実現されなかった」と述懐しています（重光葵『昭和の動乱（下）』（中公文庫、二〇〇二）一五二頁）。戦争権限を含めて、国家権力の行使を統合する制度的基盤が欠けていたことのあらわれです。海空軍の主力を失った以上、戦線を後退させ、建て直すことが急務であったにもかかわらず、海軍はそれを行いませんでした。そもそも、彼我の戦争遂行能力の冷静な分析が欠如していたことは言うまでもありません。

5 日本国憲法成立の経緯

一九四五年七月二六日、米英中の三カ国は、日本に対して戦争終結の条件を示すポツダム宣言を公表しました。同宣言は、その一〇項後段で「日本国政府は、日本国国民の間に於ける民主主義的傾向の復活強化に対する一切の障礙を除去すべし。言論、宗教及思想の自由並に基本的人権の尊重は確立せらるべし」とし、また一二項では「日本国国民の自由に表明せる意思に従ひ、平和的傾向を有しかつ責任ある政府が樹立せらるる」ことを連合国による占領軍撤収の条件としていました。なお、同宣言は八項で日本の主権（統治権）の及ぶ範囲を「本州、北海道、九州及四国並に吾等の決定する諸小島に局限せらるべし」としていて、その内容は、日本国との平和条約二条で具体化されています。

一九四五年八月一四日に日本政府はポツダム宣言を受諾し、それは同年九月二日に署名された降伏文書で確認されました。同文書により、日本政府は日本軍の無条件降伏を布告し、ポツダム宣言の条項を誠実に履行することを約束したことになります。ただ、同宣言の各条項を実現する上で、大日本帝国憲法の改正が必要か否かにつき、少なくとも敗戦直後に成立した東久邇宮内閣では、否定的な態度がとられました。「国体護持」をうたってかろうじて「終戦」に踏み切った直後であるだけに、憲法の改正を言い出しにくい情勢であったことにもよると思われます。もっとも昭和天皇自身は一九四五年九月二一日に、木戸幸一内大臣に対し、憲法改正着手の必要性について指示をしています。

他方、連合国軍最高司令官のダグラス・マッカーサーは、一九四五年一〇月四日、東久邇宮内閣の国務大臣であった近衛文麿に対し、さらに一〇月九日に成立した幣原内閣の首相、幣原喜重郎に対して、ポツダム宣言実施のためには憲法改正が必要であることを示唆しました。

これを受けて幣原内閣は、一九四五年一〇月二五日、松本烝治国務大臣を長とする憲法問題調査委員会（通称「松本委員会」）を発足させました。同委員会は憲法改正について消極的で、最終的にまとめた「松本案」と言われる改正草案も、天皇主権を維持し、国会に対し責任を負わない枢密院を残し、国民の権利保障についても法律の留保を設ける（つまり、法律の根拠があれば権利を制限することができる）など、保守的な内容のものでした。

連合国軍総司令部（ＧＨＱ）は、憲法改正は必要としながらも、改正は日本政府のイニシアティヴで進められるべきものとの態度をとっていましたが、一九四六年二月三日、マッカーサーは、総司令部が独自に改正草案を作成し、これを日本側に提示すべきだとの立場をとるに至ります。この方針転換の背景には以下の二つの事情があったと考えられます。

第一に、アメリカ軍を中心とする総司令部による日本の占領統治をコントロールするための国際機関である極東委員会が発足する前に（第一回会合は一九四六年二月二六日）憲法の改正を進めるべきだとの考慮が働いたと考えられます。一九四五年一二月二七日に公表された連合国間のモスクワ協定により、憲法改正については、極東委員会での合意が必要とされていました。しかも極東委員会の構成国の中には、日本政府が反動的であると考え、天皇を戦犯として裁くべきだとの意向を持つ国も含まれていました。他方でマッカーサーは、周囲の助言もあり、天皇制を存置することが占領統治にとって有効であると考えていました。

第二に、毎日新聞による「松本案」のスクープという全くの偶然事も、総司令部の方針転換の背景にあったと考えられます。松本委員会の審議内容は秘密とされ、総司令部もその内容については知らされていませんでしたが、一九四六年二月一日、毎日新聞が「松本案」のスクープ記事を掲載しました。実際には、毎日新聞が記事として取り上げたのは、委員会の最終案ではなく、それよりは進歩的な内容の（軍の統帥権・編制権を明確に削除することとしていた）「宮沢甲案」と呼ばれるものでしたが、それでも、統治権の行使者としての天皇の地位を維持するなど、総司令部の予想よりはるかに保守的なものでした。マッカーサーは、総司令部独自にポツダム宣言の内容に合致する草案を作成し、日本政府に提示して、政府がその案に沿った形で改正を進めることが、天皇制を存置して占領統治を進める上でも望ましいと考えたと思われます。

マッカーサーは、二月三日、総司令部のスタッフに憲法草案の起草を命じ、その際、草案に必ず盛り込むべき原則として、一．天皇制の存続、二．戦争放棄、戦力の不保持、交戦権の否認、三．封建制度の廃止と貴族制度の改革の三点を示しました（「マッカーサー・ノート」）。そして総司令部は二月一三日、吉田茂外相官邸での会談において、総司令部案を日本政府に手交しました。

事態の急転に驚いた日本政府は、しかし総司令部案を基礎として改正を行うことを受け入れ、総司令部案にかなりの修正を加えた三月二日案を作成しました。さらに、総司令部との折衝を経て、三月六日に憲法改正草案要綱を閣議決定し、同日の午後五時に公表しました。公表にあたっての幣原首相の謹話は、「ここに政府は連合国総司令部との緊密なる連絡の下に憲法改正草案の要綱を発表する次第であります」と述べています。また、三月八日の朝日新聞論説は、「われわれはこの草案をもって、国民が論議研究するに足りる高い価値を持っていることを断言し得る。これは幣原内閣単独の力のよく為し得るところではなく、おそらく連合軍最高司令部なかんづくアメリカの強力な助言が役立っていると見るべきである」としていて、総司令部の関与の可能性は公然たる議論の対象となっていました（佐藤達夫〔佐藤功補訂〕『日本国憲法成立史 第三巻』〔有斐閣、一九九四〕二〇二－二〇三頁）。

四月一〇日に衆議院議員の総選挙が施行され、最後の帝国議会の衆議院議員が選出されました。政府の憲法草案は、枢密院での審議を経た後、六月二五日に衆議院本会議に上程され、衆議院で約二カ月、貴族院で約一カ月半にわたる審議を経た後、一〇月七日に最終的に議決され、枢密院での審議、天皇の裁可を経て、一一月三日に公布されました。施行は、憲法一〇〇条の定める通り、公布後六カ月を経た一九四七年五月三日です。吉田茂首相は、憲法改正の提案理由の演説で、ポツダム宣言一〇項および一二項の要請からして「何と致しましても国家の基本法たる憲法の改正が要諦と考えるのであります」と述べています(佐藤・前掲『第四巻』五〇四 - 五〇五頁)。

帝国議会での審議の過程で、憲法草案に数々の修正が加えられています。「日本国民至高の総意」という遠回しの文言は「主権の存する日本国民の総意」と明瞭化され、内閣総理大臣が国会議員の中から選ばれることも明文化されました。また、内閣総理大臣による国務大臣の任命について、国会の承認を要するとする文言は削除されました。九条二項の冒頭には、「前項の目的を達するため」という文言が加えられ、それを受けた極東委員会の要請にもとづいて、六六条二項の文民条項が追加されました。二五条一項の生存権の規定も、帝国議会での審議の過程で加えられたものです。審議の過程で最大の争点となったのは、皇室財産を国有化する現在の八八条であったと言われています。

6 「押しつけ憲法」論

日本国憲法については、その成立の経緯から、押しつけ憲法であるとの否定的な評価が加えられることがあります。しかし、帝国議会でも活発な議論が行われ、先に紹介したものをはじめ、数多くの修正が加えられています。少なくとも、ソ連の影響下にあった旧東欧諸国の憲法ほどの典型的な押しつけ憲法ではなかったと考えるべきでしょう。

そもそも「押しつけ憲法 imposed constitution」という概念は、憲法制定権力が国民にあることを前提として、国民の自律的な意思決定なく成立した憲法を否定的に性格づけるべく用いられる概念です。こうした意味では、大日本帝国憲法をはじめとする君主制原理にもとづく憲法も、すべて押しつけ憲法です。

しかし、国民に憲法制定権力があるという言明が何を意味しているのかは、実はよく分からないところがあります。憲法が制定される以前に多数の人々の集まりにすぎない国民が、一体として行動することがそもそもできるものでしょうか。憲法を制定するとしても単純多数決で決めるのか、特別な多数決で決めるのか、そもそも誰がどういう資格で議決に参加できるのか、そうしたことも分からないのではないでしょうか。憲法制定権力という考え方がそもそも筋の通ったものなのか、疑わしい点があります。

また、およそすべての国民（有権者）がこぞって制定に賛成する憲法がこの世にあるはずもなく、何十年も前の国民（の多く）が制定に賛成した憲法を現在の国民（の多く）が是認しているか否かも明らかではありません。そうしたこともあって、憲法の要点は、良識的に許容し得る範囲内で、現実に国政運営の統御に役立つことにあるのではないかとの立場から、成立の経緯のみに着目する憲法制定権力という概念に、憲法の正当性を基礎づける点でどれほどの意義があるか、疑念を提起する見解もあります（私も実はそうした見解をとっています）。さまざまな論点、さまざまな局面を切り分ける冷静な分析が必要です。

7　日本国憲法成立の法理——八月革命説

日本国憲法については、その成立の経緯に加えて、成立の法理が議論の対象となっています。日本国憲法の上諭は、同憲法が大日本帝国憲法の改正手続を踏まえて成立したものであると述べています。他方で、同憲法の前文は、主権者たる日本国民が「この憲法を確定する」と宣言しています。そもそも天皇主権を基礎とする大日本帝国憲法を、それ自体の定める改正手続を踏んだからとはいえ、天皇主権と全く対立する国民主権を基礎とする新憲法へと変革することが認められるものでしょうか。

　この疑問に対する一つの回答として提示されたのが、憲法学者の宮沢俊義による八月革命説です。宮沢によると、ポツダム宣言一〇項および一二項は、主権、つまり国の政治のあり方を最終的に決める権威が天皇から国民へと移転することを要求しており、この要求を受諾した時点で、日本の法体系はその根本原理が転換した、別の言い方をするなら、法的意味での革命が発生したことになります。主権原理の転換は、憲法自体の内容の変革をもたらします。大日本帝国憲法の内容は、国民主権原理と両立しない限度でその効力を失い、国民主権原理と両立し得る憲法としてその後は存立したというわけです。こうした法的革命後の大日本帝国憲法を、その改正手続を経て、日本国憲法へと改正することに、法理論上の困難はありません（宮沢俊義「日本国憲法生誕の法理」同『憲法の原理』〔岩波書店、一九六七〕所収）。

　他方、主権が天皇にあるか国民にあるかという問題は、厳密な意味では法律問題ではない（政治的・倫理的問題にすぎない）とする美濃部達吉のような立場もあります。美濃部は、終戦直後に憲法改正が論議された際、憲法を改正する必要はないし、国政運営の民主化は法律レベルの改正で十分に可能であるとの論陣を張りました。彼の国家法人理論からすれば、筋の通った態度だと言うことができます。

　主権のさまざまな意味とその理解の仕方については、第18講**1**［国民主権］を参照してください。

第3講

天皇制

1 日本国の象徴

憲法一条は、「天皇は、日本国の象徴であり日本国民統合の象徴であつて、この地位は、主権の存する日本国民の総意に基く」と定めています。象徴とは、抽象的な存在を表現する具体的なもののことです。ハトは平和の象徴、白百合の花は純潔の象徴と言われます。

第1講3〔実質的意味の憲法と国家〕で説明したように、日本をはじめとする諸国家は、国民と呼ばれる人々の集合体が一体として行動するものとみなすという約束事の上に成り立つ抽象的な存在です。つまり、自動車会社や銀行のような株式会社と同様、国家も多くのメンバーから構成される法人です。国務大臣や裁判官、警察官等の職務にある具体的な人間の行動は、日本という国家の行動とみなされます。国家そのものは抽象的な約束事なので目には見えません。憲法一条は、天皇がその抽象的な日本国を具体的な存在として象徴すると述べているわけです。

もっとも、ある具体的なものが抽象的な存在の象徴であるか否かは、人々がそう考えるか否かという社会学的事実に依存する問題です。ハトが平和の象徴であるのは、人々がハトを見て平和のことを想起するからです。事実問題として人々がハトを見ても平和のことを想起しなくなれば、ハトは平和の象徴ではありません。他の例を挙げると、ルネサンス期の宗教画では、聖母マリアのまとう青いシヨールは純潔の象徴だと言われます。しかし、多くの日本人にとっては、聖母マリアは純潔だと言われてもピンとこないでしょうし、青いショールがその象徴だと言われても訳が分からないでしょう。

同じように、天皇が日本国の象徴なのは、人々、とくに日本国民の大多数が天皇を日本国の象徴と考えるという事実があるからです。その事実が失われれば、憲法の規定がどうであれ、天皇は日本国の象徴ではなくなります。象徴としての地位が日本国民の総意にもとづくとする憲法一条は、そうした当然の事理を述べています。ときに、この条文は天皇を日本国の象徴として考えよという趣旨の条文だと言われることがありますが、憲法も法律も人の内心に入り込んでそれを操作することはできません。天皇が日本の象徴だと思う人にとっては、天皇は日本の象徴でしょうが、そう思わない人にとってはそうではない。それはどうしようもないことです。

2　国事行為

憲法四条一項は「天皇は、この憲法の定める国事に関する行為のみを行ひ、国政に関する権能を有しない」とし、三条は「天皇の国事に関するすべての行為には、内閣の助言と承認を必要とし、内閣が、その責任を負ふ」と定めています。「この憲法の定める国事に関する行為」は、六条および七条に限定的に列挙されています。その中には、内閣総理大臣の任命や衆議院の解散など、大きな政治的意味を持つはずの重要な行為も少なくありません。

この国事行為については、大きく分けて二通りのとらえ方があります。第一は、国事行為は本来的には実質的決定権を含むはずのものだというとらえ方です。しかし、天皇が国事行為について実質的な決定権を行使するとなると、天皇は「国政に関する権能を有しない」とする憲法四条一項に反する事態が生じます。そこで憲法は、「内閣の助言と承認」というしかけを作っています（三条・七条）。つまり、実質的な決定は「内閣の助言と承認」を通じて行われ、そのために天皇の国事行為は結果として、形式的・儀礼的行為となっているというわけです。

ただ、この立場は暗黙のうちに日本国憲法下の天皇制を君主制原理を出発点として（つまり天皇が全統治権をそもそも掌握しているものとして）理解している疑いがあります。そうでなければ、なぜ国事行為の実質的決定権が本来、天皇に帰属することになるか、説明がつきません。君主制原理を明示的に否定している憲法で、この立場をとることは難しいのではないでしょうか。また、実質的決定がすでに他の国家機関によって行われている国事行為や、「大使及び公使を接受すること」（憲法七条九号）や「儀式を行ふこと」（同条一〇号）のような、本来的に形式的・儀礼的行為については、内閣の助言と承認は不要だということになるでしょうが、それは「すべての」国事行為に内閣の助言と承認を要求する憲法三条と整合しません。すべての国事行為に内閣の助言と承認を要求するとなると、内閣の助言と承認の中に役割を大きく異にするものがあることとなり、不自然さは否めません。

もう一つのとらえ方があります。天皇の国事行為はそもそも憲法がとくに定めた形式的・儀礼的行為なのであって、内閣の助言と承認も、そうした形式的・儀礼的行為を行うか否か、行うとしていつ行うか等に関する助言と承認だというものです。このとらえ方の対立は、国事行為の実質的決定権者が誰であるかが憲法の条文上も明確となっている場合にはさしたる問題にはなりません。たとえば、誰を内閣総理大臣に任命すべきかは国会の指名によって決まりますし（六条一項・六七条）、最高裁判所長官の任命も内閣の指名によります（六条二項）。問題は、憲法の条文上、誰に決定権があるかが明確でない場合です。衆議院の解散権が議論の焦点となってきましたが、この問題については、第21講4(2)［衆議院の解散］であらためて議論します。

なお、内閣の助言と承認は、「助言と承認」という一つの行為であって、国事行為の事前に行われるべきものと考えられています。

3 私的行為

天皇については、通常の私人と同様の私的行為も想定することができます。株の売買、銀行預金の出し入れ、学術研究のための図書や実験器具の購入などです。ただ、天皇は一般人であれば私的生活領域とされる場面においても、完全に自由ではありません。憲法八条は「皇室に財産を譲り渡し、又は皇室が、財産を譲り受け、若しくは賜与することは、国会の議決に基かなければならない」としています。また、天皇は原則終身制であるため、職業選択の自由（憲法二二条一項）はなく、一般国民であれば「両性の合意のみに基いて成立」するはずの婚姻（憲法二四条一項）も自由ではありません（皇室典範一〇条により皇室会議の議を経る必要があります）。プライバシーも通常の私人に比べれば大幅に制限されています。また、全国民の象徴であり続けようとすれば、特定の思想・信条にコミットしてそれを公にすることも難しいでしょう。

このように、天皇および皇族は、私的な生活領域において基本権が十全に保障されているとは言いがたいところがあります。この事態を、天皇および皇族にも基本権は保障されているのだが、その特殊な職務と地位に伴う最小限の制約であるとして説明する仕方がある一方、天皇および皇族にはそもそも国民と同様には基本権が保障されていないという議論もあります。次のような議論です。

すべての国民に平等に基本権を保障する近代国家は、それ以前の封建制秩序を市民革命が破壊することで生まれました。一七八九年に開始されたフランス革命はその典型です。封建制秩序では、それぞれの人は、属する身分や団体によって異なる特権と義務とを認められていました。封建制秩序が破壊された結果、人は単一の社会の下、平等に基本権を保障される個人となったわけです。

日本国憲法も近代国家の近代憲法です。すべての国民に平等に基本権を保障しています（一一条・一四条）。しかし、日本国憲法はこの近代憲法の論理を貫徹せず、天皇制という封建制の「飛び地」を残しました。残された「飛び地」の中に棲む天皇と皇族には、その属する身分固有の特権と義務のみがあります。国民一般に保障される基本権は享有しません。天皇や皇族に基本権が保障されないのは、そのためだ、という議論です。

4　公的行為（象徴としての行為）

天皇には、憲法の列挙する国事行為、そして私的行為のほかに、象徴としての公的行為を想定することができるという見解があります。天皇が政治的に利用されることを防ぐためには、国事行為以外の公的行為なるものを認めるべきではないという見解もありますが、政府の有権解釈を含め、多くの学説も公的行為を認めています。

ハトや白百合の花と異なり、天皇は人間の行為として理解可能なさまざまな行為をします。国会の開会式で「おことば」を述べ、外国の元首と親書を交換し、第二次大戦の激戦地に赴いて戦没者を慰霊し、大災害の被災地に赴いて被災者と懇談します。これらは、憲法の列挙する国事行為として理解することも、全くの私的行為として理解することも困難です。公的行為を認める見解は、こうした行為を、宮内庁を経て最終的には政府が責任を負うべき公的行為として理解すべきだとの見解です。多くの日本国民が天皇を日本国の象徴と考え続けていくには、天皇がこうした象徴としての数多くの公的行為を果たすことが必要となるでしょう。公的行為に関しては、皇室の私費にあたる内廷費ではなく、宮内庁が経理する公金である宮廷費でまかなうことが可能となります（皇室経済法三条・五条）。

二〇一六年八月八日、当時の天皇（現在の上皇）はビデオメッセージを公表し、その中で退位への思いを強くにじませました。メッセージの内容は、天皇が国の象徴であるとする憲法の規定から出発し、象徴であり続けるためには、日本各地に赴く等の象徴としてのさまざまな行為をこなさなければならないが、年齢を重ねるに従ってそれが難しくなるのではと案じているというものです。つまり、憲法の想定する象徴としての天皇の地位を維持するためには、自身は退位し、より若い世代の皇太子が皇位に就くべきだとのメッセージでした。退位は、「天皇の退位等に関する皇室典範特例法」（平成二九年法律六三号）によって二〇一九年四月三〇日に実現し、現在の天皇が直ちに即位しました。

天皇の自発的な退位を認めることは、皇室の存続を危うくするのではないかとの懸念が示されたこともありますが、退位に向けたメッセージは、あくまで天皇の象徴としての地位を維持するために必要なことは何かを念頭に置いたものでした。

大学の自治や地方自治もそうですが、憲法が想定する制度は、そのメンバーに制度を支えようとする心構え（エスプリ・ドゥ・コール）がなければ維持することはできません。真理を追求し、それを後世に伝えようとする心構えが研究者になければ、大学の自治に意味はありません。地域住民に共通する利益を実現するべくみんなで努力しようとする心構えが住民になければ、地方自治は成り立ちません。天皇制についても同じことが言えます。

5　皇位の継承

憲法二条は、「皇位は、世襲のものであつて、国会の議決した皇室典範の定めるところにより、これを継承する」と定めています。旧憲法二条は、「皇位ハ皇室典範ノ定ムル所ニ依リ皇男子孫之ヲ継承ス」としていました。旧憲法下の皇室典範は皇室が自律的に定める規範であって、帝国議会の議を経ることを要しないものとされていました（旧憲法七四条一項）。皇位の継承について一般国民および議会の干渉を許さないとする趣旨のものです。現憲法下の皇室典範は法律の一種であり、国会の議決によって修正されます。もっとも、現在の皇室典範は、現憲法一〇〇条二項の規定する立法措置として、一九四六年一二月二四日に帝国議会で議決され、翌年一月一六日に公布されました。同様に現憲法施行前に成立した法律としては、国会法、内閣法などがあります。

現在の皇室典範は一条で「皇位は、皇統に属する男系の男子が、これを継承する」と定めています。女系や女子に皇位の継承を認めないことが男女平等に反するという見方もありますが、皇室が身分制の「飛び地」の中にあるという見方からすれば、国民一般に妥当する男女平等原則はこの際、関係がありません。もっぱら国の象徴としての皇位が安定的に継承されていくことができるかという点から、その当否が検討されるべきだということになるでしょう。

第4講

平和主義

1 不戦条約とグロティウス的戦争観

憲法九条一項は、「国際紛争を解決する手段として」の戦争・武力の行使および武力による威嚇を永久に放棄すると定め、二項は、「前項の目的を達するため、陸海空軍その他の戦力は、これを保持しない。国の交戦権は、これを認めない」と定めています。

この条文は、日本語として一見して意味の明瞭な条文とは言いにくいものです。そもそも「国際紛争を解決する手段として」の放棄とは、何を意味しているのでしょうか。

同じ文言は、フランスのブリアン外相とアメリカのケロッグ国務長官のイニシァティヴにより一九二八年に締結され発効したパリ不戦条約にもあらわれます。同条約には当初は一五カ国が調印し、後に六三カ国が参加しました。同条約一条は「国際紛争解決ノ為戦争ニ訴フルコトヲ非ト」しています。

この条約が締結されるまでは、国際紛争、つまり国家間の紛争を解決する手段として戦争に訴えること、武力を行使したり武力によって威嚇したりすることは、違法ではありませんでした。一八五三年、ペリー提督が黒船を率いて来航し、武力での威嚇によって江戸幕府に開国を迫ったことも、当時の国際法の通念からすれば違法ではありません。同様に一八七五年、明治政府が雲揚号を江華島水域に派遣して測量を行い、朝鮮側から砲撃を受けたことを機に応戦して付近を占領した末、日朝修好条規の締結を迫ったことも、違法ではありません。ペリーとよく似たことをしただけです。一八四六年、アメリカが債務の不払い等を理由としてメキシコに対して宣戦を布告し、結果としてカリフォルニア等、太平洋に至る広大な領域を獲得したことも、やはり違法ではありません。ペリー来航は、対メキシコ戦争を経てアメリカが太平洋に進出した、その帰結です。

不戦条約が否定しようとしたのは、当時のこうした国際法の「常識」でした。この「常識」の基礎を作ったのは、国際法の父と言われるフーゴー・グロティウスです。グロティウスは正戦論者でした。つまり、戦争に訴えるには正当な根拠が必要であると主張した人だと言われます。しかし、彼の正戦論は、少しばかり変わっています。彼によれば、戦争は実は決闘です。戦争ではいずれの国も自国こそが正しいと言い張るものです。そして各国内の紛争と異なり、国家と国家の間の紛争について中立公平な裁判は期待できません。裁判に代替する紛争解決手段が決闘です。決闘はいずれが正しい当事者であるかを結果によって決めます。つまり勝った方が正しいというわけです。戦争もそうだ、それがグロティウスの見解でした。そして、戦争に巻き込まれたくなければ、非当事者は厳密な中立公正が要求されます。一方に加担すれば、決闘の当事者とみなされ、敵と同視されることを覚悟しなければなりません。

侵略目的の戦争は不当だとの意見は、昔からありました。しかし、侵略目的の不当な軍事行動か否かも、グロティウスの見解からすると、結局は、誰が戦争に勝つかで判断されることになります。ペリー来航によって日本が無理やり引きずり込まれたのは、そうした「力は正義なり」という世界でした。

一九二八年の不戦条約が覆そうとしたのは、このグロティウス的戦争観です。国際紛争解決の手段として、戦争、武力の行使、武力による威嚇に訴えることは、もはや違法となりました。もっとも、あらゆる武力の行使が否定されたわけではありません。条約の提案者の一人であるアメリカの国務長官ケロッグも、もともとの発案者の一人であったアメリカの法律家、サーモン・レヴィンソンも、不戦条約が自衛権の行使を妨げるものではないと考えていました。一九三一年に勃発した満州事変に関して、日本がその軍事行動を自衛のための措置として正当化しようとしたのも、同様の理解を背景としています。なお、不戦条約批准にあたって田中義一内閣は、民政党による党派的な攻撃を受けて「人民ノ名ニ於テ」とする条約の文言と国体との瑣末な整合性にこだわっておきながら、満蒙の権益を守るために日本が出兵することが自衛権行使にあたるか否かという枢要な問題を各国間で詰めなかったことが指摘されています（加藤陽子『昭和天皇と戦争の世紀』〔講談社学術文庫、二〇一八〕二〇七－二一一頁）。

不戦条約の結果、今や、国際紛争の解決のためには平和的手段のみが認められます（不戦条約二条）。条約の定める義務の履行を求めるために武力に訴えることも許されず、武力による威嚇を背景として条約締結を迫ることもできません。非交戦国にも厳正中立な行動が常に期待されるわけではありません。明白な侵略国家に対しては、経済制裁を下すことも認められる。戦争に訴えることに「正当な理由」があるか否かは、戦争の結果から逆算して判断されるわけではない（ことになります）。侵略国家の指導者は、国際軍事法廷で、平和に対する罪を犯した責任を追及されます。いずれも、ドイツや日本がその後、思い知らされることとなった国際法の根本的な変容です。

国際紛争解決の手段としての戦争を禁止する不戦条約の文言を受けた憲法九条一項も、同じ趣旨の条文で、禁止の対象を、武力による威嚇と武力の行使へと文言上も明確に拡大したものです。第22講**2**⑵⑦で説明する砂川事件判決（最大判昭和三四・一二・一六刑集一三巻一三号三二二五頁）は、九条一項は侵略戦争を放棄したものだとしていますが、この解釈では文言にも即しておらず、意味として狭すぎます。「戦力 war potential」の保持を禁ずる二項前段も、「決闘」としての戦争を遂行する能力の保持を禁ずるものと理解するのが素直ですし（「決闘」に勝利するには限りなき軍拡が求められます）、「国の交戦権」を否定する二項後段も、政府が一九五四年以来、一貫して有権解釈として主張してきたような、交戦国に認められる諸権利の否定ではなく、紛争解決の手段として戦争に訴える権利（正当原因）はおよそ存在しない、という趣旨に受け取る方が、筋が通るでしょう。一項と二項を分断した上で、一項をいわば枕詞として無視し、さらに二項の条文を「戦力」「交戦権」など個別の概念に分解して解釈する従来の手法は、条文全体の趣旨を分かりにくくしています。

2 個別的自衛権の行使

憲法九条の下では、日本が直接に武力攻撃を受けた場合にそれに対処するための個別的自衛権の行使も含め、一切の武力の行使が禁じられているとの見解もあります。マッカーサー自身、当初は、アメリカが唯一の核兵器保有国であり、かつ沖縄に膨大な米軍基地を保有し続けることを前提として、日本本土の完全な非武装を想定していたと見られています（加藤陽子『昭和天皇と戦争の世紀』四〇八頁）。しかし、日本政府および連合国軍総司令部（ＧＨＱ）の理解は、当時においても、完全非武装で一貫していたわけではありませんでした。

政府が日本国憲法の公布と同じ日に刊行した『新憲法の解説』は、「戦争の放棄」に関する解説部分で、「日本が国際連合に加入する場合を考えるならば、国際連合憲章第五一条には、明らかに自衛権を認めている」とし、「自己防衛」の方法がなくなるわけではないとしています（高見勝利編『あたらしい憲法のはなし 他二篇』〔岩波現代文庫、二〇一三〕一〇三頁）。ここで九条の下でも認められると政府が述べる「自衛権」は、「自己防衛」のための自衛権、つまり「個別的自衛権」を指していると見るのが常識的でしょう。他国に対する武力攻撃に日本が対処する集団的自衛権の行使を、占領下にあった当時の日本政府が想定していたとは、考えにくいところがあります。

帝国議会での憲法草案の審議過程で、九条二項の冒頭に「前項の目的を達するため」という文言が加えられました。この修正を提案した芦田均氏は、提案時にはその趣旨を明らかにしませんでしたが、憲法の公布時以降、九条では自衛のための武力の行使が認められることがこの修正によって明確になったとの主張を展開しました。総司令部内でも、この修正が自衛のための実力組織の保持を認める趣旨のものであるとの理解があったことが伝えられています。極東委員会は、この修正後、現在の憲法六六条二項のいわゆる文民条項（第21講3⑴［内閣の構成］参照）を憲法に組み入れることを強く主張し、その意向を受けて、貴族院の審議過程で修正が行われています。この極東委員会の要求も、九条二項の修正が自衛権の行使を認めるものとの理解を前提にしているものと考えられます（高柳賢三ほか編著『日本国憲法制定の過程Ⅱ』〔有斐閣、一九七二〕一四〇−一四二頁）。

そもそも日本が直接に武力攻撃を受けた場合さえ、必要な限りで武力を行使してこれに対処することをも否定する立場は、第1講で説明した近代的な意味の立憲主義と両立しません。ただ攻撃されるがままであるべきだという主張は、それが人としての唯一正しいあり方だという信念に支えられてはじめて可能なものでしょう。そうした信念を持つ人がそれを貫くことはその人の自由ですが、すべての国民にそうした特定の価値観を押しつけるべきではありません。国民の生命と財産を守るという政府として必要最低限のサービスを否定することはできないはずです。

ときにカントの『永遠平和のために』が完全非武装平和論の根拠として言及されることがあります

が、実際にこの本を読めばわかる通り、カントが主張したのは、すべての国が共和政体をとり、民兵による自衛の体制を整えることで、国際的な紛争は次第に減少していくだろう、たとえ完全な平和がそれでも実現不可能だとしても、その実現に向けてわれわれは永遠に努力を続けていくべきだ、ということです。カントは夢想的な平和主義者ではなく、現実的な哲学者でした。

3 日米安全保障条約

一九五一年九月八日に四八の連合国と日本とが署名し、一九五二年四月二八日に発効した日本国との平和条約によって、日本とこれらの連合国との戦争は終結しました。この条約によって日本の主権が認められ（一条）、日本が朝鮮・台湾等に対する権利を放棄すること（二条）、沖縄・小笠原諸島等がアメリカの信託統治の下に置かれること（三条）、日本が極東国際軍事裁判所の裁判などの戦争犯罪法廷の裁判を受諾すること（一一条）などが定められました。

同条約六条は、この条約の発効後なるべくすみやかに、連合国のすべての占領軍が日本から撤退すべきことを定めていますが、日本と他国との協定にもとづいて外国軍隊が日本に駐留することは妨げないともしています。この規定を受けて同日に署名され、同日に発効したのが、日本国とアメリカ合衆国との間の安全保障条約（旧日米安保条約）です。

旧日米安保条約は、駐留軍の使用目的を極東の平和の維持への寄与と外部からの武力攻撃（外部からの干渉による内乱を含む）に対する日本の安全への寄与と規定していました。その後、これに代わるものとして、日本国とアメリカ合衆国との間の相互協力及び安全保障条約が一九六〇年一月一九日に署名され、同年六月二三日に発効しました（新日米安保条約）。同条約五条は、日本国の施政下にある領域における、いずれかの締約国に対する武力攻撃に対して、それぞれの憲法上の規定および手続に従って共通の危険に対処するように行動することを宣言しています。駐留軍が極東の平和の維持に寄与するとの極東条項は維持されましたが、交換公文によって、軍の配置・装備の重要な変更や戦闘作戦行動のための日本国内の施設・区域の使用は、日米両国間の事前協議の対象となるとされています。また、内乱に関する規定は削除されました。

新日米安保条約五条にいう「憲法上の規定」として重要なのは、日本では憲法九条です。歴代の政府は、九条の下においても日本に対する直接の武力攻撃に対処するために必要な限りでの個別的自衛権の行使は認められるとしつつ、集団的自衛権の行使は認められないとし、後者を認めるには憲法自体の改正が必要だと言い続けてきました。いわば、国民に対する約束となっていたと言っていいでしょう。しかし、二〇一四年七月、安倍晋三内閣は閣議決定において集団的自衛権の行使が部分的に許容されるとしました。この解釈変更については、従来の政府見解との理論的整合性がないなど、その理論的根拠があやふやであるだけでなく、変更の結果としていかなる場合に武力の行使が認められることとなったのか、その外延がきわめて不明瞭で、多方面から批判を浴びています。

他方、アメリカ合衆国憲法の規定として重要なのは、「戦争を宣言する declare War」ことを連邦議会の権限とする第一編第八節一一項です。これは、いわゆる宣戦布告を意味するものではなく、「戦争」と言い得る規模の本格的な武力の行使に連邦議会の議決を必要とする規定として理解されています。このため、北大西洋条約機構等の相互安全保障条約と同様、日米安全保障条約においても、日本に対する武力攻撃があった場合にアメリカが武力をもって対処することが義務づけられているわけではない（自働執行性はない）というのが、アメリカ合衆国政府の確固たる有権解釈です。

日本国民の中には、いざというときはアメリカがきっと助けてくれると思い込んでいる人が多いかも知れませんが、実はそんな保証はないのだということは気をつけておく必要があります。いざというときは助けてくれるのだから、日本もできるだけアメリカに配慮しなければいけないという議論も、確たる根拠のあるものではありません。

旧日米安保条約については、最高裁が合憲性の審査を避けたように見えて、避けていないという砂川事件判決があります（前掲最大判昭和三四・一二・一六）。この判決については、第22講**2**(2)[7]で説明します。

第5講

基本的人権——総論

1　近代立憲主義と基本権の保障

日本国憲法は第三章で各種の基本権について規定しています。日本国憲法の基本権条項は、近代立憲主義諸国の憲法に広く見られる個人レベルの消極的自由、つまり、思想・良心の自由（一九条）、表現の自由（二一条）、信教の自由（二〇条）、人身の自由（一八条・三一条等）、財産権（二九条）、職業選択の自由（二二条）等だけではなく、労働者の団結権・団体行動権（二八条）や健康で文化的な最低限度の生活の権利（二五条）、子どもの教育を受ける権利（二六条）等の社会権も広く保障する点に特徴があります。

憲法一三条は、すべての国民が個人として尊重されること、そして、生命・自由および幸福追求に対する国民の権利が、立法その他の国政の上で、最大の尊重を必要とすると規定しています。国政は公共の福祉、つまり社会全体の中長期的な利益の実現を目的とするものです。国家という法人の存在理由は、そこにあります。言い換えれば、社会全体の中長期的な利益の実現に役立たないことは、国家はそもそもすることができないはずです。

しかし、憲法は同時に、何が自分にとっての幸福であるかを国民それぞれが個人として判断し、その判断にもとづいて自分の人生を自由に生きることを前提としています。第1講1［近代立憲主義の成立」で説明したように、多様な価値観・世界観が並存し、対立・競合する近代以降の世界では、政府の役割は、多様な価値観・世界観を抱く人々が、公平に共存し、人間らしい暮らしをおくることのできる基盤を整備することを核心とします。日本国憲法を支えているのも、こうした近代立憲主義の理念です。

大日本帝国憲法下での臣民の権利と異なり、現憲法の保障する基本権は、法律の制定権者である国会をも拘束します。法律を含めて、国家行為が憲法に適合するか否かは、最高裁判所によって最終的に判断されます（憲法八一条）。この点については、第24講1〜6で詳しく取り扱います。

ここではまず、周縁的であるかに見えながら、憲法による基本権保障の意義をあぶり出す論点として、外国人と法人の基本権について、ついで基本権が私的権力との関係でも妥当するか否かと特殊な法律関係における基本権の機能、そして基本権の限界と制約に関する判断の枠組みについて説明します。天皇および皇族が国民と同様に基本権を享有するかという問題も、近代国家の性格を理解する上で重要ですが、その点については、すでに第3講3［私的行為］で説明しました。

2　外国人と基本権

最高裁の判例は、憲法の規定する基本的人権の保障は「権利の性質上日本国民のみをその対象としていると解されるものを除き、わが国に在留する外国人に対しても等しく及ぶ」と述べています（最大判昭和五三・一〇・四民集三二巻七号一二二三頁〔マクリーン事件〕）。しかし、同じ判決で最高裁は、外国人は「わが国に入国する自由を保障されているものでないことはもちろん」わが国に「引き続き在留することを要求しうる権利を保障されているものでもない」とします。したがって、保障されている基本権（本件原告の場合は憲法二一条の定める集会の自由）を行使した場合、その行使をもって在留許可を更新しない理由とされても、その処分は違法とはいえないというのが、最高裁の結論です。基本権が保障されているのは認められた在留期間内だけで、しかも保障された基本権を行使したことを理由に在留期間の延長を認めないこととしても違法ではない。これでは結局のところ、外国人には基本権は保障されていないのと同じではないでしょうか。

こうした結論は受け入れがたいというのが一つの立場でしょう。受け入れられないでもないという立場もあり得ます。次のようなものです。われわれが目指すべきなのは、地球上のすべての人に基本権が十分保障される状態でしょう。そうした状態を実現するには、どのような道筋をとるべきでしょうか。

すべての国の政府がそれぞれ、すべての人類の基本権が十分保障されるよう可能な限り努力すべきだという考え方もあるでしょう。しかし、各国政府はそれぞれ自国民の基本権が十分保障される状態を目指すべきだという考え方もあり得ます。フランスの政府はフランス人の基本権を守り、インドの政府はインド人の基本権を守り、日本の政府は日本人の基本権を守る。つまり、一種の国際的な役割分担です。

海水浴場で、誰か溺れそうになっている人がいるとします。こうしたとき、そもそも論からすれば、その場にいるすべての人に溺れそうになっている人を救助する義務があると言えそうです。しかし、実際にその場のすべての人が救助に向かうと、大変な混乱が起こって、より多くの人が溺れてしまうかも知れません。救助に必要な人手は、実際にはさほど多くはないはずです。他方、誰かが助ければ、それで済むはずだとみんなが考えると、誰も助けに行かないおそれもあります。ですから、そうしたときは、それぞれ担当する場所を分担するライフ・セイバーが助けに行くようあらかじめ決めておいた方が、より効率的に救助活動を行うことができます。

人々の権利を保障する上でも、それぞれの国の政府が自国民の権利を守るようにしておいた方が、地球全体としては、より効果的により多くの人々の権利を保障することができるというわけです。つまり、各国は自国民の基本権のみを保障し、外国人の基本権の保障は、当該外国人の属する国家の政府に委ねるべきである、という考え方です。もっとも、こうした議論は、自国民の基本権の保障に努める国家についてしか通用しません。自国民の基本権を顧みず、かえって暴力的に虐待や虐殺をする国家の国民については、外国人だからといってその基本権の保障を日本国内において拒む理由はないことになります。

国内に定住している外国人であっても、保障されないとされる基本権があります。国会議員の選挙権を日本国民に限って認めるとする公職選挙法九条一項の規定について、最高裁は、とくに理由を述べることもなく、合憲だとしています（最判平成五・二・二六判時一四五二号三七頁）。ただし、地方議会議員の選挙権については、国会の判断で永住外国人に認めることもできるが、認めないことが違憲であるとはいえないとされています（最判平成七・二・二八民集四九巻二号六三九頁）。

外国人が公務員になることができるか否かについては、長年にわたり、「公権力の行使または公の意思の形成への参画に携わる公務員」については、日本国籍が必要とされてきました（「当然の法理」といわれます）。逆に言うと、そうした立場にない公務員であれば、日本国籍は不要だということになります。

在日二世で韓国籍を有する東京都の公務員が「当然の法理」を理由として管理職選考試験の受験を拒否された事件で、最高裁は、住民の権利義務を直接形成し、その範囲を確定するなどの公権力の行使にあたる行為、もしくは重要な施策に関する決定を行ったり、それに参画したりすることを職務とする公務員（「公権力行使等地方公務員」と最高裁は呼んでいます）については、国民主権の原理に照らすと、就任するのは日本国民であることが想定されているとしました。そして、地方公共団体が、管理職の任用制度を、この種の公務員およびその候補者を含むものとして一体的に運用することにも合理性があり、したがって、日本国籍を有する者に限って管理職に昇任できることとすることは、憲法一四条違反とはいえないとしました（最大判平成一七・一・二六民集五九巻一号一二八頁〔東京都管理職選考受験訴訟〕）。

3 法人と基本権

株式会社や大学、宗教団体のような法人にも基本権があるのかが議論されます。法人は人と違って「生まれながら」にして人権を享有するとは言いにくいところがあります。しかし、大学が教育活動をしたり、新聞社が報道をしたりすることが、憲法上保護されていないという結論にも、常識とそぐわないところがあります。

一つの説明は、新聞社や放送事業者が報道活動を行うことは、社会全体に広く政治や日常生活に関する情報を伝え、民主政治を支えるとともに、人々の経済活動や社会活動を可能とする重要な役割を果たしているので、表現の自由による保護を与えるにふさわしいというものです。最高裁の判例もそうした説明をしています（最大決昭和四四・一一・二六刑集二三巻一一号一四九〇頁〔博多駅事件〕、最決昭和五三・五・三一刑集三二巻三号四五七頁〔外務省秘密電文漏洩事件〕）。大学に研究・教育の自律性が認められることや、宗教団体に宗教活動の自由が認められることについても、同様の説明が可能でしょう。

他方、法人に基本権が認められることを法人のメンバーの享有する基本権のあらわれとして説明する立場もあります。大学の研究・教育における自律については、たしかに個々の研究者・教員の自律のあらわれと見る余地がありそうです。しかし、他の法人の場合はどうでしょうか。株式会社である新聞社のメンバーは、法的観点から言えば株主だということになり、その多くはやはり法人です。株主の報道の自由のあらわれとして新聞社に報道の自由が認められるという説明には違和感がつきまといます。新聞記者やカメラマンなどの従業員の報道の自由が問題だという議論もあり得るでしょうが、マスメディアに所属する新聞記者やカメラマンは、自分自身が報道すべきテーマや内容を自由に判断して決められるわけではありません。新聞社全体や所属部署の方針にもとづいて取材を行い、編集過程で記事の配置や内容も多くの修正を受け、コントロールされます。組織の基本権とそこで働く個人の基本権は、区別して議論すべきでしょう。

法人にどこまで基本権が認められるかという問題は、法人とそのメンバーとで主義・主張が対立するとき、それをどう解決すべきかという問題と重なることがあります。その問題は4(2)で扱います。

4　基本権の私人間効力

さて、基本権は、国民である個人の基本権が政府や地方公共団体のような公権力によって侵害されているのではないか、侵害されているとして、それは正当化可能な侵害といえるか否か、という形で問題とされます。外国人や法人にも基本権が保障されるかが論じられるときも、基本権の侵害者として念頭に置かれているのは、やはり公権力です。

他方、現代社会では、巨大な株式会社、大学、組合、宗教団体が活動しており、そうした私的権力からも個人の基本権を守る必要があるのではないか、個人の基本権は、こうした巨大な私的権力によって侵害されるおそれもあるのではないか、という問題提起がなされます。

(1)　**三菱樹脂事件**　ある事件では、株式会社に試用期間を設けて採用された人が、学生運動をしていた事実を入社試験の際に秘匿していたことを理由に本採用を拒否されたことが、会社による思想・信条の自由の侵害ではないかが問題とされました。最高裁は、私人間の社会的力関係の相違から、事実上一方が他方に服従せざるを得ないことがあるとしても、憲法の基本権保障の規定を私人間に適用することはできないとしました。私的な支配・服従関係において個人の自由・平等に対する具体的な侵害やそのおそれがある場合でも、個別の立法措置によって是正することもできるし、場合によっては、私的自治に対する一般的制限規定である民法九〇条や不法行為に関する規定を適切に運用することで、社会的許容性の限度を超える侵害に対して個人の自由や平等を保護することもできるから、というのがその理由です(最大判昭和四八・一二・一二民集二七巻一一号一五三六頁〔三菱樹脂事件〕)。

こうした考え方は、間接適用説と呼ばれることがありますが、「適用」されているのは、あくまで民法九〇条や不法行為の規定などの私法規定であって、憲法の基本権条項は、私法規定を解釈適用する上で勘案されるにとどまる点に注意が必要です。もっとも、憲法の定める基本権条項の中には例外的に、一五条四項(投票の秘密)、一八条(奴隷的拘束の禁止)、二八条(労働基本権)のように、直接に私人間に適用されて効力を及ぼすものもあります。

ここでもう一つ注意すべきことは、同じく「適用」ということばが使われても、法律以下の法令が「適用」されることと、憲法の基本権条項が「適用」されることの間には大きな違いがあることです。普通の法令は、人の行動を方向づけるために適用されます。これに対して、基本権条項は、そうした方向づけを解除するために適用されます。基本権条項は、法令の命ずる通りに判断するのをやめて、人としての良識的判断に戻れと呼びかける条項です。私法上の一般的・概括的条項の適用にあたって基本権を勘案せよというのも、そうした話です。基本権の制約が憲法に違反するものでないかどうかを裁判所が審査(違憲審査)する際の具体的な基準を細かく勘案せよという話ではありません。私人間での個人の自由・平等に対する侵害が「社会的許容性の限度を超える」場合には、一般的条項の適切な運用によって適切な調整をはかるべきだという三菱樹脂事件判決の説示も、ほぼ同じ趣旨を述べているように思われます。基本権条項と通常の法令の機能の違いについては、第22講4［裁判官の良心］で詳しく説明します。

最高裁は三菱樹脂事件判決で、私企業が特定の思想・信条を有する者をそれを理由として雇い入れることを拒んでも、直ちに不法行為となるものではないとしましたが、試用期間中の本件原告については、すでに雇用されているものと判断される余地があり、仮に雇用されているのであれば、企業は客観的に合理的な理由がない限り、解雇することは許されないとしています。雇い入れられる前であれば、思想・信条を理由として採用を拒否されても、原則として文句は言えないが、すでに雇用関係が存在する場合には、会社の解雇の自由は制約されているというわけです。

(2)　**強制加入団体での思想・信条の自由**　私的な団体であっても、特定の職業を遂行するにはその団体に加入することが強制されるもの（たとえば弁護士として活動するには、弁護士会に加入する必要があります）については、特別な配慮が必要となります。最高裁は、税理士会がある政治団体に寄附することを目的に、会員に特別会費の納入を義務づける総会決議を行った事件で、税理士会は強制加入団体であって、実質的には脱退の自由が保障されておらず、他面、さまざまな思想・信条・主義・主張を抱く人が加入しているはずであるから、選挙における投票の自由と表裏をなす政党等の政治団体への寄附については、これを総会での多数決で義務づけることはできないとしました（最判平成八・三・

一九民集五〇巻三号六一五頁〔南九州税理士会事件〕)。

他方、やはり強制加入団体である司法書士会が、大震災で被災した別の県の司法書士会に、復興支援拠出金を寄附することを目的に、特別負担金を会員から徴収する旨の総会決議を行った事件では、最高裁は、本件寄附の目的は、被災した県での司法書士の業務が円滑に行われ、その公的役割が回復するよう援助することにあるとし、また、司法書士会相互の協力・援助も会の活動範囲に含まれるとして、決議は有効であるとしました(最判平成一四・四・二五判時一七八五号三一頁〔群馬司法書士会事件〕)。

株式会社の場合、会社の方針に反対の立場のメンバー(株主)は、株を売り払ってメンバーでなくなることができます。強制加入団体ではありません。ある株式会社が自由民主党に対して政治資金を寄附したことにつき、会社の取締役に対して株主が損害賠償を請求した事件で、最高裁は、政治資金を寄附することも会社の権利能力の範囲内だとしました(最大判昭和四五・六・二四民集二四巻六号六二五頁〔八幡製鉄事件〕)。ただ、最高裁がこの判決で、政党の「健全な発展に協力することは、会社に対しても、社会的実在としての当然の行為として期待される」ことであるとしたり、「会社は、自然人たる国民と同様、国や政党の特定の政策を支持、推進しまたは反対するなどの政治的行為をなす自由を有する」などと述べているのは、行き過ぎとして批判されています。

5　特殊な法律関係

国や地方公共団体のような公権力と特殊な法律関係にある人については、そうした法律関係に関連する権利や義務に関する限り、憲法による基本権保障が原則として及ばないという考え方が、かつてはありました。国家公務員、刑事施設の被収容者（在監者）等の権利や義務に関する考え方で、特別権力関係論と呼ばれる議論です。これに対して、公権力と一般国民との権力関係は、一般権力関係です。

特別権力関係論によると、こうした特殊な法律関係を設定した目的とその性質に応ずる限りでは、公権力は法律の根拠がなくとも一方的にこれらの人々の権利を制約できるし、そうした制約については、裁判所による救済も原則として及ばないことになります。

しかし現在では、これらの人々についても、原則として基本権の保障が及ぶと考えられています。特殊な法律関係にもとづく権利の制約がどこまで許されるかは、個別の法律関係に即して、制約の対象となる権利の性格や、制約の根拠とされる目的の正当性とその射程、さらには、目的とその実現手段となる権利制約との対応（均衡）関係に着目しながら、具体的に判断していく必要があります。つまり、こうした人々について特別な考え方をとる必要はない、ということになります。

公務員の基本権の制約については、第7講6と第16講6で扱います。ここでは、刑事施設被収容者の基本権について説明します。

刑事施設被収容者の基本権の制約は、未決拘禁者の逃亡・罪証隠滅の防止、受刑者の矯正教化、刑事施設内の規律と秩序の維持など、刑事施設の運営上の正当な目的を実現するために、必要最小限度のものにとどまるべきです。判例は、こうした論点を分析する際、特別権力関係という概念を用いていません。

未決拘禁者の新聞閲読の自由が問題とされた「よど号」新聞記事抹消事件〔最大判昭和五八・六・二二民集三七巻五号七九三頁〕で、最高裁は、未決拘禁者については、逃亡および罪証隠滅の防止という勾留目的のほか、刑事施設内の規律および秩序の維持という目的のために、新聞・図書閲読の自由が制限され得るものの、未決拘禁者は原則として一般市民としての自由を保障されるべきであるから、具体的事情の下で閲読を許すことにより、「監獄〔刑事施設〕内の規律及び秩序の維持上放置することのできない程度の障害が生ずる相当の蓋然性」が認められる場合に、「障害発生の防止のために必要かつ合理的な範囲」においてのみ、閲読の制約が許されるとしています。もっとも、同判決は、「相当の蓋然性」の認定や措置の必要性・合理性の判断について、刑事施設の長に広範な裁量を認めています。

なお、国公立大学の学生もかつて特別権力関係下にあると言われることがありました。ただ、現在の判例は、「大学は、国公立であると私立であるとを問わず、学生の教育と学術の研究を目的とする公共的な施設であり、法律に格別の規定がない場合でも、その設置目的を達成するために必要な事項を学則等により一方的に制定し、これによって在学する学生を規律する包括的権能を有する」としており、公権力との特殊な法律関係の有無は問題とされていません（最判昭和四九・七・一九民集二八巻五号七九〇頁〔昭和女子大事件〕）。

6 基本権の限界と制約

基本権が保障されることは、基本権に限界がないとか基本権は決して制約されることがないということを意味しません。かつては基本権の限界については、宮沢俊義の提唱する一元的内在制約説が標準的な見解とされていました（宮沢俊義『憲法Ⅱ〔新版〕』〔有斐閣、一九七一〕二二九頁）。この説は、基本権の制約の根拠となるのは、それと対立する他者の基本権でしかあり得ないという考え方を出発点としつつ、基本権相互の矛盾・衝突を調整するための実質的公平の原理である「公共の福祉」（一二条・一三条参照）が、すべての基本権に内在する一般的な制約根拠となると主張するものです。

ただこの見解については、㋐基本権が何らかの制約を受ける場合、その根拠となるものをすべて基本権と考えることには無理がある（立て看板を使って広告する自由が街の美観を理由に制約されるとき、街の美観も基本権なのか）、㋑そうした考え方は、あらゆるものを基本権に変換してしまい、基本権のインフレと価値低下を招くのではないか、等の批判を受け、現在ではもはや、標準的な見解とは考えられていません。

現在では、①各基本権はそもそも保護する範囲が限られている（たとえば、職業選択の自由は窃盗の自由や詐欺の自由を保護していないし、表現の自由はわいせつ表現の自由や他人の名誉を毀損する自由を保護していない）、②基本権として保護された行為が制約を受けている場合も、その制約が目的に照らして十分な根拠にもとづいており、かつ、均衡のとれた手段として正当化されるのであれば、憲法違反とはならない、という考え方が、日本のみならず、世界各国で広く受け入れられています。

基本権が制約される場合、その正当化のためにどの程度、重要な公益目的が要求されるか、均衡のとれた手段と言い得るためには、目的と手段との間にどの程度、密接な関係が要求されるかが、基本権の種別ごとに、学説や判例を素材として議論されています。

7 基本権の種別

基本権はさまざまな視点から区別することができます。第1講5で説明した近代立憲主義の歴史的発展の経緯に即して見ると、自由権と社会権との区別が重要となります。法令や判例を通じた具体化の程度に即して、抽象的権利と具体的権利とが区別されることもあります。

伝統的には、ドイツの憲法学者、ゲオルク・イェリネクの議論を参考にしながら、国家権力との関係で、受動的地位（義務）、消極的地位（自由権）、積極的地位（受益権）、能動的地位（参政権）が区別されてきました。自由権は、国家権力から個人の自由な判断や行動を保護する役割を果たし、受益権は、国家による社会給付や紛争解決等のサービスの提供を求める権利、参政権は国政への参加を保障する権利です。この分類は、基本権の制約が正当化されるか否かを裁判所が審査する違憲審査の場面で、どの程度、厳格に判断するかについての区分ともある程度見合っていることもあり、多くの教科書で採用されています。

自由権は保護の対象によって精神的自由権（第6講〜第9講）と経済的自由権（第10講・第11講）、そして人身の自由（第12講）へと分類されます。伝統的分類では整理しにくい権利として、包括的基本権（第13講）と平等への権利（第14講）もあります。受益権は、生存権（第15講）、教育を受ける権利と労働に関する権利（第16講）および国務請求権（第17講6〜8）に分かれます。参政権（第17講1〜5）は、選挙権、被選挙権、請願権に分かれます。

もっとも、それぞれの講で説明するように、この分類は大雑把なものです。教育を受ける権利や労働に関する権利にも自由権としての側面がありますし、平等への権利は、国家によるサービスを平等に受ける権利を保障する役割も果たします。

8 制度保障

基本権の保護との関係で論議される概念として、制度保障（「制度的保障」といわれることもあります）があります。さまざまな議論を整理すると、制度保障は、二通りの意味で使われていることが分かります。一つは、特定の基本権を保護するための手段として、一定の制度が憲法によって保障されること、もう一つは、基本権とは無関係に特定の制度が憲法によって保障されることです。

日本の最高裁は、第一の意味で制度保障あるいは制度的保障ということばを使うことがあります。憲法二〇条一項および三項の定める政教分離の規定が、「いわゆる制度的保障の規定であって、信教の自由〔二〇条〕そのものを直接保障するものではなく、国家と宗教との分離を制度として保障することにより、間接的に信教の自由の保障を確保しようとするもの」だとする津地鎮祭事件判決の記述がその例です（最大判昭和五二・七・一三民集三一巻四号五三三頁）。純然たる訴訟事件について、憲法八二条の保障する裁判の公開を定めることで、三二条の規定する裁判を受ける権利を保障しようとしたのだとする判断も示されています（最大決昭和三五・七・六民集一四巻九号一六五七頁〔金銭債務臨時調停法事件〕）。大学の自治が憲法によって保障される理由としても、最高裁は「大学における学問の自由〔二三条〕を保障するため」だと説明しています（最大判昭和三八・五・二二刑集一七巻四号三七〇頁〔ポポロ事件〕）。憲法二一条二項前段の定める検閲と同条一項の保障する表現の自由との間についても、同じ説明が可能でしょう。

他方、地方自治の保障（憲法九二条）は、どんな基本権の保障のためとも言いにくいものです（第23講1(1)〔団体自治と住民自治〕参照）。公務員がすべて全体の奉仕者であって、一部の奉仕者ではないとする憲法一五条二項の規定もそうです。制度保障という概念は、ワイマール時代に活躍したドイツの憲法学者、カール・シュミットが考案したものですが、彼は基本権とは無関係に、ドイツの伝統的な制度が憲法によって保障される事態を指して制度保障（institutionelle Garantie）と呼んでいました。ワイマール憲法が保障する大学の自治、政治的に中立的な官僚制、地方自治などの制度がこれにあたります。

シュミットによると、人の生まれながらの人権に対応する基本権規定は、憲法改正手続を経てもなくすことはできませんが（第24講7(3)〔改正の限界〕）、社会生活の持続性と安定性を支えるための制度保障であれば、改憲手続を踏んでなくすことも可能です。こうした制度保障の本来の意味からすると、現在の日本国憲法下における典型的な制度保障は、天皇制であるとの指摘（石川健治『自由と特権の距離〔増補版〕』〔日本評論社、二〇〇七〕）もあります。

　これらの制度は、それを担うメンバーのエートスを必要とします。真理を追求し後世に伝えようと真摯に努力する研究者の精神なくしては、大学の自治は意味をなしません。党派政治から距離をおいて中長期的な国益を実現しようとする公務員、地域社会を盛り立てていこうとする住民や職員の心がけなくしては、官僚制も地方自治も意味をなしません。国民の統合と国の安定性の象徴である皇室を守り伝えようとする皇族の努力なくしては、天皇制も意味を失います。こうしたエートスが失われたとき、制度を保障する憲法の条文はただのことばになります。

第6講

思想・良心の自由、信教の自由

1 思想・良心の自由

憲法一九条は、思想および良心の自由を保障しています。良心の自由（freedom of conscience）は、信仰の自由という意味で使われることもありますが、日本国憲法は二〇条で信教の自由を保障していますす。一九条が自由を保障する思想および良心は、人の世界観、歴史観、人生観など内心の信念を広く指すものと考えられています。

そうした自由はどのような場合に侵害されたと言えるでしょうか。自分の奉ずる思想を告白するよう強制する、特定の思想を抱くように強制する、あるいは特定の思想を抱いていることを理由に不利益を与えることは、この自由を侵害していると考えられます。教科書類でよく挙げられるのは、キリスト教を信じているか否かを確かめるために「踏み絵」を踏ませるという事例です。

都立高校の卒業式で国歌（「君が代」）が斉唱される際、起立斉唱するよう教職員に命ずる校長の職務命令が本条に違反するか否かが争われた事例があります。ある教員は、日本の侵略戦争の歴史を学ぶ在日朝鮮人や在日中国人の生徒に対し、「日の丸」や「君が代」を卒業式に組み入れて強制することは、教師としての良心が許さないという考えを持っていると主張しました。

これに対して最高裁は、この教師の考えは、自身の歴史観ないし世界観から生ずる信念と言うことができるとしましたが、公立高校の卒業式等の式典で「日の丸」を掲揚し、「君が代」を斉唱することは、慣例上の儀礼的な所作であり、そのように見られてもいるのだから、起立斉唱を命ずる職務命令は、教員の歴史観や世界観それ自体を否定するものではなく、特定の思想を持つことを強制したり、これに反する思想を持つことを禁止したりするものでもなく、特定の思想の有無について告白を強要するものでもないとしました（最判平成二三・五・三〇民集六五巻四号一七八〇頁）。つまり、個人の思想および良心の自由を「直ちに制約する」ものではないというわけです。

最高裁によると、卒業式等で起立して「君が代」を斉唱するのは、周りのみんながやっているから私も付き合ってそうする、という、いわば「大人」のエチケットの範囲内の行動にすぎず、特定の思想を示していることにはならないというわけです。ガリガリの国粋主義者が聞いたらカンカンになって怒りそうな話ですが、最高裁によるとそういうことになります。

ただ話はこれで終わりではなくて、起立斉唱は国旗や国歌に対する敬意の表明という要素は含んでいる行為であるから、自分の歴史観や世界観から「日の丸」「君が代」を否定的に評価する教員に、敬意の表明を強制することは、その者の思想および良心の自由を「間接的」に制約することにはなると最高裁は言います。つまり、当該教員の思想を狙い撃ちにして起立斉唱を命令しているわけではない――慣例に従って行動しろと言っているだけだから――が、たまたま「日の丸」「君が代」に敬意を表明したくないと考えている教員にとっては、校長の意図とは関係なく、たまたまそうなってしまというわけです。

間接的ではあれ、思想・良心の自由を侵害してはいるわけですから、それがはたして正当化できるような制約であるかを検討する必要があります。最高裁は、教員が公立高校の教諭であること、国旗及び国歌に関する法律が「日の丸」を国旗、「君が代」を国歌と定めていること、卒業式等の式典では、生徒等への配慮を含め、教育上の行事にふさわしく円滑に進行をはかる必要があることなどを総合的に考慮すると、この制約は憲法一九条に違反するものとはいえないとしました。

職務命令自体は憲法違反とはいえないとしても、職務命令に従わず、起立斉唱をしなかったことを理由にどの程度の不利益を与えることが認められるかは、別の問題となります。周りのみんながやっていることだから、私もやる、という程度の儀礼的所作をしなかったからといって、重い懲戒処分とする理由はないはずです。最高裁の判決は、職務命令に反した場合に課される不利益を限定する論理を内在させています（最判平成二四・一・一六判時二一四七号一二七頁参照）。

2 信教の自由

第1講1［近代立憲主義の成立］で説明したように、宗教をめぐる激烈な対立は、近代立憲主義を生み出す淵源となりました。各自がそれぞれ大切にする宗教を内心で信仰し、信仰を外部に表明する儀式などを（場合によっては信仰を同じくする仲間とともに）行う自由は、近代立憲主義の核心となる自由の一つです。誰も特定の信仰を強制されることはなく、何を信仰しているかの告白を強制されることもありません。また、信仰を理由として不利益を課されれば、信教の自由の制約となります。いかなる制約も認められないというわけではありませんが、相応の正当化が政府に要求されることになります。

ただ、いくら真摯な信仰にもとづく行為だからといって、人に危害を加えるなど、平穏な社会生活を損なうことは許されません。最高裁は、仏教の僧侶が加持祈禱の行として暴行を加え、結果として被害者を死亡させた行為は、著しく反社会的なものであって、信教の自由の保障の限界を逸脱しているとし、これを処罰しても憲法二〇条一項に違反するものではないとしました（最大判昭和三八・五・一五刑集一七巻四号三〇二頁〔加持祈禱事件〕）。

思想・良心の自由と同じように、信教の自由についても、直接的な侵害と間接的な侵害を区別することができます。特定の信仰を狙い撃ちする直接の侵害は、より高度の正当化（厳格な審査）を必要とします。正当な目的のために行われた公権力の活動が、結果としてたまたま特定の信仰を有する人に不利益を与える、間接的な侵害の場合とは、区別されます。

剣道をはじめとする格技を行うことは聖書の教えに反するという信仰を持つ学生が、高等専門学校で剣道の実技に参加しなかったことを理由に、二度の原級留置（留年）処分の末、退学となった事案で、最高裁は、剣道の実技に参加するよう求めた学校側の措置は、学生の信教の自由を直接的に制約するものではないが、真摯な信仰にもとづいて剣道実技の履修を拒否した結果として、二度の留年と退学という著しい不利益を学生に与えることは当然には許容されないとしました。結論として、実技に代わる代替措置をとることも可能であったのに、そうすることもなく、退学処分を行ったことは、社会観念上著しく妥当を欠いており、裁量権の範囲を超える違法なものであると結論づけています（最判平成八・三・八民集五〇巻三号四六九頁〔「エホバの証人」剣道実技拒否事件〕）。

3 政教分離原則

宗教的な対立を機縁として近代立憲主義が成立したこともあり、政府と宗教団体（教会）との関係がどうあるべきかは、それぞれの国でさまざまに議論され、模索されてきました。大雑把に言うと、国教制度をとりつつも、他の宗教へも寛容な態度をとる国家（例：イギリス）、政府と特定の諸教会との関係を協定（政教条約）を通じて取り決める国家（例：ドイツ）、政府と宗教団体とを厳格に分離する（政教分離）原則をとる国家（例：アメリカ、フランス）があります。第一および第二の種類の国家は、特定の教会に特権的地位を認めていることになります。現在の日本は政教分離原則を採用しています（憲法二〇条一項後段および三項・八九条）。

なぜ政教分離原則を採用すべきかについても、いろいろと立場が分かれます。①政治は社会全体の利益（公益）をいかに実現すべきかを理性的に議論し決定することが役割であるから、非理性的な宗教は可能な限り政治の場から遠ざけるべきだとの立場、②宗教団体にも政治の場への参加を認めるべきだが、宗教団体は信仰を同じくする者だけでその場を占拠し、他の者を排除しようとする傾向があるので、一種の独占禁止法制として政教分離原則が必要となるとの立場、③宗教団体は学校・病院の経営や慈善活動にたずさわるなど、本来、社会公共の利益になるものだが、政治権力と癒着すると堕落する傾向があるため、宗教の純粋さを守るために政教分離原則が必要となるとの立場等があります。

日本の最高裁は、こうした政教分離原則を支える原理論には立ち入ることなく、政教分離規定は、国家と宗教との分離を制度として保障することにより、間接的に信教の自由の保障を確保しようとするものだとしています（最大判昭和五二・七・一三民集三一巻四号五三三頁〔津地鎮祭事件〕）。

どのような公権力の行為が政教分離原則に反するかを判断する際、最高裁は、アメリカ連邦最高裁の示したレーモン・テストと言われる判断基準（Lemon v. Kurtzman, 403 U.S. 602 (1971)）を参照しつつ変容させた目的効果基準という判断の物差しを多くの事案で用いています。政府の行為が、その目的において宗教的意義を持ち、その効果が宗教に対する援助、助長、促進または圧迫、干渉等になるような行為は、政教分離原則に反するという判断基準です。

この基準にもとづいて、市の体育館の起工にあたり、市の公金を支出して神道固有の方式に従った地鎮祭を挙行すること〔前掲最大判昭和五二・七・一三〔津地鎮祭事件〕〕、小学校の増改築に伴い忠魂碑を市の費用で移設し土地を無償貸与する行為〔最判平成五・二・一六民集四七巻三号一六八七頁〔箕面忠魂碑訴訟〕〕、県知事が大嘗祭に参列し拝礼した行為〔最判平成一四・七・一一民集五六巻六号一二〇四頁〔大嘗祭訴訟〕〕が、いずれも政教分離原則には反しないと判断されました。

他方、県知事が靖国神社および県護国神社に対し、例大祭の際に玉串料・献灯料などの名目で県の公金を支出した行為については、一般人が「玉串料等の奉納を社会的儀礼の一つにすぎないと評価しているとは考え難い」とし、「そうであれば、玉串料等の奉納者においても、それが宗教的意義を有するものであるという意識を大なり小なり持たざるを得ない」とした上で、これらの行為が「一般人に対して、県が当該特定の宗教団体〔靖国神社、県護国神社〕を特別に支援しており」、これらの宗教団体が「特別のものであるとの印象を与え、特定の宗教への関心を呼び起こすものといわざるを得ない」として、政教分離原則に違反すると結論づけました〔最大判平成九・四・二民集五一巻四号一六七三頁〔愛媛玉串料訴訟〕〕。

ところで、目的効果基準のうち、目的が宗教的意義を持つ、という部分には、どのような意味があるのか分かりにくいところがあります。およそ政教分離原則違反が争われるような政府の行為であれば、その目的に宗教的意義があるのは当たり前であって、それが全くないと言い張ることには無理があるのではないでしょうか。アメリカのレーモン・テストは、問題となっている政府の行為に正当な世俗的目的があるか否かを問いますが、この問いかけの暗黙の前提は、宗教的意義があることは当たり前というものです。ですから、宗教的意義に加えて、正当な世俗的目的があるか否かを問うているわけです。

ただこの点について、次に説明する空知太神社事件判決で、藤田宙靖裁判官の補足意見は、従来最高裁が目的効果基準を用いた事例は、問題とされた行為において「宗教性」と「世俗性」とが同居しその優劣が微妙な場合であったとの見方を示しています。つまり、目的が宗教的意義を持つか否かだけが検討されたのではなく、宗教的意義と世俗的意義のいずれが上回っているかが、実は最高裁の関心事だったとの見方です。

4　空知太神社事件

政教分離原則に関する最高裁の判例法理は、二〇一〇年の空知太神社事件判決（最大判平成二二・一・二〇民集六四巻一号一頁）で新たな展開を遂げます。この事件では、北海道の砂川市が、ある町内会に市有地を無償で使用させ、その土地内に神社と鳥居が設置されていたことが問題とされました。住民からなる氏子集団が神社を管理・運営しており、毎年三回祭事も行われていました。

最高裁はこの市有地の無償提供行為は政教分離原則違反にあたるとしましたが、その際、目的効果基準を用いていません。市と宗教とのかかわり合いが、「我が国の社会的、文化的諸条件に照らし、信教の自由の保障の確保という制度の根本目的との関係で相当とされる限度を超える」か否かという、より抽象的なレベルの判断の物差しを使っています。なぜでしょうか。いろいろな説明が考えられますが、以下で述べるのはその一つです。

目的効果基準を用いたとしても、市有地を神社の管理・運営のために無償で提供する行為は、特定の宗教に対する援助、助長、促進として当然、違憲と判断されたはずです。しかも、藤田補足意見が指摘するように、本件で問題とされた神社施設はごく普通の神社であって、これといった文化財や史跡等としての世俗的意義を持つものではなく、そこで行われる祭事もごく普通の宗教的行事です。正当な世俗的目的があったと主張するには無理があります。

おそらく最高裁の問題意識は、市有地の無償提供行為が違憲であるとしたときの、後始末にあったのでしょう。違憲状態を解消するにはいろいろな仕方が考えられます。一つは、町内会に対して、神社等の施設を撤去して市有地を返還するよう要求することです。しかしそれでは、氏子集団の信教の自由が損なわれてしまいます。政教分離原則がそもそも信教の自由の保障のために規定された制度だとする最高裁の基本的な考え方からすると、「制度の根本目的」にそぐわない解決です。もう一つの方法は、終戦直後に社寺等の敷地となっていた国公有地をそうした社寺などに譲与したように（こうした事例は、第三共和政初期のフランスにも見られます）、町内会に対して問題の市有地を譲与することです。そうすれば、氏子集団の信教の自由は守られます。しかし、そうした譲与は、目的効果基準に照らしたとき、やはり特定の宗教に対する援助、助長、促進にあたることにならないでしょうか。

つまり、目的効果基準を用いると氏子集団の信教の自由を守る途がふさがれ、それを大きく損なう途しか残りません。そこで最高裁は、「我が国の社会的、文化的諸条件に照らし、信教の自由の保障の確保という制度の根本目的との関係で相当とされる限度を超える」か否かという、より抽象的なレベルの判断の物差しを用いて、閉塞状況を打開しようとしたのでしょう。この判決で最高裁は、同時並行的に進行していた別の訴訟で、砂川市が神社敷地として無償で使用させていた市有地を町内会に譲与したことの合憲性が問われていたが、その譲与は最高裁自身が合憲と判断する（最大判平成二二・一・二〇民集六四巻一号一二八頁〔富平神社事件〕）、ということを指摘しています。そしてこの合憲判断の際に用いられたのも、目的効果基準ではなく、空知太神社事件と同じ判断の物差しでした。

このように説明することが可能だとすると、空知太神社事件で示された判断の物差しは、政教分離原則と信教の自由とが相剋する——つまり、政教分離原則を貫き通すと信教の自由がかえって損なわれてしまう——場面で、信教の自由を守りつつ、政教分離原則違反の状態を解消するという特殊な状況のときに用いられるものだということになりそうです。その他の場合、たとえば、信教の自由と政教分離原則との相剋が問題とならず、かつ、政府の行為について宗教性と世俗性とが同居しているような場合には、今後もやはり目的効果基準が用いられることが予想されます。本件判決後の二〇一〇年七月に出された白山比咩《ひめ》神社事件判決では、観光振興的側面の強い神社の大祭奉賛会に市長が出席し祝辞を述べた行為について、目的効果基準に引きつけた判断の物差しに照らして、政教分離原則に反しないとされています（最判平成二二・七・二二判時二〇八七号二六頁）。

5 孔子廟事件

那覇市は、市の管理する都市公園内に、儒教の祖である孔子やその門弟を祀る聖廟を設置することを許可した上で、その敷地の使用料（年間五七六万七二〇〇円）を免除していました。最高裁は、空知太神社事件大法廷判決と同様の抽象度の高い判断の物差しを用いるとし、本件施設には孔子等の像や神位が配置されて多くの人々の参拝を受けており、本件施設で年に一度行われる釋奠《せきてん》祭禮は孔子の霊を崇めるという宗教的意義を有する儀式であり、本件施設の建物等はそうした儀式を実施する目的に従って配置されている等の事情の下では、本件施設の観光資源等としての意義や歴史的価値を考慮しても、多額の土地使用料の免除は、一般人の目から見て、市が特定の宗教に対して特別の便益を提供し、これを援助していると評価されてもやむを得ないとしました。

結論として、本件免除は、市の宗教とのかかわり合いが、我が国の社会的文化的諸条件に照らし、信教の自由の保障の確保という制度の根本目的との関係で相当とされる限度を超えるものとして、憲法二〇条三項の宗教的活動に該当するとしています（最大判令和三・二・二四民集七五巻二号二九頁）。空知太神社事件大法廷判決と同じく、政教分離原則と信教の自由が相剋する事案です。同判決と同じ判断の物差しを用いていることからしても、同様の解決の方向を示唆していると考えることができそうです。

第7講

表現の自由——その1

1　表現の自由の保護範囲

憲法二一条は「言論、出版その他一切の表現の自由」を保障すると規定しています。表現の自由を保障することがなぜ重要かと問われれば、①公益に関する多様で豊かな情報空間を構成することで、民主的な政治過程の機能に貢献する、②多様な情報や思想に触れることで、各人が自律的に人格を形成し発展させることに役立つ、③商品やサービスに関する多様で豊かな情報が流通することで、消費者の賢い選択や企業活動の発展に役立つなど、さまざまな答を提示することができます。

とはいえ、どんなことでも表現のし放題かといえば、そうではありません。そもそも憲法による保護に値しない表現活動もあると考えられています。わいせつ表現、他人の名誉の侵害、犯罪や違法行為のせん動などがそれにあたります。

ただ、こうした考え方を逆手にとられて、「わいせつ」「名誉毀損」「せん動」とされる行為がむやみに拡大していくと、表現の自由の保護が画に描いた餅になってしまいます。そこで、これらの行為を制約する根拠となる社会的な公益と表現の自由の価値とをはかりにかけた上で、どのような行為が「わいせつ」「名誉毀損」「せん動」にあたるかを定義づける試みがなされてきました。定義づけ衡量（definitional balancing）と呼ばれるアプローチです。

(1)　わいせつ表現　日本の最高裁は、刑法で処罰の対象となる「わいせつ」の定義として、「徒らに性欲を興奮又は刺戟せしめ、且つ普通人の正常な性的羞恥心を害し、善良な性的道義観念に反するもの」がそれにあたるとしています（最大判昭和三二・三・一三刑集一一巻三号九九七頁〔チャタレイ事件〕）。特別に神経の繊細な人や特異な性的感受性の持ち主ではなく、「普通人の正常な性的羞恥心を害し」ているか否かが問題です。「徒らに」とは無益にという意味ですから、埋め合わせになるような芸術的・思想的・学術的価値もないことが含意されています。

判例は、ある文書がこうした定義にあてはまるか否かを判断する際には、その「文書の性に関する露骨で詳細な描写叙述の程度とその手法」、そうした描写叙述の「文書全体に占める比重、文書に表現された思想等と右描写叙述との関連性、文書の構成や展開、さらには芸術性・思想性等による性的刺激の緩和の程度、これらの観点から該文書を全体としてみたときに、主として、読者の好色的興味にうったえるものと認められるか否かなどの諸点を検討することが必要」だとしています（最判昭和五五・一一・二八刑集三四巻六号四三三頁〔「四畳半襖の下張」事件〕）。

(2)　名誉毀損　名誉毀損は、公然と（不特定多数人に向けて）事実を摘示し、他人の社会的評価を低下させることだとされています（大判昭和八・九・六刑集一二巻一五九〇頁等）。名誉毀損は刑法上の犯罪となるだけでなく、民法上の不法行為責任をも問われます。ただ、こうした表現活動のすべてについて法的責任が問われるとなると、政治家の活動に関する報道など、社会的に意義のある表現活動まで抑圧することになりかねません。そこで刑法二三〇条の二第一項は、こうした名誉毀損にあたる行為であっても、その表現内容が、①公共の利害に関する事実に係り、かつ、②その目的がもっぱら公益を図ることにあったと認める場合には、③事実の真否を判断し、真実であることの証明があったときは、これを罰しないとしています。

最高裁は、①②の条件は満たしているが、③の真実性の証明がない場合であっても、表現者が表現した「事実を真実であると誤信し、その誤信したことについて、確実な資料、根拠に照らし相当の理由があるときは」、犯罪の故意があるとはいえないため、やはり名誉毀損罪は成立しないとしています（最大判昭和四四・六・二五刑集二三巻七号九七五頁〔「夕刊和歌山時事」事件〕）。「相当性の法理」と呼ばれる考え方です。判例は、こうした考え方は民法上の不法行為責任についても妥当するとしています（最判昭和四一・六・二三民集二〇巻五号一一一八頁）。

(3)　犯罪のせん動　犯罪の「せん動」について、最高裁は、犯罪または違法行為を「実行させる目的で文書若しくは図画または言動によって、他人に対し、その行為を実行する決意を生ぜしめるような、または既に生じている決意を助長させるような勢のある刺激を与えること」であるとしています（最大判昭和三七・二・二一刑集一六巻二号一〇七頁、最判平成二・九・二八刑集四四巻六号四六三頁）。ただ学説では、この判例の定義では処罰の範囲が広がりすぎるとして、表現内容が「直接に違法行為を引き起こそうとするものであり、かつ、そのような結果が生ずる蓋然性がある場合」に限って処罰の対象とすべきであるとした、アメリカ連邦最高裁の定式（ブランデンバーグ法理）（Brandenburg v. Ohio, 395 U.S. 444（1969））を用いるべきだとの見解が有力です。

(4) **プライバシー**　プライバシーについては、第13講**2**および**3**を参照してください。

(5) **営利的表現**　営利広告（営利的表現）は、かつては表現の自由の保護範囲に含まれないとの考え方がとられていましたが、現在では表現の自由の保護が及ぶと考えられています。日本の最高裁は、何が「営利的表現」にあたるかの判断基準を示していません。アメリカの連邦最高裁の判例は、「商取引の申し込みにとどまるもの」を営利広告としています（Bolger v. Youngs Drug Products Corp., 463 U.S. 60（1983））。ただ、**3**で説明するように、表現の内容にもとづく規制は一般的には、合憲か否かが厳格に審査されますが、営利広告に関する限りは、虚偽・誤導的または違法行為にかかわる広告を表現の自由の保護範囲外とした上で、①規制の目的が重要か、②規制手段がその目的を直接に推進するものか、③規制手段が必要以上に広範ではないか、の三点にわたって審査すべきだとされています（Central Hudson Gas & Elec. Corp. v. Public Service Commission of New York, 447 U.S. 557（1980））。これは、中間審査といわれるものに相当します。

なぜ営利広告については、内容にもとづく規制であるにもかかわらず、合憲性の審査が厳格審査ではなく中間審査で足りるのかについては、第一に、営利広告についてはその真実性・正確性を知ることが政治的・思想的表現より容易であって、政府の規制権限が濫用されるリスクが小さいこと、第二に、営利広告は経済的動機にもとづいて行われるため、規制によって過剰に萎縮するおそれも少ないことが、その理由として挙げられます。

最高裁は、医薬品等の「名称、製造方法、効能、効果又は性能に関して」「虚偽又は誇大な記事を広告し、記述し、又は流布してはならない」とする薬事法（現薬機法）六六条一項に関して、同項でいう「記事の記述」とは、「特定の医薬品等に関し、当該医薬品等の購入・処方等を促すための手段として、不特定又は多数の者に対し、同項所定の事項を告げ知らせる行為をいうと解するのが相当」とした上で、査読を要する専門的学術雑誌への論文の投稿、掲載は、同項の規制する行為にあたらないとしました（最決令和三・六・二八裁時一七七一号一一頁〔ノバルティス事件〕）。

⑹　著作権侵害　著作権と表現の自由の関係については、議論の方向性が定まっているとは言いがたいところがあります。著作権で保護されるのは固定された特定の表現であって、それによって示される思想や情報ではなく、したがって、同一の思想や情報を他の形で表現することは認められる以上、著作権の保護と表現の自由の保護が衝突することはない（したがって、著作権を侵害する表現は憲法の保護範囲外である）と主張されることもありますが、事件の報道やパロディ作品のように、他者と同一の表現を使うことでしか思想や情報を表現し得ない場合もあります。著作権を保護することが表現者に経済的動機づけを与えることで表現活動を促進するとも言われますが、著作権を実際に行使する者の多くが法人であることをどう見るか、著作権者に経済的報酬に加えて表現を抑止する権利まで認め

ることが正当化できるかについては、判断が分かれるところです。

日本の著作権法は、著作権侵害にあたらない使用事例を限定列挙する方式を採用していますが、アメリカの著作権法制にならって、使用の目的、著作物の性格、使用が著作物全体に対して占める量ならびに著作物の市場価値に対して当該使用が及ぼす影響等を勘案して公正使用（fair use）にあたるか否かを判断する一般的条項を導入することで、個別の事案の特性に応じた柔軟な解決をはかるべきではないかとの提案もあります。

(7) 差別的言論　近年では、特定の人種や民族を侮辱したり、こうした人たちの生命・身体等に危害を加えると告知したりする言論も、表現の自由の保護範囲から外すべきだとの議論があります。日本でも二〇一六年に「本邦外出身者に対する不当な差別的言動の解消に向けた取組の推進に関する法律」が制定され、この種の言動の解消に向けた措置を政府や地方公共団体が講ずるべきだとしています。ただし、こうした差別的言動を行ったとしても、刑事罰の対象とはなりません。

一般論としては、伝統的に保護範囲外とされてきたわいせつ、名誉毀損、犯罪のせん動等に新たなカテゴリーを加えることには慎重であるべきでしょう。不当だと考えられる言論であっても、それが名誉毀損や犯罪のせん動にあたらない限りは、その不当性を指摘し批判する言論をもって対抗すべきです。言論をその内容に即して抑圧する権限を公権力に与えることは、それがいくら善意でなされたとしても、予想もしない副作用を伴うリスクがあります。〇〇主義の政治信条としての誤りは歴史が実証したからとか、××党に政権担当能力がないことはすでに明らかになったからといった理由で、特定の政党や政治団体の活動を抑圧する動きへとつながらない保証はありません。

2 「二重の基準」論

憲法によって保護された表現活動であっても、公権力による規制がなされないわけではありません。現にさまざまな規制が行われています。ただ、憲法によって保護された表現活動である以上、公権力の側でなぜそうした規制が必要なのかを示す、正当化の作業が必要となります。

正当化の局面に関する審査についてですが、表現の自由をはじめとする精神的自由が公権力によって制約されている場合、他の自由、たとえば経済的自由が制約されている場合に比べて、裁判所によって、より厳格に審査されるべきだという考え方が受け入れられています。「二重の基準」論といわれる考え方です。表現の自由は他の自由に比べて「優越的地位」にあるといわれることもあります。

「二重の基準」の原語、double standard は、日本語で言うと「二枚舌」といった意味です。つまり、精神的自由と経済的自由とで、裁判所が異なる態度をとることを非難する意味合いがあります。「二重の基準」論は、それでもよく考えてみると「二枚舌」を使っているわけではない、裁判所の態度は筋が通っているのだということを説明する議論です。

説明にはいくつかのものがありますが、最も有力な説明は、民主的政治過程論と呼ばれるものです。日本を含めて近代立憲主義に立脚する諸国家は、民主政治の原則をとります。国民一般から選挙される議会が法律を制定し、国の組織や公権力の行使のあり方を定めます。そうした法律の中には、多くの人々が賛同するものもあれば、国民の権利や利益を不当に制約していると非難されるものもあるでしょう。議会の生み出す法律は、そうした世論の吟味を受け、その評価は、数年ごとに行われる選挙を経て、議会の構成に反映されます。この民主的政治過程が良好に機能している限り、不当な法律は除去されていくはずです。ですから、違憲審査権を行使する裁判所としても、原則は、民主的政治過程の生み出す結論を見守っていればいいはずです。裁判官は直接、民主的に選任されてはいないわけですから、原則として、違憲審査権の行使は控え目であるべきでしょう。

しかし、表現の自由をはじめとする精神的自由が不当に制約されると、この民主的政治過程の良好な機能そのものが損なわれます。そのときは、この過程の機能に任せていれば大丈夫という態度をとることはできません。むしろ、この過程から独立した立場にある裁判所が積極的に審査を行い、機能不全を起こしかねない法律を取り除く必要があります。同じように、国政選挙において地域ごとの議席の配分に偏りがあり（投票価値の較差）、国民の意見が公正に国政に反映されにくくなっている場合も、裁判所は積極的に是正を求める必要があります。こうした議論から、精神的自由を制約する公権力の活動は、それ以外の権利自由を制約する活動よりも、厳格に審査されるべきだという結論が導かれます。

3 表現の内容にもとづく規制と内容中立規制

さて、表現の自由を制約する公権力の活動はより厳格にその正当性の有無を審査すべきだとして、より具体的にはどのような審査を裁判所は行うべきでしょうか。一般には、規制が表現の内容にもとづく規制であれば、正当性の有無は厳格に審査されるべきであり、内容にもとづいていない、内容中立的な規制であれば、いわゆる中間審査がなされるべきだと考えられています。

それぞれの審査で用いられる基準はいくつかありますが、厳格審査の基準の典型は、規制が必要不可欠（compelling）な公益の実現を目的とするものであって、かつ、規制手段がその目的の実現に向けて厳密にしつらえてある（narrowly tailored）ことを要求するものです。他方、中間審査の基準としては、必要不可欠とはいえないまでも重要な公益の実現が目的とされ、かつ、採用されている規制手段より緩やかな手段では、その目的を十分に達成することができないことの立証を公権力に要求する基準がしばしば挙げられます。より緩やかな手段（less restrictive alternative）の有無を問題とすることから、ＬＲＡ基準といわれることがあります。もっとも、日本の最高裁は、中間審査の基準として、後で説明する合理的関連性基準を用いています。

内容にもとづく規制であるか否かは、内容に着目した規制であるか否かによって決まります。たとえば、「政治的内容のビラの配布は禁止する」という規制措置は、ビラの配布という手段を規制する措置ではありますが、「政治的内容」という内容に着目していますから、やはり厳格審査が求められます。

内容にもとづく規制にそうでない規制よりも厳格な審査が求められる理由としては、第一に、内容にもとづく規制は、公権力の側が表向きの目的の裏側に不当な規制の動機を隠していることが少なくないこと、第二に、特定の内容の思想や言論が抑圧されることで、情報の流通過程が歪曲されるリスクが高いことが挙げられます。

4 変奏

具体的な事案では、いかにも表現の内容に着目した規制のように見えながら、内容中立規制として扱われたり、表現内容とは無関係な規制であるかのように見えながら、内容にもとづく規制として扱われるべき場合があります。

前者の例としては、公職選挙法上の選挙運動規制があります。公職選挙法一三八条一項は、「何人も、選挙に関し、投票を得若しくは得しめ又は得しめない目的をもつて戸別訪問をすることができない」とし、この規定に違反すると、一年以下の禁錮または三〇万円以下の罰金が科されます（同法二三九条一項三号）。表現の内容にもとづく規制の典型のように見えます。「この人に投票してください」とか「あの人には投票しないでください」という表現活動を戸別にするなというわけですから。

しかし、最高裁はこの規定を内容にもとづく規制としては扱っていません。なぜかというと、この規定は「この人に投票してください」とか「あの人には投票しないでください」という表現活動の抑圧を目的としているわけではないからです。規制の理由は何かというと、選挙運動としての戸別訪問を認めると、その活動から間接的にさまざまな弊害（典型は買収）が派生する。そうした弊害を抑止するためには、選挙運動としての戸別訪問を禁止するしかない、というものです。その結果、付随的に（たまたまという意味です）戸別訪問による表現活動も禁止されることになってしまう。しかし、規制の目的はあくまで弊害の抑止にあるのだから、内容中立規制として扱ってよいのだというわけです（「間接的・付随的規制論」と呼ばれます）。そのため、判例は、戸別訪問禁止の合憲性を審査するにあたっては、①その目的が正当か、②目的と規制手段との間に合理的関連性はあるか、③規制によって得られる利益と失われる利益の均衡（バランス）はとれているか、の三点を問う中間審査を行っています。合理的関連性基準あるいは猿払基準（5参照）といわれる審査基準です。

同様に、内容にもとづく規制のようでありながら、厳格審査とならない規制の例として、一九八九年に合憲判決の下された岐阜県青少年保護育成条例があります。この条例の定める制度は、著しく性的感情を刺激するなど青少年の健全な育成を阻害するおそれのある図書を「有害図書」として指定した上で、自動販売機での販売を禁止するというものでした。表現の自由の保護範囲外のわいせつ文書が問題となっているわけではありません。保護範囲内の文書を内容にもとづいて規制するわけですから、厳格審査に服するのが筋です。

しかし、最高裁は、より緩やかな審査でこの条例を合憲と判断しました。法廷意見はその理由を明確には述べていません。伊藤正己裁判官の補足意見が理由を詳細に述べています。それによると、この規制で知る権利を制約される読者は、青少年と成人とに分けることができます。青少年については、判断能力が未熟であり、それに由来する害悪から保護する必要があります。したがって、青少年非行などの害悪を生ずる相当の蓋然性があれば規制の根拠として十分です。他方、成人の知る権利の制約ですが、これは成人への有害図書の販売が間接的に青少年にもたらす害悪（弊害）を抑止する目的でなされた規制のために付随的に成人にも生ずる制約ですから、内容にもとづく規制として扱う必要がありません。このため、厳格審査に服する必要はないこととなります（最判平成元・九・一九刑集四三巻八号七八五頁〔岐阜県青少年保護育成条例事件〕）。

他方、表現活動とは無関係な規制であるかのように見えながら、表現内容にもとづく規制として扱われるべき事案もあります。アメリカの具体的事例として、共和党全国大会の会場付近でアメリカの国旗を焼却して共和党政権の政策を批判した行為が、国旗の損壊を処罰の対象とするテキサス州法にもとづいて起訴された事件があります。連邦最高裁は、被告人は共和党政権の政策を批判するというメッセージを伝えるために国旗を焼却したのだから、それを処罰の対象とすることは、表現の内容にもとづく規制にあたるとしました（Texas v. Johnson, 491 U.S. 397 (1989)）。

5　猿払事件判決

4で説明したような、間接的・付随的規制については、表現内容にもとづく規制のように見えても表現内容中立規制として扱い、中間審査（合理的関連性基準）で正当性を審査することで十分であるという考え方は、国家公務員の政治的意見表明を広く「政治的行為」として禁止する国家公務員法の規定（一〇二条一項・一一〇条一項一九号（現一一一条の二第二号））の合憲性が争われた猿払事件の最高裁判決（最大判昭和四九・一一・六刑集二八巻九号三九三頁）で打ち出されたものです。

この判決は、公務員の政治的意見表明の禁止は、こうした意見表明が行政の党派的中立性やそれに対する国民の信頼を損なうという弊害を抑止するためのもので、禁止とこの目的との間には合理的関連性があり、しかも失われる利益は公務員の表現活動が付随的に制約されるにとどまるとして、合憲であると結論づけました。しかしながら、仮に公務員による政治的意見表明が行政の中立性に対する国民の信頼を損なうとすれば、それは公務員による意見表明から派生する間接的弊害ではなく、意見表明の直接のインパクトと言うべきでしょう。間接的・付随的制約だという最高裁の理屈にはどう考えても無理があり、直截に表現内容にもとづく規制と考えるべきです。また、公務員が選挙で民主的に選ばれた政府の指令に従うことなく、現に党派的に行動しているのだとすれば、その政治的見解の表明を押さえ込んだからといって得られるものは何もありません。うわべを取り繕っているだけの話で、得られる利益と失われる利益のバランスも欠けています。

この事件は、北海道の北端の村の郵便局員（当時は公務員でした）が、衆議院議員総選挙に際して、勤務時間外に、職務やその地位を利用することもなく、日本社会党の候補者の選挙ポスターを公営の掲示場に掲示したにすぎない行為が問題とされたもので、第一審と第二審はいずれも、このような事例に適用される限りにおいて、公務員の政治的意見表明を刑罰をもって禁止する国家公務員法の規定は憲法違反であると判断しました（「適用違憲」といわれる判断手法です）。しかし最高裁は、公務員の政治的意見表明を禁止することが法令として正当化可能である以上は、具体的な場面に適用することが違憲となるはずはないという、これまた初歩的な論理学に反する理屈を用いて、下級審の判断を覆しています（この点については、第24講4(4)〔法令合憲判断の効果〕であらためて扱います）。

二〇一二年一二月七日に下された二つの判決で、最高裁は、猿払事件判決の論理を根本的に転換しました（最判平成二四・一二・七刑集六六巻一二号一三三七頁〔堀越事件〕、同号一七二二頁〔宇治橋事件〕）。いずれも、国家公務員が日本共産党の機関紙を戸別に配布した行為が国家公務員法違反に問われた事案です。最高裁は、表現の自由が民主主義社会を基礎づける重要な権利であることにかんがみると、国家公務員法で禁止されている「政治的行為」は、「公務員の職務の遂行の政治的中立性を損なうおそれが、観念的なものにとどまらず、現実的に起こり得るものとして実質的に認められるもの」を指すと限定的に解釈し、一つの事件〔堀越事件〕では、管理職的地位になく、職務の内容や権限に裁量の余地のない社会保険庁（当時）の職員による行為であって、そうしたおそれが現実的に起こり得るものとして実質的には認められないとして無罪とし、もう一つの事件〔宇治橋事件〕では、厚生労働省社会統計課の筆頭課長補佐による行為であって、そうしたおそれが、現実的に起こり得るものとして実質的に認められるとして、有罪と判断しました。

猿払事件判決と矛盾する判断をしたわけではないというのが最高裁の立場ですが、根本的な方針は転換されているように思われます。

6　パブリック・フォーラム

国や地方公共団体の財産の中には、一般市民の表現活動の場として利用されるものがあります。道路、公園、広場、市民会館などです。アメリカの判例法理にパブリック・フォーラム（public forum）の法理といわれるものがあります。こうした公有財産が市民の表現の場として利用されている場合は、できるだけ表現の自由に配慮した管理・運営がなされるべきだというものです。

表現の場（forum）となる公有財産は三種に分類されます。第一の伝統的パブリック・フォーラムは、道路、公園、広場などで、こうした場では、表現の内容にもとづく規制は厳格審査に服し、内容中立規制は中間審査に服します。

第二の指定されたパブリック・フォーラムは、表現の場として利用されるよう政府によって指定された公有財産で、市民会館や公民館がそれにあたります。こうしたフォーラムについては、政府として表現の場として維持し続ける責任はありませんが（老朽化したときは、廃止して取り壊しても構いません）、表現の場として提供される限りでは、伝統的パブリック・フォーラムと同様の法理があてはまります。

第三が非パブリック・フォーラムで、フォーラムではあるものの、一般市民による自由な表現の場として提供されているわけではない公有財産です。そこでは、表現者がどのような思想・信条の持ち主かにもとづく規制（観点にもとづく規制）は許されませんが、それ以外は、一応筋の通った説明が可能であれば（合理性基準といわれることがあります）、政府の判断が尊重されます。

こうして見れば分かることですが、第一および第二のフォーラムについては、表現の自由に関する標準的な法理があてはまっているだけで、とくに変わった点はありません。問題は、第二と第三のフォーラムをいかに区別するか、そして第三のフォーラムでさえない公有財産と第三のフォーラムをいかに区別するかになります。

このパブリック・フォーラムの法理は、日本の最高裁も基本的に受け入れていて、第二のフォーラムとされた公共施設について、住民の利用申請があったときは、施設の規模・構造・設備等からして使用が適切でない場合や利用申請が競合する場合を別とすると、利用を拒否し得るのは、集会に反対する勢力が押しかけるなどの事情から人の生命・身体・財産等に対する危険を回避する必要性がある場合に限定されるとしました。しかもそうした危険は、「単に危険な事態を生ずる蓋然性があるというだけでは足りず、明らかな差し迫った危険の発生が具体的に予見されることが必要」であるし、さらにそうした危険は管理者の「主観により予測されるだけではなく、客観的な事実に照らして具体的に明らかに予測され」なければならないとされています（最判平成七・三・七民集四九巻三号六八七頁〔泉佐野市民会館事件〕、最判平成八・三・一五民集五〇巻三号五四九頁〔上尾市福祉会館事件〕）。

他方、自衛隊のイラク派兵に反対するビラを配布する目的で、防衛庁（当時）の職員やその家族が居住する公務員宿舎の敷地に立ち入り、各戸の新聞受けにビラを投函する等した行為が住居侵入罪で起訴された事件については、被告人が立ち入った場所は、一般人が自由に出入りすることのできる場所ではなく、そこに立ち入ることは「管理権者の管理権を侵害するのみならず、そこで私的生活を営む者の私生活の平穏を侵害する」として、原審の有罪判決が維持されました（最判平成二〇・四・一一刑集六二巻五号一二一七頁）。問題の場所は、非パブリック・フォーラムでさえないという判断が示されているように思われます。

このほか、日本の判例では、私鉄の駅前広場など、公有財産ではない場であっても、市民の表現の場として利用されている場合には、パブリック・フォーラムの法理を勘案すべきだとの配慮が示されていることに注意する必要があります（最判昭和五九・一二・一八刑集三八巻一二号三〇二六頁への伊藤正己裁判官の補足意見）。

7　漠然性の法理、過度の広範性の法理

明確性を欠く法令や過度に広範な規制を行う法令は、本来保護されるべき表現活動まで萎縮させて

しまうリスクがあります。この論点に関して、漠然性のゆえに無効の法理と、過度の広範性のゆえに無効の法理が、議論の焦点となってきました。

(1)　漠然性のゆえに無効の法理　法令は人の行動を方向づけます。何をしてはいけないのか、ある行為をすると、公権力はそれにどう反応するのかを一般的な形で示して、人々に予測可能性を与えるものです。そうした予測可能性を与えられて、人々は認められた自由の範囲内で、どう行動するか、どう生きるかを自分で判断し、自分で決断します。したがって、読めば意味が分かる法令であることは、法令が法令として機能するための必要条件です。もちろん、一〇〇%の明確性は期待できないでしょうが、普通の人が読んで何をしてよくて何をしたら悪いかが具体的状況で判断できる程度の明確性は、なければ困ります（この論点は第1講6〔法の支配〕でも触れました）。

この問題に関連して最高裁は、刑罰法令があいまい不明確で憲法に違反し無効とされる理由は、「その規定が通常の判断能力を有する一般人に対して、禁止される行為とそうでない行為とを識別するための基準を示すところがなく、そのため、その適用を受ける国民に対して刑罰の対象となる行為をあらかじめ告知する機能を果たさず、また、その運用がこれを適用する国又は地方公共団体の機関の主観的判断にゆだねられて恣意に流れる等、重大な弊害を生ずるからである」としています。そして、「通常の判断能力を有する一般人の理解において、具体的場合に当該行為がその適用を受けるものかどうかの判断を可能ならしめるような基準が読みとれるかどうか」が、ある法令が違憲と判断されるか否かの分かれ目であるとしています（最大判昭和五〇・九・一〇刑集二九巻八号四八九頁〔徳島市公安条例事件〕）。

こうしたアプローチからすると、法令が違憲とされるかどうかは、具体的な適用場面ごとに判断されることになるでしょう。言い換えれば、およそ適用され得るあらゆる場合に違憲になる、法令が全体として違憲という判断（「法令違憲」といわれます）は、ごく稀な例外だということになります（第24講3〔適用違憲と法令違憲〕参照）。

この徳島市公安条例事件で問題とされた条例の文言は、デモ行進をする際に「交通秩序を維持すること」を求めており、それに反すると懲役または罰金刑が科されることとなっていました。これではあまりにも漠然としていて、条例の文言を読んでも、何をしてよくて何をしたら悪いのか全く判断ができず、法令違憲の判断がなされるべききわめて稀な例になっていた可能性があります。しかし最高裁は、この条文が求めているのは、デモ行進が秩序正しく行われる場合に不可避的に生ずる交通秩序の阻害を罰しようとするものではなく、それを超える「殊更な交通秩序の阻害」を禁止するものだと、親切この上ない解釈を施して、本件で被告人が行わせた「だ行進」はそれにあたるので、条例違反で有罪であると結論づけています。

この判決に対しては、高辻正己裁判官が、多数意見のような解釈は通常の判断能力を有する一般人が直ちになし得るものだろうかとの疑問を提起していますが、多数意見に参加した団藤重光裁判官は、補足意見で、一般国民による表現活動（この場合はデモ行進）が萎縮しないよう配慮することも必要だと、この疑問に応答しています。しかしこの応答は、結局のところ、一般国民がこの条例の文言を読んだだけでは、「殊更な交通秩序の阻害」のみが禁じられていることは理解できないことを自白しているように思われます。

(2) 過度の広範性のゆえに無効の法理

法令の文言が明確か否かとは別の問題として、法令が必要以上に広範な範囲の行為を禁止しており、本来であれば憲法上、規制が正当化できないはずの行為までもが禁止の対象となっていることから、当該法令が全体として違憲と判断されることがあります。「過度の広範性のゆえに無効の法理」と呼ばれるものです。漠然性の法理（明確性の法理）とは異なり、過度の広範性の法理によって違憲とされる場合は、個別の適用場面ごとではなく、必ず法令違憲の判断がなされます。なぜそうなるかを順を追って説明しましょう。

裁判所としては違憲審査をする際、民主的に選出された国民の代表によって制定された法令を、なるべく違憲とは判断せず、そのまま生かすべきだと考えます。そこで、必要以上に広範に規制をかけている法令に出会った場合、規制の正当化が可能な範囲まで規制範囲を限定して救済する「合憲限定解釈 saving construction」と呼ばれる作業を試みます。ただ、こうした作業が必ず許されるわけではありません。広範性の程度が行き過ぎているために、こうした解釈を行うと、法令の文言の意味と、解釈によって狭められた規制範囲との間に大きな乖離が生じ、そのために、法令を読んだだけでは、どんな行為が禁止され、どんな行為が許されているのか、その判断がつかなくなってしまうことがあります。そうなると、この法令は全体として漠然性の瑕疵を帯びることになります。つまり、法令全体を違憲と判断せざるを得なくなるというわけです。

日本でこの法理の適用の可否が問題とされた事例として、暴走族の行為の取締りを目的とする広島市暴走族追放条例があります。この条例は、「暴走行為をすることを目的として結成された集団」、つまり本来的に理解される暴走族に加えて、「公共の場所において、公衆に不安若しくは恐怖を覚えさせるような特異な服装若しくは集団名を表示した服装で、い集、集会若しくは示威行為を行う集団」をも「暴走族」と定義して取締りの対象としていました。後者を文字通りに受け取るとナマハゲの集まりも取締りの対象となりそうです。最高裁の第三小法廷では、五人の裁判官のうち二名は、この条例が過度に広範であるとしましたが、三名からなる多数意見は、本条例が規制の対象としているのは、本来的な意味の暴走族のほかは、「服装、旗、言動などにおいてこのような暴走族に類似し社会通念上これと同視することができる集団に限られる」と解釈して、条例を救済しました（最判平成一九・九・一八刑集六一巻六号六〇一頁〔広島市暴走族追放条例事件〕）。多数意見による解釈が条例の文言の意味から大きく乖離した結論を示すことになっていないか、判断が分かれるところでしょう。

8　検閲、事前抑制

(1)　**検閲**　憲法二一条二項前段は、検閲を禁止しています。ここでいう「検閲」とは何か、そして検閲にあたる制度や措置であっても正当化の余地があるのかについて議論がされてきました。判例は、この点について、①検閲とは、「行政権が主体となって、思想内容等の表現物を対象とし、その全部又は一部の発表の禁止を目的として、対象とされる一定の表現物につき網羅的一般的に、発表前にその内容を審査した上、不適当と認めるものの発表を禁止すること」を特質として備えるものを指すとしました。そして、②こうした「検閲」にあたる以上は、絶対的に禁止されており、公共の福祉を理由とする例外は認められないとしました（最大判昭和五九・一二・一二民集三八巻一二号一三〇八頁〔税関検査事件〕）。

絶対的禁止とはいえ、こうした特質をすべて備えるものがはたして今の世の中に存在し得るのか、はなはだ疑問ではあります。これでは、発表後に販売や頒布を禁止する措置、行政権ではなく司法権が行う措置、表現物の内容の審査や発表の禁止を直接の目的としない制度はすべて検閲にはあたらないことになります。

(2)　**事前抑制**　たとえ検閲にはあたらないとしても、表現活動をその発表前に抑止する措置や制度は、表現活動の「事前抑制」にあたります。検閲とは違い憲法によって絶対的に禁止されるわけではありませんが、その表現物によるメッセージが公衆に伝達されることを事前に抑止して、議論や批判の機会を失わせるものであり、また事後の制裁と異なって事前に公表による害悪を予測するにとどまることから規制がより広範となって濫用のおそれがあり、さらに抑止効果も事後制裁より大きいことから、事前抑制は「厳格かつ明確な要件」のもとでのみ認められると最高裁は述べています（最大判昭和六一・六・一一民集四〇巻四号八七二頁〔北方ジャーナル事件〕）。

名誉権やプライバシーなど、人格権の侵害のおそれを理由とする裁判所による差止めも、ここでいう「事前抑制」にあたり、厳格かつ明確な要件が求められます（前掲北方ジャーナル事件判決）。この問題については、第13講**3**(1)および**4**で扱います。

これに対して「事前抑制」そのものにはあたらないとされたものとして、教科書検定（最判平成五・三・一六民集四七巻五号三四八三頁〔第一次家永教科書訴訟〕）と文書・図画の輸入禁止措置（前掲税関検査事件判決）があります。文部省（現在の文部科学省）の教科書検定で不合格になったとしても、一般の書籍としては販売・頒布が可能であるというのが、教科書検定が事前抑制ではない理由、他方、日本への輸入が禁止されているとしても、海外ではすでに発表済みであることが、輸入禁止措置が事前抑制にあたらない理由です。納得のいく理由になっているか（とくに輸入禁止措置について）、判断が分かれるところでしょう。

第8講

表現の自由——その2

1　マスメディアの表現の自由

現代社会では、日常生活に必要な情報も、民主的な政治過程の運営を支える情報も、主要なものは、新聞やテレビ・ラジオ等のマスメディアを通じて、社会全体に広く伝えられます。インターネットを通じた情報の伝達も盛んになりましたが、そこでは、真偽不明の情報や、名誉・プライバシー等、人の権利を侵害する情報も大量に流通しており、信頼に値する情報を得ようとすると、やはりマスメディアの提供するサイトに頼る人が多いのではないでしょうか。

ところで、マスメディアも基本権としての表現の自由を享有すると考えられています。マスメディアは法人であって、生身の個人ではありません。第5講3［法人と基本権］でも説明したことですが、マスメディアは個人と同等の立場で表現の自由を享有するわけではなく、報道を含めたその情報伝達活動が社会全体に及ぼす多大な利益を理由として、表現の自由を保障されていると考えられます。個人とは、基本権が保障される根拠が異なっています。表現の自由は、情報を発信し交換する個々人のための権利でもありますが、同時に、思想や情報が自由に流通し行きわたる社会生活の空間を構築し、維持する働きもあります。マスメディアには、もっぱら、自由な情報空間の担い手としての役割が期待されています。

表現の自由の保障根拠が異なることから、二つの帰結が導かれます。第一に、個人には認められないような特権がマスメディアには認められることがあります。第二に、その裏返しとして、個人については正当化できないような表現の自由の制約が、マスメディアについては正当化されることがあります。以下、順番に説明しましょう。

2 マスメディアの特権

マスメディアには、とりわけ取材の場面で、個人には認められない特権が認められています。警官隊と多数の学生とが衝突した際に、警官隊が学生に暴行を加えるなどの犯罪をおかしたか否かを審理するために、裁判所が放送事業者に対して取材フィルムの提出を命令することができるか否かが問題とされた博多駅事件決定で、最高裁は、「報道機関の報道は、民主主義社会において、国民が国政に関与するにつき、重要な判断の資料を提供し、国民の『知る権利』に奉仕するものである。したがって、……事実の報道の自由は、表現の自由を規定した憲法二一条の保障のもとにあることはいうまでもない。また、このような報道機関の報道が正しい内容をもつためには、報道の自由とともに、報道のための取材の自由も、憲法二一条の精神に照らし、十分尊重に値いする」と述べています（最大決

昭和四四・一一・二六刑集二三巻一一号一四九〇頁)。

最高裁は、本件のように取材の自由と公正な刑事裁判の実現という憲法上の要請が衝突する場合には、審判の対象とされている犯罪の性質、態様、軽重および取材したものの証拠としての価値、公正な刑事裁判を実現するにあたっての必要性の有無とともに、取材したものを証拠として提出させられることによって報道機関の取材の自由が妨げられる程度およびこれが報道の自由に及ぼす影響の度合いその他諸般の事情を比較衡量して、証拠として使用すべきか否かを決定すべきだとしています。

取材の自由が憲法二一条の精神に照らし、十分に尊重に値する結果、マスメディアの記者が国家公務員に対して、国家公務員法上、保護された秘密を漏示するようそそのかしたからといっても、直ちに同法上の秘密漏示罪(一〇九条一二号)の教唆として処罰の対象となるわけではなく、取材の手段・方法が贈賄、脅迫、強要等の一般の刑罰法令に触れる場合や、「取材対象者の個人としての人格の尊厳を著しく蹂躙する等法秩序全体の精神に照らし社会観念上是認することのできない態様のものである」場合などのほかは、実質的に違法性を欠くものとして、処罰の対象とはならないとされています(最決昭和五三・五・三一刑集三二巻三号四五七頁〔外務省秘密電文漏洩事件〕)。この事件では、当初から秘密文書を入手するための手段として利用する目的で、取材対象者である女性公務員と肉体関係を持ち、その女性が依頼を拒みがたい心理状態に陥ったことに乗じて秘密文書を持ち出させたもので、取材対象者の個人としての人格の尊厳を著しく蹂躙しており、正当な取材活動の範囲を逸脱しているとされました。相手を単なる道具として扱っているという趣旨なのでしょう。

ジャーナリストの特権としては、裁判の場で取材源を秘匿することが認められるか否かも議論されます。アメリカの会社の日本法人が所得隠しをした結果、同法人とアメリカの関連会社が日米当局から追徴課税を受けた後、アメリカの会社が合衆国政府を被告として提起した損害賠償訴訟に関連して、この事件の取材をしたＮＨＫの記者が取材源を明かすよう求められ、それを拒絶した事案があります。

この事案で最高裁は、民事訴訟法一九七条一項三号が「職業の秘密」について証言を拒否できるとしていることについて、「職業の秘密」とは、「その事項が公開されると、当該職業に深刻な影響を与え以後その遂行が困難になるものをいう」とし、報道関係者の取材源は、「職業の秘密」にあたるとしました。しかしそうした「職業の秘密」であっても、すべて証言を拒否できるわけではなく、当該報道の内容、性質、社会的意義・価値、取材の態様、将来同種の取材が妨げられることで生ずる不利益の内容・程度等と、証言が求められている民事事件の内容、性質、社会的意義・価値、当該証言を必要とする程度、代替証拠の有無等を比較衡量した上で、証言を拒否できる「保護に値する秘密」にあたるか否かを判断すべきだとしました。この事案では、取材の手段、方法が一般の刑罰法令に触れるとか、取材源となった者が開示を承諾しているといった事情がなく、また、社会的意義の大きな民事事件で公正な裁判を実現すべき必要性が高いともいえないとして、記者の証言拒絶権を認めました（最決平成一八・一〇・三民集六〇巻八号二六四七頁）。

こうしたチェックリストにもとづく個別的な利益衡量によって結論を決める判断手法に対しては、証言拒絶が認められるか否か、事前の予測が困難となる点について疑念を示す向きもありますが、記者はいずれにしても取材源を開示するはずはありませんから（その結果、拘留されたり罰金を科されたりはするでしょうが〔民事訴訟法二〇〇条〕）、予測可能性を保障することにそれほどの意味はないでしょう。

3 放送の規律

個人には到底認められない表現の自由の制約が正当化されている例として、放送事業者に対して課されるさまざまな規律があります。

放送法は「放送」を「公衆によって直接受信されることを目的とする電気通信……の送信」と定義しています（二条一号）。放送を行う放送事業者は、番組の編集にあたっては、「政治的に公平であること」（四条一項二号）や「意見が対立している問題については、できるだけ多くの角度から論点を明らかにすること」（四条一項四号）が求められ、ほかにも放送番組審議機関の設置（六条）や訂正放送義務（九条）など、放送固有のさまざまな規律の下に置かれています。とりわけ、四条の規定する番組編集準則は、表現の内容にもとづく規制で、本来であれば、認められないはずのものです。

しかし、こうした規律は、日本だけでなく、多くの国で近代立憲主義と両立するものと考えられてきました。説明の仕方がいくつかあります。

その一つに、伝統的な規律根拠論といわれるものがあります。これは、①放送が伝統的に無線の周波数帯を利用してきたことに着目して、稀少な資源である周波数帯を利用する放送については、誰が放送免許を取得するかは公益の観点から選別されるべきであり、かつ、免許を得た放送事業者による放送についても、公益の観点からさまざまな規律を課してしかるべきだとの議論と、②放送が、画像・音声といった訴求力の強いメディアを使って、社会全体に即時かつ同時にメッセージを届けるなど、特殊な社会的影響力を及ぼすことに着目して相応の規律を課すべきだとの議論に分かれます。

ただ、この伝統的な規律根拠論については、衛星放送、ケーブル・テレビ、インターネット等の多様なメディア・サービスの登場により、もはや放送メディアは事実問題として、稀少とも特殊とも言いがたくなっているのではないか、そもそも稀少であるからといって公益上の規律を課すことが当然に認められるのか（市場で取引されている財やサービスはおおむね稀少なのではないか）、また、放送に特殊な影響力があることは厳密に言って立証可能なのかといったさまざまな疑問にさらされています。

放送固有の規律はもはや不要だというのが一つの立場です。なお必要性はあるという議論の筋道があります。この議論は、新聞・放送というマスメディアが、日常生活に必要な情報や民主的な政治過程の運営を支える情報のほとんど独占的な供給者となっている事実に着目します。こうした情報

（「基本的情報」といわれることがあります）を独占的に供給する私的権力が濫用されるリスクには対処する必要があります。どんなフェイク・ニュースでも流し放題というわけにはいかないでしょう。とはいえ、マスメディア全体を公権力による規律の対象とすると、その規律権限が政権担当者によって濫用されるリスクがあります。

そこでマスメディアのうち、放送の領域だけを切り取って、社会の中の多様な立場、多様な利害を番組内容に反映させるよう規律を課す一方で、新聞は自由なままにしておき、それをマスメディアの本来の姿（ベースライン）として設定することで、なぜ放送に対して規律が必要か、それぞれの規律ごとに正当化する責任を公権力の側に課すこととすれば、マスメディア全体としては、社会全体に広く豊かで多様な言論や情報を伝達する結果を期待することができます。マスメディアの「部分規制 partial regulation of the mass media」論といわれる議論で、最近では日本でも有力となっています。

4　公共放送の必要性

日本をはじめとして、多くの国の放送は、広告料を主な財源とする民間放送と受信料（あるいはそれに相当する財源）によって運営される公共放送によって成り立っています。なぜでしょうか。

経済学の入門書を読むと、財やサービスについては、需要曲線（限界効用曲線）と供給曲線（限界費用曲線）の交差する点で価格が設定されれば、社会全体の効用（厚生）が最大化すると説明されています。そうなのでしょう。ところで、放送サービスにはこの点で特殊性があります。限界効用曲線は、ほかの財やサービスと同様、供給量が増加するにつれて右下がりとなります。他方、限界費用曲線は供給量にかかわらずゼロのままです。いま、新たに視聴者がテレビのスイッチを入れてテレビを見はじめたからといって、放送事業者に新たにかかる費用（限界費用）はゼロですから、そうなります。となると、限界効用曲線と限界費用曲線の交点は、やはりゼロとなり、視聴者には価格ゼロでサービスを提供するとき、社会全体の厚生は最大化します。

とはいえ、それでは放送局の設備や電波塔などの建設コストはどうまかなうのか、そもそも番組を制作するコストはどうするのかという問題が生じます。その解決策が、広告料を財源とすることです。広告料を財源とする放送サービスでは、視聴者は商品です。番組をエサとして視聴者が収穫され、広告主に売られています。商品である視聴者がエサ（番組）をもらったからといって代金を支払う必要はありません。視聴者に対しては価格ゼロでサービスを提供し、しかもそのコストも十分にまかなえるビジネス・モデルが成立します。

ただ、価格ゼロで民間放送事業者間の競争が行われる結果、視聴者の選好が集中する点を目指して、番組内容が画一化する（「ホテリング効果」といわれます）欠点があります。放送事業者としては、できるだけ安価に番組を制作してできるだけ多くの視聴者を獲得しようとするため、高品質の番組を提供しようとするインセンティヴも生まれにくくなります。

そこで、広告料を財源とせず、視聴者全体に広く薄くコストを負担してもらうことで、高品質の多様な番組を提供する放送事業者を組織しようとするアイディアが生まれました。それが受信料を財源とする公共放送です（諸外国の公共放送の中には、広告料や政府からの補助金をも財源としているものも少なくありません）。

放送法六四条は、ＮＨＫのテレビ放送番組を受信できる受信設備を設置した者は、ＮＨＫと受信契約を締結する義務があるとしています。受信契約を締結すると、受信料を支払う義務が生じます。支払うべき受信料の額は、毎年度、国会によってＮＨＫの予算案が承認されることで確定します（同法七〇条四項）。

この受信契約締結義務について、①契約は自由意思にもとづくはずのものなので、契約締結義務は法的な義務とはいえないのではないか、②受信契約締結義務が法的な義務だとすると、受信料を支払わずに民間放送の番組だけを見る憲法上の自由を侵害しているのではないか、と主張され、争いとなった事案があります。最高裁は、国民の知る権利を充足するための放送制度をどのように設計するかについては、国会に広い裁量の余地があり、ＮＨＫと民間放送の二本立て体制をとることもその裁量の範囲内であるとした上で、そうである以上は、ＮＨＫの財源の裏づけとして受信契約締結義務を法定することも憲法の認めるところだと結論づけました（最大判平成二九・一二・六民集七一巻一〇号一八一七頁〔NHK受信料訴訟〕）。

抽象的な一般論としては、最高裁の言う通りなのでしょう。ただ、こうした二本立て体制が将来も維持可能かは、これからも国民の多くがNHKや民間放送を見続けるのか（インターネットによって駆逐されはしないか）、NHKが視聴者の多くが納得する「豊かで、かつ、良い放送番組」を提供し続けることができるか（民間放送と変わりのない番組を提供していると思われてはいないか）、受信料額を確定するために国会による予算承認が要求される現在の法制度が、NHKに対して党派的な政治的圧力が加わる要因として、多くの国民に受け止められてはいないか等のさまざまな事情に依存するはずです。

NHKの受信料をいかに確定するかについても、また、放送事業者による番組内容が政治的に公平で論争点の多角的な解明に貢献しているかについても、党派政治から距離を置いた第三者機関による判断が必要となるように思われます。とりわけ、現在、政府がそう主張しているように、番組編集準則違反が、放送法にもとづく放送事業の業務停止（同法一七四条）や電波法にもとづく放送局の運用停止（同法七六条一項）の根拠となるとすれば、そうした制度整備は必須と言えるでしょう。

5 通信の自由、インターネット上の表現の自由

憲法二一条二項後段は、通信の秘密を規定しています。通信の秘密はプライバシーの核心の一つで、通信の秘密が保護されることで、情報や意見の自由な交換が可能となり、商取引をはじめとする社会・経済活動も円滑化します。もっとも、個々人が面と向かって話し合うときに、通信の秘密は普通問題とならないでしょう。郵便や電話など、既存の（しかも他人が運営する）通信制度を利用する際に、通信の秘密の保護が必要となります。

郵便については、郵便法八条が、日本郵便株式会社の取扱中に係る「信書の秘密は、これを侵してはならない」とし、「郵便物の検閲は、これをしてはならない」とする七条とともに、郵便業務における通信の秘密を保障しています。郵便以外の信書便については、民間事業者による信書の送達に関する法律の四条、五条が同様の規定を置いています。

下級審の裁判例ではありますが、郵便法にいう「信書」は「封緘した書状のほか開封の書状、葉書も含まれ、秘密には、これらの信書の内容のほか、その発信人や宛先の住所、氏名等も含まれる」としたものがあります（大阪高判昭和四一・二・二六高刑集一九巻一号五八頁）。発信人や受信人、通信の日時や場所に関する情報は、メタ情報と言われ、日本の憲法では、これも通信の秘密の保護範囲に含ま

れます。

電気通信事業法も郵便法と同様、四条で「電気通信事業者の取扱中に係る通信の秘密は、侵してはならない」とし、三条は「電気通信事業者の取扱中に係る通信は、検閲してはならない」としています。郵便事業者、信書便事業者と同様、電気通信事業者も私企業ではありますが、日常生活に不可欠な電気通信業務を取り扱うこと、通信の秘密がプライバシーの核心にあたる重要な利益であることから、こうした条文の解釈運用にあたっては、憲法二一条二項後段の趣旨を十分に勘案することが必要です。

前述の大阪高裁の判決の趣旨をパラレルにあてはめると、電気通信についても、メタ情報は通信の秘密に含まれることになるでしょう。ただし、インターネット上の各種サイトでは、掲示される情報内容の多くが一般に広く公開されており、むしろそこでは、通信の秘密は「匿名による表現の自由」を保障する役割を果たしていることが少なくありません。そうなると、表現の自由に関する保護範囲の限定や、正当化され得る制約の程度が、インターネット上の表現活動についても妥当するのではないかが問われることになります。

インターネット上、内容が広く公開されている表現については、表現の自由に関する標準的な法理が妥当すると考えられています。つまり、内容にもとづく規制は厳格審査に服し、内容中立規制は中間審査に服します。他人の名誉やプライバシーを侵害したり、犯罪をせん動する表現行為は保護範囲から外されます。

　ただ、インターネット上の表現活動の多くは匿名で行われるため、権利を侵害されたと考える人が、発信者に権利侵害行為をやめるよう、あるいは損害を賠償するように、法的措置をとることは容易ではありませんでした。そこで、二〇〇一年に制定され翌年から施行されたプロバイダ責任制限法は、その四条で、権利侵害が明らかで、発信者が何者であるかの情報（発信者情報）の開示を求めることに正当な理由があるときは、被害者はプロバイダに対して発信者情報の開示を求めることができるとする制度を設けています。

　インターネット上の名誉毀損表現について相当性の法理（第7講**1**(2)〔名誉毀損〕）が適用される際、インターネット特有の考慮が働くと主張されることがあります。インターネット上では被害者による反論も容易ではないかとか、フェイク情報が蔓延しているインターネット上の情報を信用する人はそれほど多くないのではないか等といった主張です。ただ、最高裁は、インターネット上の表現行為だからといって、名誉毀損成立の要件を別異に考える必要はないとしています（最決平成二二・三・一五刑集六四巻二号一頁〔ラーメンフランチャイズ事件〕）。

6 結社の自由

憲法二一条一項は、結社の自由も保障しています。

結社を肯定的に見るか、否定的に見るかは、国ごとに歴史的事情が異なっています。典型的な市民革命であるフランス革命は、所属する身分や団体ごとに人の特権や義務が異なっていた封建制秩序の徹底的な破壊を目指し、旧秩序の構成要素であった中間団体を解体して、平等な権利を享有する個人を作り出そうとしました。そのため、政治権力を集中した国家と平等な個人とを媒介する結社は、排除されるべきだと考えられました。

他方、アメリカは事情が異なります。一九世紀前半にアメリカを訪れたフランスの思想家アレクシ・ドゥ・トクヴィルは、アメリカでは多様な結社や団体がそれぞれの目的や利益を実現しようとして盛んに活動し、その意図せざる結果として人民の自由が確保されていると考えました（『アメリカのデモクラシー』第四部第七章）。結社の自由が、自由一般を守る役割を果たしたことになります。

日本国憲法は結社の自由を保障していますが、あらゆる結社の自由が保障されるわけではありません。窃盗団を結成する自由は、保護範囲に含まれません。議論されているのは、現憲法の根本原理を批判する団体を結成する自由を許すべきか否かです。自由の敵にも自由を与えるべきだというのが一つの立場です。自由の敵にも自由を認め、そうした勢力の批判にも耐え得る社会を作り上げることが、自由な体制の強化と持続につながるというわけです。

他方で、自由な体制の敵対勢力に、民主政治のアリーナで同等に競争する地位を認めることは、自己矛盾だという立場もあります。「戦う民主制 militant democracy」と呼ばれる立場です。憲法改正手続を踏んでさえ変更することのできない憲法の根本原理（「憲法改正の限界」といわれます）があるという見解をとる以上は（第24講7(3)［改正の限界］）、そうした根本原理に敵対する勢力に政治活動や表現活動の自由、結社の自由を認めるべきではないという主張です。

破壊活動防止法は、公安審査委員会が「団体の活動として暴力主義的破壊活動を行った団体に対して、当該団体が継続又は反覆して将来さらに団体の活動として暴力主義的破壊活動を行う明らかなおそれがあると認めるに足りる十分な理由がある」場合には、当該団体による集会、集団行進、機関誌紙発行等を禁止するほか、団体の解散の指定を行うことができると定めています（同法五条・七条）。平和的な手段を通じた現体制の変革を目指す団体について適用されることは、予定されていません。そうした団体には、言論で対抗すべきだということでしょう。

結社の自由が当然に含意する結社しない自由（自己の賛同しない主義・主張に強制的に賛同させられない自由）については、第5講4(2)の強制加入団体に関する説明をご覧ください。

第9講

学問の自由

1　誰の何のための学問の自由か

憲法二三条は学問の自由を保障しています。学問の自由については、①それが人一般の生まれながらの人権であって、一般私人の研究活動にも保護が及ぶのか、それとも②高等研究教育機関の構成員の権利を保障するものかが争われています。①の一般市民の研究やその公表の活動は、二一条、一九条および一三条によってすでに保障されているはずです。それに、この理解では、本条によって保障されていることが広く受け入れられている大学の自治との内在的な関連性を説明することができません。

学問研究の重要な部分は学問研究を主たる使命とする研究者によって遂行されますが、彼（彼女）らは多くの場合、書籍や資料、実験道具や実験材料、観測機器などの研究手段を自ら保有するわけではなく、また学問を生活の手段とするサラリーマンの立場にあります。しかも現代の学術研究は多くの場合、厖大な費用の投入を不可欠としており、そのため、外部の政治的・経済的・社会的圧力に対抗して、各学問分野の伝統に立脚した研究・教育の自律性を保護する必要はさらに高まっています。学問研究の成果がしばしば社会生活を支える既成の価値観への批判とその破壊・革新をもたらし、そのためときに社会の側からの敵対的対応を招きがちでもあるからです（日本では天皇機関説事件〔第2

講3参照）がその例です）。他方、最先端の科学・技術の成果は、将来世代を含めた社会全体に深刻で甚大な損害をもたらすリスクを孕んでいて、それに対応するため、ときには予防的な規制を施す必要もあります。本条に独自の意義を認めるとすれば、高等研究教育機関の置かれたこうした特殊な状況に即した学問の自由を保障することにあると考えるべきでしょう。

それでは、なぜ、高等研究教育機関の構成員だけにこうした自律的な活動が保障されるべきかと言うと、彼（彼女）らの産み出す成果が民主的な政治過程での審議・決定に貢献する重要な情報となり、さらに新たな経済活動を促進し、しかも通念や周囲の人々の行動に順応することなく生きる途を自ら切り拓く自律的個人のロール・モデルを提供する等、社会全体の中長期的な利益に大きく貢献しているからだと言うことができます。すべての個人が生まれながらにして平等に享有する人権というよりは、むしろ、法律の専門家である職業裁判官の身分保障を含む司法の独立の保障（第22講3(4)）と類比して考えるべき点があります。

もっとも、学問の自由が市民一般に保障されるとの立場をとる学説でも、大学等の高等研究教育機関が学問研究の中心であって、とくにその自由を保障する必要性が高いことは認められています。2で説明するポポロ事件判決も、本条について、「一面において、広くすべての国民に対してそれらの自由を保障するとともに、他面において、大学が学術の中心として深く真理を探究することを本質とすることにかんがみて、特に大学におけるそれらの自由を保障することを趣旨としたものである」としています（最大判昭和三八・五・二二刑集一七巻四号三七〇頁）。
ただ、普通教育の場での教育の自由が本条の保護範囲に含まれるか否かという論点はあります（後述3参照）。

2　学問の自由と表現の自由

学問の自由の特殊な性格は、典型的な精神的自由である表現の自由と比較することで、より分かりやすくなります。

第一に、表現の自由は内容にもとづく規制が原則として禁止されますが、学問の自由について考えられ得る制約は、内容にもとづく規制です。最先端の科学研究に関しては、外部環境からの遮断など、安全性を確保するための特殊な研究施設の使用が義務づけられることがありますが、これも研究の内容にもとづく規制で、内容とかかわりのない中立的な規制ではありません。もちろん、学問の自由を内容にもとづいて制約するには、それを正当化する十分な根拠が必要ですが、社会に及ぼす影響の甚大さによっては、厳格審査によって正当化される制約を超えて、そうした害悪の予防を第一次的に考えるべきだとする予防原則があてはまることもあり得ます（後述5参照）。

第二に、およそ学術活動は数多くの内容にもとづく規制があってはじめて成り立つものです。数学の授業で政党支持に関する言明や討議を行ってよいはずはありません。学生や教員の選別・評価は何よりも表現内容にもとづいてなされますし、それが表現者の見解（viewpoint）にもとづくこともしばしばあります。また、研究活動の面でも、当該学問分野の伝統にもとづく実験・観察・論証等の規律に即した研究であり、公表であってはじめて、研究活動として認められます。何らの制約もなく、またどこの誰が公表したものであってもすべて、真理を追求する活動として同等の地位が認められるわけではありません。

表現の自由を保障すべき根拠として、「思想の自由市場」を通じてこそ、何が真理かが判明するという議論がなされることがありますが、この議論は、学問の自由の保障根拠にはなり得ません。科学的な真理は、誰もが参加する自由市場での競争の結果として得られる多数決では発見され得ないものです。もちろん、多数決の結果を「真理」として定義してしまえば、自由市場の帰結はトートロジカルに「真理」になりますが、そうした形ばかりの「真理」を得るためになぜ自由な競争を保障しなければならないか、全く分かりません。

つまり、学術活動は数多くの内容にかかわる規制があってはじめて成り立ちますし、そうであってはじめて社会に貢献し得る成果を産み出すことができます。学問の自由は、そうした学術活動に対する規制が、大学をはじめとする学術機関とそのメンバー自身（さらには彼らを包括するより広い範囲の研究者集団）による自律的な規制でなければならないことを意味します。学問の自由の重要な内容として大学の自治が取り上げられる理由もそこにあります。

3　何が保障されるか

学問の自由の保障内容として、従来から、①学問研究の自由、②学問研究成果の発表の自由、③大学における教授の自由、④大学の自治が挙げられてきました。

ポポロ事件判決は、学問の自由が「学問的研究の自由とその研究結果の発表の自由とを含む」とします。ただし、「教育ないし教授の自由は、学問の自由と密接な関係を有するけれども、必ずしもこれに含まれるものではない」としつつ、「大学において教授その他の研究者がその専門の研究の結果を教授する自由は、これを保障されると解するのを相当とする」として、①②③が本条の保護範囲に含まれるとしました（前掲最大判昭和三八・五・二二）。

別の判決で最高裁は、「国家試験における合格、不合格の判定も学問または技術上の知識、能力、意見等の優劣、当否の判断を内容とする行為であるから、……その判断の当否を審査し具体的に法令を適用して、その争を解決調整できるものとはいえない」として、合否の判定の誤りを理由とする損害賠償の訴えを却下（門前払い）した下級審の結論を維持しました（最判昭和四一・二・八民集二〇巻二号一九六頁）。こうした紛争は、法令の適用によっては最終的に解決することができないことを理由としていますが（第22講2(1)［司法権の内在的限界］参照）、学問研究の自律性を尊重し、司法判断がそれに干渉することを抑制すべきことを実質的理由とするものとして理解することができます。

ポポロ事件判決は、大学以外の場での教授の自由ないし教育の自由の憲法上の保護に消極的でしたが、その後、旭川学テ事件判決（最大判昭和五一・五・二一刑集三〇巻五号六一五頁）は、この立場を実質的に修正しました。同判決は、「専ら自由な学問的探求と勉学を旨とする大学教育に比してむしろ知識の伝達と能力の開発を主とする普通教育の場においても、例えば教師が公権力によって特定の意見のみを教授することを強制されないという意味において、また、子どもの教育が教師と子どもとの間の直接の人格的接触を通じ、その個性に応じて行われなければならないという本質的要請に照らし、教授の具体的内容及び方法につきある程度自由な裁量が認められなければならないという意味においては、一定の範囲における教授の自由が保障されるべきことを肯定できないではない」としました。

ただし、大学と異なり、普通教育における教師に「完全な教授の自由を認めることは、とうてい許されない」理由として、同判決は、①「大学教育の場合には、学生が一応教授内容を批判する能力を備えていると考えられるのに対し、普通教育においては、児童生徒にこのような能力がなく、教師が児童生徒に対して強い影響力、支配力を有すること」、②「普通教育においては、子どもの側に学校や教師を選択する余地が乏しく、教育の機会均等をはかる上からも全国的に一定の水準を確保すべき強い要請があること」を挙げています（第16講2［「国の教育権」と「国民の教育権」］参照）。

4　大学の自治

ポポロ事件判決は、「大学における学問の自由を保障するために、伝統的に大学の自治が認められている」とし、大学の自治の内容として、「この自治は、とくに大学の教授その他の研究者の人事に関して認められ、大学の学長、教授その他の研究者が大学の自主的判断に基づいて選任される。また、大学の施設と学生の管理についてもある程度で認められ、これらについてある程度で大学に自主的な秩序維持の権能が認められている」とします。

判決の文面からすれば、信教の自由と政教分離との関係がそうであったように（第6講3）、大学における学問の自由を間接的に保障する手段として、大学の自治という制度が保障されていると最高裁は理解しているかに見えます。

大学の自治は、司法の独立がそうであるように、大学それ自体が外部からの干渉を受けないことと同時に、大学の構成員たる教育・研究者集団の自律をも意味しています。大学の自治が学問の自由を保障する目的を持つのだとすると、後者の保障こそが眼目であって、前者はその手段だということになるでしょう。university の語源は、構成員が入れ代わりつつもそれ自体は永遠に変わることなく続く諸学者の共同体、つまり universitas scholarium にあると言われます。そうした学者・研究者の共同体が大学の自治の主体です。

大学の自治の範囲について、通説は、①学長、教授その他の研究者の人事、②大学の施設の管理、③学生の管理、を挙げます。ポポロ事件判決は、前述したように、この中で人事の自治をとくに重く見ていました。これに加えて、教育・研究活動を自主的に企画し遂行する権限が教育・研究者集団としての大学に認められるべきことは、当然です。

ポポロ事件判決では、大学の施設の管理と警察作用との関係が問題となりました。大学公認の劇団が大学構内において開催した演劇発表会の会場に立ち入った警察官が、学生に発見され、暴行を加えられたことから、学生が暴力行為等処罰に関する法律違反に問われました。最高裁は、大学の公認した学生団体が大学の許可を得て学内で行った集会であっても、その内容が、「真に学問的な研究またはその結果の発表のためのものでなく、実社会の政治的社会的活動に当る行為をする場合には、大学の有する特別の学問の自由と自治は享有しない」としました。最高裁は、この事件で問題となった劇団ポポロ演劇発表会は、実社会の政治的社会的活動にあたるとしましたが、大学により公認された団体が、大学当局の許可を得て行った学内集会であるにもかかわらず、大学管理者の判断を尊重していない点に疑念が提起されています。大学としては、学問的な研究発表の場であると考えたからこそ、教室の使用を許可したはずですから。

5　学問の自由の制約

学術にかかわる活動であっても、他者の名誉・プライバシーを侵害したり、生命・身体に危害を及ぼすような行為が許されないことは当然です。こうした他者の権利侵害あるいはその具体的危険を孕む行為は、そもそも学問の自由の保護範囲に含まれていないと考えるべきでしょう。

学問の自由は、**2**で説明したような、学術活動自体を成り立たせるための内在的な制約のほか、社会全体に及ぼし得るリスクを勘案した外在的制約をも受ける可能性があります。ただ、いずれについても（とくに内在的制約については）、原則として、高等研究教育機関とそのメンバーによる（場合によってはより広い範囲を包括する研究者集団の）自律的な制約である点に特色があります。個別分野の学術研究において遵守すべき手続や規律が何か（逆に言えば何が研究不正にあたるか）、また、急速に進展する研究活動が孕むリスクが何かは、当該分野の研究者でなければ理解できないことも多いこと、学術研究が外部からの圧力にさらされやすいことからすれば、研究者集団による真摯な討議の結果を反映した、研究分野ごと、特定の目的ごとのガイドライン（行政指針）にまずは頼るべきでしょう。

当然のことながら、当該分野の学術研究の性格と無関係な政治的・社会的考慮要素（人種、性別、社会的身分等）にもとづく制約は、研究の規制のみならず、研究資金の配分に関しても、正当化することができません。また、特定の思想・信条をあたかも普遍的な価値であるかのごとくに掲げて学術研究を規制することや研究資金の配分規準とすることも（牛は神聖な動物であるから医薬品開発のための実験に用いてはならない等）、多様な価値観・世界観の公平な共存を目指す近代立憲主義という憲法の根本原理に反するものとして退けられなければなりません。

研究活動を直接に規制する法律は限られています。たとえば、二〇〇〇年に制定された「ヒトに関するクローン技術等の規制に関する法律」は、ヒトクローン個体の産生を罰則をもって禁止する一方（三条・一六条）、個体を産み出さないヒトクローン胚の研究について、文部科学大臣による指針の作成（四条）、取扱いの事前届出（六条）、実施制限（八条）、研究施設の立入検査（一五条）など、適正な取扱い確保のための措置を定めています。また、二〇一三年に制定された「再生医療等の安全性の確保等に関する法律」は、特定細胞加工物の製造について厚生労働省令で定める基準に適合した細胞培養加工施設ごとに厚生労働大臣の許可を受けることや、製造の一時停止にかかる緊急命令、立入検査等の制度について定めています。

第10講

職業選択の自由、居住・移転の自由、外国移住・国籍離脱の自由

1　職業選択の自由

憲法二二条一項は、職業選択の自由を保障しています。この自由についても、保護範囲を想定することができます。強盗や詐欺を生業とする自由は、憲法で保障されてはいません。当たり前のことなので、わざわざ教科書類には書かれていません。

職業選択の自由は、居住・移転の自由とともに、身分制秩序から人々を解放し、自分の選ぶ土地で自由に職業を選ぶこと、つまり人として自由に生きることを可能とする土台となりました。

職業を単に選択する自由が保障されているだけではなく、選択した職業を遂行する自由（営業の自由）ももちろん保障される必要があります。最高裁は、職業選択の自由は、選択した職業を遂行する自由を含むと述べています（最大判昭和四七・一一・二二刑集二六巻九号五八六頁〔小売市場事件〕、最大判昭和五〇・四・三〇民集二九巻四号五七二頁〔薬事法事件〕）。

職業活動は、表現の自由などの精神的自由と比べると、社会とのかかわりが多く、それだけ公権力による規制を必要とします。市場取引を可能とするさまざまなルールが設定されて、はじめて職業活動をはじめとする経済活動は可能となります。言いたいことを言えばそれでよいという表現活動とは異なっています。

職業活動にかかわる公権力の規制と言われるものは、大きく三種類に分類することができます。第一に、民商法の基本ルールのように、経済活動をそもそも可能とするための土台となるルールの設定があります（こうしたルールを「規整」とか「アーキテクチャ」と呼ぶ人もいます）。第二に、人々の自由な経済活動から派生するさまざまな弊害を取り除き、市場での経済活動を円滑に進めるための規制があります（「消極的規制」と呼ばれます）。第三に、現代の福祉国家の下では、人々の自由な経済活動が結果として、所得や富の格差を生み出すとき、経済的強者の活動を抑制し弱者を保護するための規制が行われます（「積極的規制」と呼ばれます）。

公権力による規制は、そのほかにも、規制の強度でも区別することができます。ある種の活動を少数の特定企業のみに認める特許、多くの個人や企業の参入を認めるものの一定の条件を満たした者だけに参入を許す許可、参入した後の個人や企業の活動をその内容や態様の面で規制する措置などです。

もっとも、以上のような区分は相対的なもので、明確に区分できない場合もある点に注意が必要です。

2 積極目的か消極目的か

保護範囲内の活動である限り、公権力による規制をゼロにして自由な活動を認めることも可能な精神的自由の場合と異なり、職業活動については、規制をゼロにすることはできません。経済活動をそもそも可能とするための市場取引の基本ルール（規整）は、どうしても設定する必要があります。ですから、必要不可欠な公益を実現するために厳密に設《しつら》えてある場合でしか合憲性を認めないという態度は、裁判所はとることができません。市場取引のルールのあり方は国により社会によりさまざまで、こうでなければならないというルール（秩序）の姿が一つに決まっているわけではありませんから。また、**第7講2**［「二重の基準」論］で説明したように、民主的政治過程論からしても、職業活動への制約は、精神的自由ほどには厳格に審査する必要はなさそうです。

それでは、より具体的には、どのように審査すべきでしょうか。最高裁は、規制が消極目的か積極目的かによって審査の厳格さを区別する態度をとっているようです。それを示しているのは、いずれも距離制限にもとづく許可制の合憲性が争われた二つの判例です。

一九七二年の小売市場事件判決（前掲最大判昭和四七・一一・二二）では、小売商業調整特別措置法にもとづいて既存の小売市場から七〇〇メートル未満では新たな小売市場の開設を許可しないとした大阪府の距離制限の合憲性が争われました。最高裁はこの事件で、社会経済分野での規制措置が適切妥当であるか否かは、「主として立法政策の問題として、立法府の裁量的判断にまつほかない」として、本件については、「経済的基盤の弱い小売商」の保護措置として「小売市場の乱設に伴う小売商相互間の過当競争によって招来されるであろう小売商の共倒れから小売商を保護するためにとられた措置である」とし、「その目的において、一応の合理性を認めることができないわけではなく、また、その規制の手段・態様においても、それが著しく不合理であることが明白であるとは認められない」として、その合憲性を認めました。

経済的弱者保護のための積極目的の経済活動規制であれば、目的が一応合理的であれば、規制手段が著しく不合理であることが明白でない限り、違憲とはならないという、きわめて緩やかな審査が行われていることが分かります。

他方、一九七五年の薬事法事件判決（前掲最大判昭和五〇・四・三〇）では、国民の生命および健康に対する危険の防止という消極目的の規制として、薬局および医薬品の一般販売業について距離制限にもとづく参入規制（許可制）が設けられていることの合憲性が問題となりました。最高裁は、消極目的の規制であるときは、職業を選択する自由そのものに制約を課す許可制よりも「よりゆるやかな制限である職業活動の内容及び態様に対する規制」によっては目的を十分に達成できない場合に限って、その合憲性が認められるとしました。その上で、国民の生命および健康に対する危険の防止は重要な公共の利益といえるが、距離制限にもとづく参入規制をしなければ、薬局や医薬品販売業相互の競争が激化し、そのために生ずる経営の不安定の結果、不良医薬品の販売等の法規違反が発生するという想定されている因果関係は、「単なる観念上の想定にすぎず、確実な根拠に基づく合理的な判断」ではないとし、そうした危険については、より緩やかな営業の態様に対する制限によって十分対応できるはずだとして違憲と判断しました。

消極目的規制については、そのこと自体から重要な公益の実現が目的であることにはなりますが、目的と手段との関係については、より緩やかな制限では十分に目的を達成できないことが確実な根拠にもとづいて立証されなければならないとするＬＲＡ基準（「厳格な合理性の基準」と呼ばれることもあります）が妥当するというわけです。

3　批判と応答

こうした判例法理については、いくつかの批判があります。第一に、すべての職業活動規制が積極目的か消極目的かのいずれかに明確に区別できるわけではないとの批判があります。これはその通りですが、この批判はさほど深刻なものではありません。区別できるときには、この法理を適用すればよいわけですから。

他方、この判例法理からすると、国民の生命・健康に対する危険の防止といういかにも重要な公益を立法府が実現しようとするときは中間審査のＬＲＡ基準が適用され、経済的弱者保護という、有り体に言えば特定の集団の利益を保護している場合には著しく不合理であることが明白な場合に限って違憲とされるという、きわめて緩やかな審査が行われることになり、不思議だという批判があります。立法府が重要な公益を実現することをむしろ困難にしているのではないでしょうか。

この批判に対する一つの応答は、最高裁は、民主的政治過程を利益集団多元主義の過程としてとらえているのではないかというものです。利益集団多元主義の観点からすると、民主主義とは、多様な利益集団がそれぞれの利益や目的を実現しようとして政治過程に働きかけるプロセスです。多様な集団の競合と妥協の結果、最後は多数決で決着がつきます。ところで、職業活動規制として参入制限が設けられる場合、国民一般の公益である消極目的規制であることと、特定の利益集団の利益を保護する積極目的規制であることと、どちらがより多いでしょうか。

おそらくは、積極目的規制としての参入制限の方が多いはずです。国民一般に広く及ぶ公益は、一人一人の国民にはその利益がわずかにしか感じられません。そうであれば、誰かそうした規制の実現に尽力しようとする人たちの運動に「ただ乗り free ride」するのが合理的な態度と言えるでしょう。自分が全く実現に努力しなくても、実現した際の恩恵には与ることができるわけですから。

他方、積極目的規制としての参入制限であれば、少数の人々だけに利益がもたらされるわけですから、その人々としては規制の実現に尽力しようとするインセンティヴが生まれるはずです。メンバーの数が少なければ、お互いに努力しているか否かを監視することも容易になります。いきおい、積極目的規制としての参入制限が多くなることが予想されます。

裁判所としては、どのような態度をとるべきでしょうか。民主的政治過程が所詮は利益集団多元主義の過程なのであれば、積極目的規制が生み出されることに、文句を言っても始まりません。立法府に当然期待される役割を果たしているだけです。しかし、利益集団相互の競争は公正（fair）に行われるべきでしょう。実際には特定の利益集団の利益を保護する規制であるにもかかわらず、あたかも国民一般に広く及ぶ利益を実現しているかのような見せかけの下で法制度として成立させるべきではないでしょう。そうであれば、消極目的が標榜される場合にこそ、裁判所としてはより厳格に目的と手段の関連性を審査すべきだということになります。表向きはもっともらしい立法目的の背後に、不当な動機を隠していることが疑われるときに、裁判所がより厳しく立法の正当性を審査することは、表現の自由の内容にもとづく規制（第7講3）や、人種や社会的身分など社会の多数派の偏見の対象となっている少数者の差別が問題とされる場合（第14講2・3）でも、行われることです。

一見したところ不思議に見える判例法理は、こうして説明することができます。

4　主観的参入制限

距離制限は客観的参入制限の典型です。客観的参入制限は、参入しようとする本人の努力の量や能力を測る主観的参入制限と対比される概念です。

特定の職業を遂行しようとするとき、大学で特定の課程を修了することや国家試験に合格することが求められるのが、主観的参入制限の典型です。主観的参入制限については、緩やかな違憲審査で足りると考えられています。

登記に関する手続の代理業務は、司法書士の業務とされています。司法書士となるためには、そのための試験に合格する必要があります。行政書士が登記手続の代理業務を行ったために、司法書士法違反で起訴された事件で、最高裁は、とくにこれといった理由を述べることもなく、司法書士のみが登記の代理業務を行うこととし、それに違反した者を処罰することが、公共の福祉に合致したもので憲法二二条一項に違反するものでないことは明らかだとしました（最判平成一二・二・八刑集五四巻二号一頁〔司法書士法事件〕）。

この判決については、問題となった規制が消極目的なのか積極目的なのかが議論されることもありますが、規制目的はおそらく関係がないでしょう。それぞれの国ごと、社会ごとに、特定の業務を行うには特定の資格を備えることや、一定の試験の合格や特別の教育課程を修了するように要求されることはしばしば見られます。日本の場合、登記手続の代理業務をしようとすれば、司法書士の資格が必要であることは、誰もが承知しているわけで、この業務で生計を立て人生をおくろうとするのであれば、まずは努力して研鑽を積み、司法書士の資格試験に合格しなければならないことは、誰もが分かっているはずです。

それなのに、裁判所が、登記の手続は本人でもできるのだから司法書士に限って認める必要はないなどといってゴール・ポストを後から動かしたら、すでに一生懸命努力した末、司法書士の資格を得て仕事をしている人々の人生設計を事後的に覆して台無しにすることになります。安易にしてよいことであるはずはありません。最高裁が慎重な態度をとるのも当然です。こうしたことは、弁護士、税理士、医師など、さまざまな職業資格について言えることです。

5　居住・移転の自由、移住・国籍離脱の自由

憲法二二条一項の定める居住・移転の自由、同条二項の定める移住・国籍離脱の自由は、歴史的には、身分制の下で人を一定の土地と結びつけていた制度を廃止した結果生じたもので、経済的自由と

しての側面を持つほか、自らの生きる場を自分で決め、自由に他の地域の人々と思想や意見を交換するための基盤ともなるもので、人身の自由、精神的自由としての側面も備えています。このため、これらの自由を制約するには、目的の正当性についても目的と手段との関連性についても、厳格に審査することが求められます。

外務大臣が、「著しく、かつ、直接に日本国の利益又は公安を害する行為を行うおそれがあると認めるに足りる相当の理由がある者」について、旅券の発給を拒否できると定める旅券法一三条一項五号（現七号）の合憲性が問題となった事件で、最高裁は、外国へ一時旅行する自由も、憲法二二条二項の「外国に移住する自由」に含まれるが、それは「公共の福祉のために合理的な制限に服する」とし、旅券法の規定は公共の福祉のために合理的な制限を定めたもので、漠然たる基準を定めたものでもないとしました（最大判昭和三三・九・一〇民集一二巻一三号一九六九頁）。

ただ、人の生まれながらの自由としての側面を強く持つ国籍離脱の自由および外国移住の自由と、日本政府の保護を受けながら（あるいはそれを期待しつつ）一時的に外国に旅行する自由とは区別されるべきで、外国旅行の自由は「公共の福祉」による制限を条文上も予定している憲法二二条一項によって保障されていると考えるべきでしょう。

旅券法一三条一項七号の規定が、法令違憲（適用され得るあらゆる場合に違憲）ではないとしても、個別具体の事例において、日本国の利益または公安を著しくかつ直接に害するおそれについては、少なくともその発生の蓋然性を政府の側で立証する必要があり、その立証がなされないときは、適用違憲になると考えられます（最判昭和六〇・一・二二民集三九巻一号一頁への伊藤正己裁判官の補足意見参照）。

第11講

財産権の保障

1　森林法違憲判決

憲法二九条は、次のような条文です。

一項　財産権は、これを侵してはならない。
二項　財産権の内容は、公共の福祉に適合するやうに、法律でこれを定める。
三項　私有財産は、正当な補償の下に、これを公共のために用ひることができる。

理解が難しい条文です。一項で「侵してはならない」とされている財産権の内容は、二項で法律で、つまり国会が定めることができるとされています。国会の定めようによって、侵してはならない財産権の内容が決まってしまうのでしょうか。別の言い方をするなら、法律でなら、侵しても構わないのでしょうか。さらに、三項のいう「正当な補償」を支払いさえすれば、いかようにでも私有財産を取り上げてもよいのでしょうか。

財産権の内容は、国会がいかようにでも定めることができるのかという問題について、最高裁はそうではないと言っています。法律は「公共の福祉に適合」していなければならず、適合しているか否かは、最終的には最高裁が判断すると述べています（最大判昭和六二・四・二二民集四一巻三号四〇八頁〔森林法違憲判決〕）。

問題となった事案では、共有林について、持分二分の一以下の共有者による分割請求権を否定していた森林法の規定（旧一八六条）の合憲性が問われました。

最高裁は、財産権の制約には、①それ自体に内在する制約があるほか、②社会全体の利益をはかるために加えられる多種多様な規制があると言います。後者については、それが社会全体の利益、つまり公共の福祉に適合しているか否かを判断する必要がありますが、最高裁が規制を違憲とすることができるのは、規制の立法目的が「公共の福祉に合致しないことが明らか」であるか、目的は公共の福祉に合致するとしても、規制手段がその「目的を達成するための手段として必要性若しくは合理性に欠けていることが明らか」である場合に限られるとします。

ところで、森林法の旧一八六条は、共有物について各共有者がいつでも分割を請求することができるとする民法二五六条一項の特則でした。最高裁は、なぜ民法二五六条一項の定めがあるかについて、共有の場合、各共有者は単独所有の場合ほどには物の利用や改善に配慮をせず、しかも物の管理や処分について紛争が生じやすいため、物の経済的効用が十分には実現されないことを指摘します。そこでこうした「弊害を除去し、共有者に目的物を自由に支配させ、その経済的効用を十分に発揮させるため」に共有物の分割請求権が定められていると説明します。つまり、分割請求権は、「各共有者に近代市民社会における原則的所有形態である単独所有への移行を可能ならしめ、右のような公益的目的をも果たすものとして発展した権利」だというわけです。

このため、共有物がその性質上分割できないものでない限り、分割請求権を共有者に否定することは、「憲法上、財産権の制限に該当し、かかる制限を設ける立法は、憲法二九条二項にいう公共の福祉に適合することを要する」ことになりますが、共有林は、性質上分割できないものにはあたりません。

そこで最高裁は、立法の目的と、手段の合理性・必要性を吟味します。目的は、「森林の細分化を防止することによって森林経営の安定を図り、ひいては森林の保続培養と森林の生産力の増進を図ることにありますが、これは公共の福祉に合致しないことが明らかとは言えません。

しかし、森林を共有させれば共有者が当然に共同して森林の経営にあたるわけではなく、共有者間に対立が生じたときは、かえって森林の荒廃をもたらすことにもなります。結局、共有林の分割請求権を否定することと、立法目的との間には合理的関連性がありません。また、持分が二分の一以下の共有者に限って分割請求権を否定する根拠は不明ですし、森林を一括競売して代金を分割することも可能ですから、分割すれば必ず細分化がもたらされるわけでもありません。したがって、森林法旧一八六条の制限は、立法目的との関係で「合理性と必要性のいずれをも肯定することのできないことが明らか」であり、違憲無効とされました。つまり、共有林の分割は認められることになりました。

この判決の特徴は、共有物について各共有者にいつでも分割する権利を認める民法二五六条一項をあるべき法制度を示すベースラインとして見定め、それからの乖離は憲法上の権利の制限にあたるとし、もし十分な合理性と必要性をもってその乖離を正当化できないならば、違憲となるため、ベースラインへの復帰が求められるとした点にあります。

2　内在的制約

森林法違憲判決がいう財産権それ自体に内在する制約とは何でしょうか。二つの種類のものが考えられます。

一つは、社会公共にもたらす害悪のために、そもそも憲法による保護範囲に属していない財産権の行使です。最高裁は、ため池の破損または決壊の原因となる行為としてため池の堤とうでの耕作や工作物の設置を禁止する条例の合憲性に関する事案で、ため池の破損、決壊の原因となるため池の堤とうの使用行為は「憲法でも、民法でも適法な財産権の行使として保障されていない」とし、それを禁止する条例が違憲・違法と判断される余地はないとしました。そして、そうした使用行為が禁止されたとしても、憲法二九条三項の定める損失補償は必要ないとしています（最大判昭和三八・六・二六刑

集一七巻五号五二一頁〔奈良県ため池条例事件〕)。

もう一つは、民法で規定された相隣関係に関する諸規定〔民法二〇九条〜二三八条〕のように、そうした相互の制約なくしては、財産権の設定と維持がそもそも困難だという制約があります。最高裁は、区分所有法が、一定の要件を満たした場合、団地管理組合の集会で、団地内の全建物を一括して取り壊し、新たな建物を建築する決議ができることを定めていることについて〔同法七〇条〕、区分所有権の行使は必然的に他の区分所有権の行使に影響を与えるため、区分所有権の行使については他の区分所有権の行使との調整が不可欠であり、他の区分所有者の意思を反映した行使の制限は、区分所有権自体に内在する性質というべきものだとして、合憲との判断を示しています〔最判平成二一・四・二三判時二〇四五号一一六頁〕。建替えに参加しない区分所有者は、区分所有権および敷地利用権を時価で売り渡すことができ、経済的損失に対する手当がある点で、奈良県ため池条例事件の事案とは異なっています。

3 損失補償

憲法二九条三項は、正当な補償を支払うことを条件に、私有財産を公共のために用いること〔収用すること）ができると定めています。ここでいう「公共のために」とは、社会全体の利益となることを指しており、収用された財産が結果として私人や私企業のために使われることとなっても、違憲とはならないと考えられています。ただし、収用が社会全体の利益に役立つことは必要で、そうでない限り収用（制約）は違憲となります。森林法違憲判決が示しているのは、そのことです。

言い換えるならば、社会全体の利益に役立つ収用による財産上の損失を、その私有財産の所有者（権利者）のみに負担させることは、衡平の観念に適合しないので、得られるはずの社会全体の利益から、損失を被る所有者に補償をするべきだという話です。当然のことながら、補償額を上回る利益がもたらされるのでない限り、収用はできないことになります。

こうした考え方から、損失補償が必要なのは、①特定の個人や企業のみが損失を被る場合（「特別犠牲」といわれます）であって、②財産権への侵害が内在的制約として受忍すべき限度にとどまらない場合であるとされます。社会全体が等しく制約を被る場合、社会全体が同時にそこからもたらされる利益を享受しているはずですから、さらに損失補償を行う必要はないでしょう。

「正当な補償」とはどのような補償でしょうか。第二次大戦後の連合国軍総司令部（ＧＨＱ）主導の日本社会の民主化政策の一環である農地改革で、不在地主の全小作地と在村地主の保有限度を超える小作地などがきわめて安価な補償によって強制的に買収され、従前の小作農に売り渡されて数多くの自作農が生み出されました。その際の買収対価が憲法の保障する「正当な補償」にあたらず違憲であるとの主張に対して、最高裁は、憲法二九条三項の「正当な補償とは、その当時の経済状態において成立することを考えられる価格に基き、合理的に算出された相当な額をいうのであって、必しも常にかかる価格と完全に一致することを要するものでない」として違憲の主張を退けました。市場価格と完全に一致する必要はないというわけです（最大判昭和二八・一二・二三民集七巻一三号一五二三頁〔農地改革事件〕）。

しかし、憲法二九条三項は、特別犠牲を被った権利者にはその損失を完全に回復するに足りる補償を支払うべきことを要求しているはずですから、農地改革事件での最高裁の判示は、日本社会を平等な個人によって構成される近代社会とするための大規模な改革という例外的事例であったために、やむなくなされたものだと考えるべきでしょう。財産として扱われていた奴隷が法律にもとづいて解放された（個人となった）とき、財産を失った元の奴隷主に補償を支払うべきかという問題と似ているように思われます。

土地収用法の下における補償金の額が争われた事案では、最高裁は、土地収用法による損失補償は、「収用によって当該土地の所有者等が被る特別な犠牲の回復をはかることを目的とするものであるから、完全な補償、すなわち、収用の前後を通じて被収用者の財産価値を等しくならしめるような補償をなすべき」であるとしています（最判昭和四八・一〇・一八民集二七巻九号一二一〇頁）。

ある法令が財産権の収用（制限）を行うことを想定しているにもかかわらず、損失補償の規定を置いていないことがあります。そうした場合、法令自体やそれにもとづく収用は違憲無効となるでしょうか。最高裁は、損失補償に関する規定がない場合であっても、特別犠牲を被った権利者は、「その損失を具体的に主張立証して、別途、直接憲法二九条三項を根拠にして、補償請求をする余地が全くないわけではない」と述べています（最大判昭和四三・一一・二七刑集二二巻一二号一四〇二頁〔河川附近地制限令事件〕）。憲法を直接根拠とする補償請求をする可能性が否定されてはいないから、その法令自体やそれにもとづく収用が違憲無効となることはないというわけです。

4 予防接種事故

一九五二年から一九七四年までの間、予防接種法にもとづいてインフルエンザ等の予防接種が強制的に行われていましたが、その副作用で死亡したり、重い後遺障害が残った人がいます。接種にあたる人が注意を尽くしたとしても、きわめて低い確率ではありますが、こうした重い副作用が発生することは避けられません。

副作用が発生することを事前に予測することはきわめて困難ですから、不法行為としての損害賠償を認めることは難しいと言えます。そこで、憲法二九条三項を類推適用することはできないかが議論されました。東京地裁の判決は、公共のために財産権に特別犠牲が生じた場合には、たとえ損失補償を認める規定がなくとも憲法二九条三項を根拠に直接補償を請求することができるのだから、伝染病の蔓延を予防して公益を実現するための予防接種により、生命・身体を侵害された場合には、やはり同項を類推適用して、国に対して損失補償を請求できるはずだと結論づけました（東京地判昭和五九・五・一八判時一一一八号二八頁）。

しかし、控訴審の東京高裁はこの第一審判決の論理を認めず、予防接種行政の組織的な過失があったとして、国に対する損害賠償請求権を認めました（東京高判平成四・一二・一八高民集四五巻三号二一二頁）。多分にフィクショナルな過失の認定という感じはしますが、正当な補償さえ支払えば、生命や身体をも収用し得るという結論を避けたかったのでしょう。土地や建物のような財産であれば、完全補償を受けることができれば、市場で同等の代替物を手に入れることができます。しかし、生命や身体が損なわれたとき、市場で同等の代替物を手に入れることは、そもそもできません。生命・身体については、正当な補償と引き換えの収用はあり得ないことになります。

第12講

人身の自由

1　奴隷的拘束・意に反する苦役からの自由

人身の自由は、他のすべての基本権を享有するための前提条件となる権利です。日本国憲法は人身の自由に関連して、数多くの規定を用意しています。

憲法一八条は、何人も奴隷的拘束を受けないとしています。日本国憲法の下では、そもそも権利主体性を剥奪された身分としての奴隷は存在し得ません。「奴隷的」つまり奴隷と同様の拘束は絶対的に禁止されており、被拘束者が自らすすんで拘束されていることや、慈愛深い拘束者の下で被拘束者が幸福に暮らしていることは、禁止を除外する理由になりません。同じく一八条で禁止される「意に反する苦役」と異なり、奴隷的拘束からの自由は、本人が放棄することもできません。この規定は私人間に直接に効力を及ぼし、奴隷的拘束を内容とする契約は無効となります（第5講4［基本権の私人間効力］）。

「意に反する苦役」は、広く本人の意思に反する強制的な労役を指します。肉体的労務とは限りません。「犯罪に因る処罰」は、苦役が認められる例外として憲法一八条で明示されています。

非常の災害その他の緊急時において地域住民などに課される応急の労務負担が、「意に反する苦役」ではないかが議論されます。とりわけ、労務に従事しないと刑罰が科される場合（災害対策基本法七一条・一一三条一号、災害救助法七条・三二条一号）が問題となります。広く本人の意思に反する強制的な労務が「意に反する苦役」であれば、苦役にあたらないとすることは困難でしょう。むしろ、真にやむを得ない公益上の目的のため、必要不可欠な労務を課すことは、意に反する苦役であっても正当化可能だと考えるべきでしょう。

政府見解は、徴兵制を違憲とする根拠として、これが「意に反する苦役」にあたることを挙げています（浅野一郎＝杉原泰雄監修『憲法答弁集』〔信山社出版、二〇〇三〕二二七頁）。学説の多くも同じ立場をとります。

裁判員制度が、国民に意に反する苦役を課す制度であるかが争点となった裁判で、最高裁は、裁判員の職務等は、司法権の行使に対する国民の参加という点で参政権と同様の権限を国民に付与するものので、これを「苦役」と言うことは必ずしも適切でないとし、裁判員法が裁判員を辞退できる場合を類型的に定めているほか、個別の事情を踏まえて辞退できる場合を認めるなど、制度が柔軟に設計・運用されていることを理由に、裁判員の職務等が憲法一八条の禁ずる「苦役」にあたらないことは明らかであるとしました（最大判平成二三・一一・一六刑集六五巻八号一二八五頁〔裁判員制度違憲訴訟〕）。

2　適正手続の保障

憲法三一条は、「何人も、法律の定める手続によらなければ、その生命若しくは自由を奪はれ、又はその他の刑罰を科せられない」と定めています。規定の文言だけからすると、刑事罰について、しかもその手続についてのみ、国会の制定する法律によることが要求されているようです。手続が適正であることや、さらには刑罰の根拠となる刑事実体法（刑法典が典型です）の内容が適正であることは要求されていないように見えます。しかし、通説は、三一条が、刑事罰について、その実体および手続が法律によって定められること、さらにそれらの内容が適正であることをも要求していると考えています。

もっとも、実体および手続の適正さは、他の個別の条文によって求められているものもあります。憲法三六条の残虐刑の禁止、三九条の二重処罰の禁止は実体上の適正を要求していますし、三二条、三七条一項の定める公平な裁判を受ける権利や、三三条、三五条の定める令状主義は、手続の適正が要求されている例です。三一条は、これら個別の条文によってはカバーされていない事項について、一般的・補充的に権利を保障する規定だと考えられます。

判例は、所有者に対して事前に告知、弁解、防御の機会を与えることなく、その所有物を没収することは、憲法二九条とともに憲法三一条にも反するとしており、同条が手続の適正を求めていることを認めています（最大判昭和三七・一一・二八刑集一六巻一一号一五九三頁〔第三者所有物没収事件〕）。また判例は、憲法三一条が犯罪構成要件の明確性を要求するとしており、同条が実体の適正をも要求していることを認めています（最大判昭和五〇・九・一〇刑集二九巻八号四八九頁〔徳島市公安条例事件〕）。

ところで、第三者所有物没収事件では、被告人以外の者（第三者）の所有物を所有者ではない被告人に対する附加刑として没収することが、その第三者の基本権を侵害するか否かが問題とされました。訴訟の当事者は被告人ですので、被告人が第三者の権利侵害を主張する資格（適格）があるか否かも争点となりましたが、最高裁は、①この没収の裁判が被告人に対する裁判であること、②被告人も没収の裁判によって、没収された物の占有権を剝奪され、その物を使用・収益し得ない立場に置かれること、③被告人は所有権を剝奪された第三者から賠償請求権を行使されるリスクにさらされることなどの利害関係があるため、この没収が違憲であると主張する資格が被告人にあると判断しています。

3　令状主義

憲法三三条は、現行犯として逮捕される場合のほかは、権限を有する司法官憲が発し、かつ理由となっている犯罪を明示する令状によらなければ、逮捕されないことを定めています。ここでいう「司法官憲」は裁判官（だけ）を指しています。

現行犯とは、「現に罪を行い、又は現に罪を行い終つた者」です（刑事訴訟法二一二条一項）。また、その他「犯人として追呼されているとき」や「誰何されて逃走しようとするとき」など、法の定める場合で、罪を行い終ってから間がないと明らかに認められる場合は、現行犯人とみなされます（同条二項）。

いわゆる緊急逮捕の制度（刑事訴訟法二一〇条）については、現行犯ではない者について逮捕後に裁判官の令状を求めるもので、憲法三三条に違反するとの見解もありますが、判例は、「厳格な制約の下に、罪状の重い一定の犯罪のみについて、緊急已むを得ない場合に限り、逮捕後直ちに裁判官の審査を受けて逮捕状の発行を求めることを条件とし、被疑者の逮捕を認める」現在の緊急逮捕制度は、同条の趣旨に反していないとしています（最大判昭和三〇・一二・一四刑集九巻一三号二七六〇頁）。

逮捕に引き続く身柄の拘束が抑留・拘禁です。憲法三四条は、抑留・拘禁について理由の告知および弁護人の依頼権を保障しています。さらに三八条二項は、不当に長く抑留もしくは拘禁された後の自白の証拠能力を否定しています。抑留・拘禁された被疑者・被告人の弁護人依頼権が、検察官や裁判官による接見・交通の制限（刑事訴訟法三九条三項・八一条）によって実質的に制約されるリスクがあることに留意する必要があります。

憲法三五条は、住居、書類、所持品への侵入、捜索、押収についても、憲法三三条の定める場合（現行犯の場合）のほかは、裁判官の発する令状が必要だとしています。本条の主要な目的は、プライバシーの保護にあります。

特殊な令状が求められる捜査として、犯罪捜査目的で行われる通信傍受があります。最高裁は、重大な犯罪の捜査について、通信傍受以外の方法によっては重要で必要な証拠を得ることが著しく困難な場合で、傍受を行うことが真にやむを得ないときは、対象の特定に資する適切な記載のある検証許可状による電話の傍受も許されるとしました（最決平成一一・一二・一六刑集五三巻九号一三二七頁）。しかし、通信傍受については、情報が対象となること、捜査対象者に対する事前の告知が意味をなさないこと、収集された情報のうち捜査と関連しないものを事後的に消去する等の措置が必要となることなど、さまざまな特殊性があることから、こうした特殊性に応じた特別立法として、一九九九年に「犯罪捜査のための通信傍受に関する法律」が制定されています。

最近、ＧＰＳ端末を使用者の承諾なく自動車等に取りつけて、その移動状況を把握する捜査（ＧＰＳ捜査）に、裁判官の発する令状が必要かどうかが問題となりました。最高裁は、ＧＰＳ捜査が個人の行動を継続的、網羅的に把握するもので、個人のプライバシーを侵害する可能性があり、また侵害を可能とする機器を個人の所持品に秘かに装着する点で、公権力による私的領域への侵入を伴うことを指摘しました。そして、憲法三五条の保障対象は「住居、書類及び所持品」には限られず、これらに準ずる私的領域に侵入されない権利が含まれており、ＧＰＳ捜査は個人の意思を制圧して憲法の保障する重要な法的利益を侵害するものとして、刑事訴訟法上特別の根拠規定がなければ許されない強制処分にあたるため、令状がなければ行うことができないとしました（最大判平成二九・三・一五刑集七一巻三号一三頁〔ＧＰＳ捜査事件〕）。ＧＰＳ捜査についても、その特殊性に応じた特別の立法措置が必要となります。

4　令状主義と行政手続

憲法三五条の定める令状主義が、刑事手続にとどまらず行政手続をもカバーするか否かについて議論があります。

収税官吏による所得税に関する検査が、令状主義に違反するか（令状なしでは所得に関する調査が許されないか）について、最高裁は、「憲法三五条一項の規定は、本来、主として刑事責任追及の手続における強制」を念頭に置いたものではあるが、ある手続が「刑事責任追及を目的とするものでないとの理由のみで、その手続における一切の強制が当然に右規定による保障の枠外にあると判断する」ことはできないとした上で、所得税法上の検査が、「刑事責任追及のための資料の取得収集に直接結びつく作用を一般的に有するもの」ではなく、強制の態様も、検査を正当な理由なく拒む者に刑罰を科すという間接的なものにとどまるものなので、あらかじめ裁判官の発する令状によることは必要でないとしました（最大判昭和四七・一一・二二刑集二六巻九号五五四頁〔川崎民商事件〕）。

出入国管理及び難民認定法は、入国警備官が行う外国人の入国、上陸または在留に関する違反事件を調査するための臨検・捜索・押収については、裁判官の許可を要件としています（三一条）。退去強制という刑罰に匹敵する重大な結果につながる違反調査のための資料の取得収集に直接結びつく作用を一般的に有するからでしょう。公正取引委員会の職員による独禁法犯則事件の調査（独占禁止法一〇二条・一〇三条）や、児童虐待防止法の下での臨検・捜索（児童虐待防止法九条の三）について裁判官の許可状が求められていることも、同様に理解することができます。

5　自己負罪拒否特権と行政手続

憲法三八条一項は、「何人も、自己に不利益な供述を強要されない」と定めています。判例によると、本項の意味は、「何人も自己が刑事上の責任を問われる虞ある事項について供述を強要されない」ことにあります（最大判昭和三二・二・二〇刑集一一巻二号八〇二頁）。本項の保障する権利は自己負罪拒否特権と呼ばれます。刑事訴訟法では、より広く「自己の意思に反して供述をする必要がない」こと、そして「質問に対し陳述を拒むことができる」ことが定められています（同法一九八条二項・二九一条四項・三一一条一項）。

自己負罪拒否特権についても、行政手続への適用の有無が議論されます。川崎民商事件判決によると、憲法三八条一項の保障は、「純然たる刑事手続においてばかりではなく、それ以外の手続においても、実質上、刑事責任追及のための資料の取得収集に直接結びつく作用を一般的に有する手続には、ひとしく及」びますが、所得税法上の税務検査や質問は、そうした作用を一般的に有するものではないとされました（前掲最大判昭和四七・一一・二二）。

他方、判例によると、国税犯則取締法（当時）上の犯則嫌疑者に対する質問等の調査の手続は、実質的には租税犯の捜査としての機能を営むもので、実質上、刑事責任追及のための資料の取得収集に直接結びつく作用を一般的に有しており、憲法三八条一項の保障が及ぶとされました（最判昭和五九・三・二七刑集三八巻五号二〇三七頁）。

道路交通法の前身である道路交通取締法によって課された、交通事故に関する報告義務と本項との関係について、最高裁は、報告を要求される「事故の内容」とは、「発生した日時、場所、死傷者の数及び負傷の程度並に物の損壊及びその程度等、交通事故の態様に関する事項」を指すもので、それ以上に「刑事責任を問われる虞のある事故の原因その他の事項までも右報告義務ある事項中に含まれるもの」ではないため、この義務は、本項に反する「自己に不利益な供述の強要」にはあたらないとしています（最大判昭和三七・五・二刑集一六巻五号四九五頁）。

しかし、こうした報告の内容が犯罪捜査の端緒となることは容易に想定できるため、そもそも「自己に不利益な供述の強要」にあたらないと考えることは困難です。また、自動車を運転すること（あるいは免許を取得すること）が、一般的に黙秘権の放棄を意味すると考えることも難しいでしょう。むしろ、高度の危険性を帯びる自動車の運転については、公共の利益をはかるため、この種の報告義務により一定限度、黙秘権を縮減させることを前提として、はじめて運転が許される制度が設営されていると見るべきでしょう。麻薬及び向精神薬取締法三七条以下、五〇条の二三が定める麻薬や向精神薬を取り扱う者の記帳義務についても（最判昭和二九・七・一六刑集八巻七号一一五一頁）、同様に考えることができます。

6　自白の証拠能力・証拠価値の制限

憲法三八条は二項で、「強制、拷問若しくは脅迫による自白又は不当に長く抑留若しくは拘禁された後の自白は、これを証拠とすることができない」とします。任意性の欠けた自白を証拠として用いることを禁じる、いわゆる自白法則を規定したものです。

任意性の欠けた自白は虚偽である蓋然性が高く、証拠としては認めた上で証拠としての価値を低く評価するだけでは、虚偽の自白による誤判の可能性を排除することができません。そもそも任意性の欠けた自白は一般的に証拠から排除するとの判断を本項は示しています。

判例は、偽計によって被疑者が心理的に強制を受けた場合の自白についても、その結果、虚偽の自白が誘発されるおそれのある場合には、任意性に疑いがあるものとして証拠能力を否定すべきであるとします(最大判昭和四五・一一・二五刑集二四巻一二号一六七〇頁)。

さらに憲法三八条三項は、「何人も、自己に不利益な唯一の証拠が本人の自白である場合には、有罪とされ、又は刑罰を科せられない」として自白の証拠価値を制限し、自白の強要の防止を強化しています。この規定の文面からすると、自白が任意であるかにかかわりなく、本人の自白のみが不利益な唯一の証拠であれば、有罪とされることはないはずですが、判例は、公判廷での自白は不当な干渉を受けることなく行われるもので、それが自発的なものであるか否かは裁判所が自ら判断できるのだから、公判廷での被告人の自白は、本項でいうところの「本人の自白」にはあたらないとします(最大判昭和二三・七・二九刑集二巻九号一〇一二頁)。本項は、自白に関しては、裁判官の判断も完全には信頼できないとの前提に立っているのではないでしょうか。

刑事訴訟法は、「被告人は、公判廷における自白であると否とを問わず、その自白が自己に不利益な唯一の証拠である場合には、有罪とされない」と定めています（同法三一九条二項）。

7 刑事被告人の権利

憲法三七条一項は、刑事裁判の被告人に対して「公平な裁判所の迅速な公開裁判を受ける権利」を保障しています。最高裁によると、「迅速な裁判」の保障は、個々の事件の裁判が迅速になされることをも保障していて、「審理の著しい遅延の結果、迅速な裁判をうける被告人の権利が害せられたと認められる異常な事態が生じた場合には、これに対処すべき具体的規定がなくても、もはや当該被告人に対する手続の続行を許さず、その審理を打ち切るという非常救済手段がとられるべきことをも認めている」とし、第一審で一五年余にわたる審理中断が生じたいわゆる高田事件について審理を打ち切り、免訴を言い渡しました（最大判昭和四七・一二・二〇刑集二六巻一〇号六三一頁）。他方、その後の事件では、最高裁は迅速な裁判を受ける権利が侵害されたとの主張を退けており、「さして複雑とも思われない」事案の審理に、第一審および第二審で二五年を要したいわゆる峯山事件についても、その間、被告人が病気になったこと、相当期間実質審理が行われており、被告人側から訴訟の促進について格別の申出もなかったことなどの事情の存在を理由に、被告人の違憲の主張を退けています（最

判昭和五五・二・七刑集三四巻二号一五頁）。

裁判の公開の要請は、民事裁判と共通します。この論点については、第17講6・7で説明します。

憲法三七条二項は、刑事被告人に対して、「すべての証人に対して審問する機会を充分に与へられ、又、公費で自己のために強制的手続により証人を求める権利」を保障しています。刑事訴訟法は、被告人の反対尋問権を保障し、反対尋問の機会のない伝聞証拠の証拠能力を原則的に否定することで、証人審問権の実質化をはかっています（同法三二〇条以下）。

憲法三七条三項は、刑事被告人に対して資格を有する弁護人の依頼権を保障しています。また、被告人が依頼することができない場合には、国選弁護人を国の費用負担で付することを規定しています。被疑者の段階でも、抑留・拘禁がなされる場合には、「直ちに弁護人に依頼する権利」が保障されています（憲法三四条）。

8　拷問・残虐刑の禁止

憲法三六条は、公務員による拷問および残虐な刑罰を絶対的に禁止しています。正当化される余地はありません。拷問の禁止を裏づけるため、憲法三八条二項は、拷問によって得られた自白の証拠能力を否定しています。

判例によると、「残虐な刑罰」とは、「不必要な精神的、肉体的苦痛を内容とする人道上残酷と認められる刑罰」です（最大判昭和二三・六・三〇刑集二巻七号七七七頁）。学説上は、犯罪と刑罰とが極端に均衡を失する場合も、残虐な刑罰にあたるとの立場が有力です。

死刑が本条にいう「残虐な刑罰」にあたるかについて、判例は、憲法一三条、三一条が、生命に対する国民の権利も公共の福祉を理由とする法律上の手続に従って制限あるいは剝奪され得ることを予定していることから、憲法は「刑罰として死刑の存置を想定し、これを是認」しているとします。しかし、具体的な死刑の執行方法が、火あぶり、はりつけ、さらし首、釜ゆでなど「その時代と環境とにおいて人道上の見地から一般に残虐性を有するものと認められる場合」には、残虐な刑罰にあたるとします（最大判昭和二三・三・一二刑集二巻三号一九一頁）。学説上も、死刑が残虐な刑罰にあたるとする立場は有力ではありません。

9 事後法の禁止、二重の危険の禁止

(1) 事後法の禁止

憲法三九条前段は、「何人も、実行の時に適法であった行為」「については、刑

事上の責任を問はれない」とします。事後法および遡及処罰の禁止は、法の支配の基本要素の一つです（第1講**6**［法の支配］）。

最高裁は、行為当時の判例に従えば無罪となるべき行為を処罰しても憲法三九条には違反しないとしています（最判平成八・一一・一八刑集五〇巻一〇号七四五頁）。個人が従うべき法を事前に示し、公権力の行使に関する予測可能性を保障して、法が個人の行動を方向づける条件を整えるという法の支配の観念からすると、疑問のある判例です。

この判決に付された河合伸一裁判官の補足意見は、判例を信頼して自己の行為を適法と信じたことに相当の理由がある場合には故意を阻却すると解する余地があるが、本件は地方公務員の争議行為に関するもので、行為時（一九七四年三月）には、「二重の絞り」論をとる都教組事件判決（最大判昭和四四・四・二刑集二三巻五号三〇五頁）がなお判例であったものの、すでに国家公務員の争議行為に関しては全農林警職法事件判決（最大判昭和四八・四・二五刑集二七巻四号五四七頁）が出されており、地方公務員についても判例変更が予想されていたため、適法と信じたことに相当の理由がある場合にあたらないとしています（第16講**6**参照）。

(2) **二重の危険の禁止**　憲法三九条前段の後半部分および同条後段は、何人も「既に無罪とされた行為については、刑事上の責任を問はれない。又、同一の犯罪について、重ねて刑事上の責任を問はれない」とします。この条文の意義については、①いずれも大陸法でいうところの「一事不再理」の原則を定めたもので、無罪判決にせよ有罪判決にせよ、判決が確定した以上は、同じ犯罪行為について再び刑事上の責任を問われることがないことを定めたものとする説と、②両者をあわせて、英米法でいう、刑事手続において生じる危険を被告人に二重に負担させてはならないという「二重の危険double jeopardy」の禁止の原則を定めたものとする説があります。

本条が二重の危険の禁止の原則を定めているとすると、たとえば下級審の無罪判決に対して検察官が上訴することや、より重い刑を求めて上訴することは、本条に反する疑いがありますが、判例は、同一の事件では「危険」は「訴訟手続の開始から終末に至るまでの一つの継続的状態」であると理解するため、判決が確定しない状態ではなお「危険」は終了しておらず、したがって検察官の上訴も二重の危険の禁止の原則には反しないとします（最大判昭和二五・九・二七刑集四巻九号一八〇五頁）。こうした「危険」の解釈からすると、二重の危険の禁止と一事不再理とはほぼ同じ意味だということになるでしょう。

ところで、最高裁は、被告人の故意を認めず無罪とした第一審判決に事実誤認があるとした覚せい剤取締法違反等被告事件の控訴審判決について、控訴審が第一審判決に事実誤認があると言うためには、第一審判決の事実認定が論理則、経験則等に照らして不合理であることを具体的に示すことが必要だとした上で、控訴審判決はそれを十分に示していないとして破棄しました（最判平成二四・二・一三刑集六六巻四号四八二頁）。

この判決に付された白木勇裁判官の補足意見は、従来の実務では、控訴審は、判決の認定・量刑について、まず自らの心証を形成し、それと第一審判決の認定・量刑との間に差異があれば、自らの心証に従って第一審判決の認定・量刑を変更する場合が多かったが、裁判員を含む裁判体による裁判では、ある程度の幅を持った認定・量刑が許容されるべきであり、裁判員制度の下では、控訴審は、第一審の判断をできる限り尊重すべきであると指摘しています。

第13講

包括的基本権

1　包括的基本権とは？

憲法一三条は、前段で「すべて国民は、個人として尊重される」とし、後段で「生命、自由及び幸福追求に対する国民の権利」が「公共の福祉に反しない限り、立法その他の国政の上で、最大の尊重を必要とする」と述べています。この条項は、思想・信条の自由、表現の自由、信教の自由、職業選択の自由など、他の基本権条項を支える一般理念を包括的に示す側面があり、そのため包括的基本権と呼ばれます。

この条文については、かつては法的意味はないという考え方が提示されたこともありましたが、現在では、通説も判例も、裁判の根拠となる法規範（裁判規範）となることを受け入れています。とりわけ、基本権条項全体を通じた基本的理念を示す条文であることから、思想・信条の自由や表現の自由などのように、個別の条項によって保障が明記されていない基本権の保障根拠として機能すると考えられています。このことを指して、補充的規定と言われることがあります。

憲法一三条が保障する基本権がどのような性格を持つかについては、大きく二つの立場が分かれると考えられてきました。第一は、人格的利益説、第二は一般的自由説と呼ばれます。

人格的利益説は、個人の人格的生存に不可欠な利益、つまり人として生きていく上で欠くことのできない重要な権利が包括的に本条によって保障されると考えます。それを否定されると、そもそも他の個人と同等の個人として尊重されているとは言えない権利です。

他方、一般的自由説は、公益を理由とする公権力の制限がない以上、人はどう行動するかを自由に決められる存在であって、あらゆる生活領域に及ぶ自由一般が本条によって保障されていると考えます。

この二つの説が、相互に矛盾・衝突するとか、いずれかを選ばなければならないと考える必要はありません。人格的利益説も、政府が十分な公益上の根拠もないのに、個人の自由な行動を制約できるとは主張しません。他方、一般的自由説も、一三条の保障する権利の中に人として生きる上での重要性の異なるさまざまな権利があることは否定しないでしょうし、より重要な人格的価値にかかわる行為を公権力が制約するには、必要不可欠な公益を実現すべく厳密に設《しつら》えられた規制となっていることを政府の側が立証すべきであると考えるはずです。

一三条の条文上の構造に照らしてみると、前段の個人の尊重は、人格的利益にかかわる重要な権利の保障に対応し、後段は、何であれ個人の自由を制約するには、公共の福祉にもとづく十分な根拠づけが必要であることを示していると考えられます。

以下、一三条との関係で議論されることの多いプライバシーの権利、名誉権、自己決定権について説明します。

2 プライバシーはなぜ必要か

プライバシーは、アメリカで当初、「一人で放っておいてもらう権利」として提唱され、発展した観念です。しかし、「一人で放っておいてもらう権利」という概念は、プライバシーとして普通、想定されている権利とは対応していません。遠くから私生活を高性能の望遠鏡で監視されている人は、ある意味では一人で放っておかれていますが、そのプライバシーは侵害されています。いきなり殴られて怪我を負った人は、一人で放っておかれてはいませんが、侵害された権利は、プライバシーの権利ではありません。

現在では、プライバシーは自己情報コントロール権、とりわけ個人の私生活にかかわる情報を自らコントロールする権利として理解されています。こうした権利がなぜ保護に値するかについては、いろいろな説明がなされています。

アメリカの社会学者、アーヴィング・ゴフマンの議論を参照しながらなされる説明は次のようなものです。現代の都市生活者は、自分の生活をさまざまな文脈に切り分けて生きています。家庭での親や主夫（婦）として、職場での部下あるいは上司として、近所の居酒屋での飲み仲間として、地域の教会の信者としてなどです。彼（彼女）は、それぞれの生活の文脈を区別・分離し、各文脈で自身が示す行動様式や個性を変えながら生きています。それなのに、ある文脈での行動様式や発言などを別の文脈で引き合いに出され、批判や評価の対象とされると、とてつもなく生きにくくなります。現代的な都市生活者にとって変幻自在な生き方を可能にするものとして、自己情報コントロール権としてのプライバシーが機能しているというわけです。

ただこの議論に対しては、哲学者のアラステア・マッキンタイアから、これではなぜプライバシーが重要な権利として保護されなければならないかの説明となっていないとの批判がなされています。この説明では、人はさまざまな文脈で自身の仮面を付け替えて生きているだけで、たとえるならば、壁から突き出た洋服かけのフックのようなものだとマッキンタイアは言います。さまざまな服が次から次へとかけられ、その度に見た目が変わる。しかし本人の実体はといえば、服をかけられるフックにすぎない。

もう一つの説明が、ハーバード大学の法哲学者、チャールズ・フリードによって提示されています。彼によると、プライバシーによって保護された自身の私的情報は、誰にも話さずに墓場まで持っていくものもあるでしょうが、自分の選んだ特定の人たちには話すものです。大事にしている私的情報をお互いに交換することで、親密な人間関係が生まれます。つまり、プライバシーによって保護された私的情報は、自分の選ぶ人と自分の選ぶ程度の親密さの関係を取り結ぶ、そのための大切な資産となるものです。だからこそ、自己情報コントロール権は重要な権利だということになります。

プライバシーはそのほかにも、①他人の批判の目から自由な領域を確保して、個人が自律的に各々の思想や見解を発展させる場を保障する、②思想や情報を誰にも邪魔されることなく伝達し議論し合う場を確保する、③政治活動の基盤となる個人間の交流を可能とするなど、さまざまな役割を果たします。プライバシーを基礎づける根拠を何か一つだけに限定する理由はないでしょう。表現の自由が厚く保障されるべき理由が、さまざまな根拠にもとづいて説明されていることと同様です。

表現の自由を保障することがなぜ重要かと問われれば、①公益に関する多様で豊かな情報空間を構成することで、民主的な政治過程の機能に貢献する、②多様な情報や思想に触れることで、各人が自律的に人格を形成し発展させることに役立つ、③商品やサービスに関する多様かつ豊かな情報が流通することで、消費者の賢い選択や企業活動の発展に役立つなど、さまざまな答を提示することができます。プライバシーも同じです。根拠を一つに絞る必要はありません。

各自がコントロールしている自己情報のすべてが、秘匿すべき強い理由のある情報であるとも限りません。名前や住所など、一定範囲の人には知らせてしかるべき情報もあります。プライバシーあるいはプライバシーに関連する情報の中には、厚く保護されるべき情報と、さほどでもない情報を区別することができます。

3　プライバシーの判例

(1)　**プライバシーと表現の自由**　プライバシーは表現の自由と衝突することがあります。プライバシー侵害となる表現活動は、表現の自由の保護範囲には含まれません。しかし、定義づけ衡量のアプローチがとられるわいせつ表現や名誉毀損などの場合と異なり、プライバシーに関しては、チェックリストに沿って個別の事情を総合判断し表現活動がプライバシー侵害となっているかを判断するアプローチがとられています。

このことは、ノンフィクションにおいて、人の犯罪歴（前科）にかかわる事実を実名を用いて記述することが不法行為となるか否かは、本人のその後の生活状況、事件の歴史的・社会的意義、本人の社会的重要性や影響力、著作の目的・性格等に照らした実名使用の意義・必要性などもあわせて、実名を公表されない利益と公表すべき理由とを衡量していずれが優越するかで判断すべきだとしたノンフィクション『逆転』事件判決で明らかにされています（最判平成六・二・八民集四八巻二号一四九頁）。長良川事件報道訴訟で、最高裁はこうしたアプローチを一般化して、「プライバシーの侵害については、その事実を公表されない法的利益とこれを公表する理由とを比較衡量し、前者が後者に優越する場合に不法行為が成立する」と述べました（最判平成一五・三・一四民集五七巻三号二二九頁）。

最高裁は、プライバシーを侵害する表現行為が重大で回復が不可能ないし著しく困難な損害を被らせるおそれがある場合には、被害者はその表現行為を差し止める権利があることを認めています（最判平成一四・九・二四判時一八〇二号六〇頁〔「石に泳ぐ魚」事件〕）。

検索事業者の提供するサービスの検索結果として、特定個人の前科が表示されることがあります。こうした検索結果の表示がプライバシー侵害にあたるとして、その削除（リンクの切断）が求められた裁判で、最高裁は、検索事業者によるインターネット上の情報の収集、整理および提供は、検索事業者自身による表現行為としての側面を有するとし、その削除は、インターネット上の情報流通の基盤となっている表現行為の制約となると指摘します。その上で、削除を認めるか否かについては、表示された事実の性質・内容、本人のプライバシーに属する事実が伝達される範囲と具体的被害の程度、本人の社会的地位や影響力などを勘案し、当該事実を公表されない法的利益と、検索結果として提供する理由に関する諸事情を比較衡量した上で、事実を公表されない法的利益が優越することが明らかな場合には、削除を求めることができるとしました（最決平成二九・一・三一民集七一巻一号六三頁。傍点筆者）。

そして、児童買春をした被疑事実で逮捕されたという事実が、本人の氏名と居住する県名を条件としたときに検索結果として表示される場合には、削除を求めることができる場合にあたらないと結論づけています。

(2)　公権力によるプライバシー侵害　プライバシーは公権力の行為によって侵害されることもあります。

訴訟の一方当事者の弁護士が、弁護士法二三条の二にもとづいて所属弁護士会を通じて行った照会の申出に対応して、相手方当事者の前科をすべて区役所が回答した事件で、最高裁は、「前科及び犯罪経歴……は人の名誉、信用に直接にかかわる事項であり、前科等のある者もこれをみだりに公開されないという法律上の保護に値する利益を有するのであって、市区町村長が、本来選挙資格の調査のために作成保管する犯罪人名簿に記載されている前科等をみだりに漏えいしてはならない」とし、本件事実関係の下では、「市区町村長が漫然と弁護士会の照会に応じ」て前科などをすべて報告することは、違法な公権力の行使にあたるとしました（最判昭和五六・四・一四民集三五巻三号六二〇頁〔前科照会事件〕）。

住民基本台帳法にもとづき、氏名・生年月日・性別・住所の四情報に個人番号と住民票コードを加えた本人確認情報を市町村・都道府県・国の機関等で共有して本人確認に役立てるシステム（住基ネット）が運用されています。このシステムの運用によってプライバシーをはじめとする人格権が違法に侵害されたと主張する人が損害賠償と住民票コードのシステムからの削除を求めた事件で、最高裁は、「憲法一三条は、国民の私生活上の自由が公権力の行使に対しても保護されるべきことを規定している」とし、「個人の私生活上の自由の一つとして、何人も、個人に関する情報をみだりに第三者に開示又は公表されない自由を有する」としました。ただ、住基ネットについては、システムの欠陥により外部から不当にアクセスされるリスクについても、システムの運用にあたる者が秘密を漏えいするリスクについても、本人確認情報が違法・不当に第三者に開示または公表される具体的な危険はないとし、したがって、住基ネットの運用によって憲法一三条により保障された自由が侵害されることはないと結論づけています（最判平成二〇・三・六民集六二巻三号六六五頁〔住基ネット訴訟〕）。

4　名誉権にもとづく表現行為の差止め

人の名誉も重要な人格的利益として保護されます。名誉権はしばしば表現の自由と衝突します。表現行為が事後的に、不法行為あるいは名誉毀損罪を構成するか否かについては、第7講**1**〔表現の自由の保護範囲〕で扱いました。ここでは、人格権としての名誉権にもとづく表現行為の事前差止めについて説明します。

この問題が本格的に取り扱われたのは、北海道知事選挙の立候補予定者を激烈に批判する雑誌の印刷・頒布を禁止する仮処分の適法性が問題となった北方ジャーナル事件判決においてです（最大判昭和六一・六・一一民集四〇巻四号八七二頁）。最高裁はまず、なぜ名誉権にもとづく表現行為の事前の差止めがそもそも認められるのかについて説明します。それは、人格権がきわめて重要な法益を保護するとともに、物権と同様に排他性を有する権利だからです。そのため物権的請求権にならって、妨害の排除や防止を求めることができます。

しかし、裁判所が仮処分で表現行為を事前に差し止めることは、検閲にはあたりませんが、事前抑制ではあります（第7講**8**［検閲、事前抑制］参照）。したがって、厳格かつ明確な要件の下においてのみ許容することができます。とりわけ、「公務員又は公職選挙の候補者に対する評価、批判等の表現行為に関するものである場合には、そのこと自体から、一般にそれが公共の利害に関する事項」であることとなり、この種の表現が憲法上特に保護されるべきことにかんがみると、こうした表現行為に対する事前差止めは、原則として許されないと最高裁は言います。例外的に事前差止めが許されるのは、①「その表現内容が真実でなく、又はそれが専ら公益を図る目的のものでないことが明白であって」、②「被害者が重大にして著しく回復困難な損害を被る虞があるとき」に限られます。

さらに、こうした要件を具備するか否かを判断するための手続としては、口頭弁論または債務者の審尋が原則として必要です。しかし、「口頭弁論を開き又は債務者の審尋を行うまでもなく、債権者の提出した資料によって、その表現内容が真実でなく、又はそれが専ら公益を図る目的のものでないことが明白であり、かつ、債権者が重大にして著しく回復困難な損害を被る虞があると認められるとき」は、口頭弁論または債務者の審尋を経ないで差止めの仮処分命令を出しても憲法二一条の趣旨に反することにはならないと、最高裁は結論づけます。

この判決で、表現行為の事前差止めの要件として、①で「表現内容が真実でなく、又はそれが専ら公益を図る目的のものでないこと」が「又は」でつながれている点に、疑問が提起されることがあります。不法行為や名誉毀損罪で違法性がない（阻却される）要件としては、両者が「かつ」でつながれているからでしょう（第7講1(2)［名誉毀損］参照）。しかし、不法行為や名誉毀損罪の場合、違法性がないことを主張しなければならないのは、表現行為者の側です。表現行為の事前差止めの場面で、立証を求められるのは被害者（だと主張する）側です。被害者側としては、①の示すように、表現内容が真実でないか、または専ら公益を図る目的でないか、いずれかを立証することができれば、表現行為が適法ではないことを示すことができます。落ち着いて考えれば理解できることです。

また、名誉権にもとづく表現行為の事前差止めは、物権的請求権類似の請求権にもとづくものですから、不法行為や名誉毀損罪の場合と違って、いわゆる相当性の法理を勘案する理由もありません。物権への侵害行為を差し止めるにあたって、侵害者に故意または過失があるか否かは被害者にとっては関係がありません。同様に、表現行為者に故意または過失があるか否かは、人格権を根拠として表現行為の事前差止めを認めるべきか否かを判断するにあたって、関係のない話でしょう。

5　自己決定権

自己決定権は、広くとらえれば、自分としてあれがしたい、これがしたいという具体的行動をとる権利を広く意味することになるでしょう。しかし、こうした自己決定権は、社会生活のいたるところで相互に激しく衝突することになります。厚く保障すべき権利ではあり得ません。何らかの筋の通った公益上の理由があれば（合理性の基準）、簡単に制限できる権利です。たとえば、日本の道路で、車両が中央より右側を通行することや一方通行の道を逆走することも、自己決定と言えば自己決定ですが、大事に守ってあげるべき権利ではありません。事故が起こっては大変です。

他方、それを否定されると、他の個人と同等の個人として扱われているとは言えなくなる、個人の尊重の核心にある自己決定権もあります（「切り札としての権利」と呼ばれることがあります）。

聖書の記述にもとづいて、輸血を断固拒否するとの宗教上の信念を持った人が、肝臓の手術を受けるために入院した病院で、救命のために万やむを得ないとの医師の判断で輸血を受けたことにつき、損害賠償を求めた事件で、最高裁は、「宗教上の信念からいかなる場合にも輸血を受けることは拒否するとの固い意思を有しており、輸血を伴わない手術を受けることができると期待して」入院したとの本件の事情の下では、病院側としては、手術の際に輸血以外に救命手段がない場合には輸血をするとの方針をとっているのであれば、その方針を事前に説明して、なお手術を受けるか否かの意思決定を患者に委ねるべきであったとしています（最判平成一二・二・二九民集五四巻二号五八二頁〔「エホバの証人」輸血拒否事件〕）。

多くの人の通念からすると輸血を受けてこの世で生き存えることが第一だという場合であっても、異なる世界観や人生観を抱いて生きる人もいます。そうした世界観や人生観を誤っているとか愚かしいと決めつけ、人々の通念にもとづいてその人を扱うことは、他の人と同等に自身の生の生き方を自ら考え判断し、それを自ら生きる存在として扱っていないことを意味します。

第14講

平等原則

1　平等原則の特質

憲法一四条一項は、「すべて国民は、法の下に平等であつて、人種、信条、性別、社会的身分又は門地により、政治的、経済的又は社会的関係において、差別されない」と規定しています。

「法の下に平等」であるとの文言を額面通りに受け取ると、すでに存在する法令の規定通りに適用すること、つまり適用の平等のみが要求されているようにも見えますが（法令を法令の規定通りに適用することを「平等」な適用とあえて形容することの意味もよく分かりませんが）、通説・判例ともに、本項が、法の内容が平等であること、法がその内容においても等しい者を等しく扱い、異なる者に異なる扱いをすることを要求するものと理解しています。つまり、法適用者だけでなく、立法者も平等原則に拘束されます。

ところで、平等原則は、他の基本権条項と異なって、保護範囲が観念できないといわれます。あらゆる法規範、法制度は、何らかの要件と効果とを結びつけるものです。つまり、あらゆる法規範、法制度は、ある要件を満たすか満たさないかで、一定の法的効果を与えるか与えないかの区別をしています。したがって、要件と効果の結びつけ方に合理的な根拠がない（たとえば、要件が狭すぎるとか広すぎるとか、効果が強すぎるとか弱すぎるとか）といった主張は、その気になればあらゆる法規範、法制度に対して可能です。この範囲の主張はそもそも扱わないことにしようという保護範囲の設定は困難です。

逆に言うと、この法規範、法制度は合理的理由のない差別をしているから平等原則違反だ、という主張のすべてをまじめに取り扱うわけにはいきません。一般的には、何か筋の通った公益上の説明がつくのであれば（合理性の基準）、平等原則違反にはならないと理解されています。しかし、特定の種類の法的区別については、話は別だという議論があります（後述**2**・**3**参照）。

平等原則違反だという主張は、何らかのベースラインを設定した上でなされることが普通です。給与が性別にもとづいて区別されていて、女性の給与は男性より低いとしましょう。このとき、男性の給与水準を引き下げて女性と同じにしても、平等にはなります。しかし、これで女性への救済になったとは誰も考えないでしょう。男性の給与水準が暗黙のベースラインになっているからこそ、男女差別を是正すべきだという主張がなされます。女性の給与水準を男性のそれと同等になるまで引き上げたとき、はじめて救済したことになります。

2　疑わしい要件による区別

憲法一四条一項後段の列挙事項、「人種、信条、性別、社会的身分又は門地」の意味ですが、判例は、これは例示にすぎず、特別の意味はないとしてきました（最大判昭和三九・五・二七民集一八巻四号六七六頁）。法的区別に合理的根拠があるかないかが、あくまで問題だというわけです。ただ、後で説明するように、最近の最高裁は、この列挙事項にある程度の意味を認めているように思われますし、そうすることに、実は理由がないわけではありません。

第7講2［「二重の基準」論］で、違憲審査のあり方を描く議論として、民主的政治過程論を説明しました。国民の多様な見解や利害を反映する民主的政治過程が良好に機能している限り、その帰結である法律を裁判所は原則として尊重すべきであって、基本権を制限する法律の正当性を厳格に審査するのは、民主的政治過程の良好な機能が法律によって損なわれる局面に限られるべきだという議論です。

この議論からは、平等原則に関しても一定の結論を導くことができます。社会の多数派による偏見の対象となっている少数者が不当な差別を受けているとき、こうした少数者は、民主的政治過程を通じてその権利や利益を回復することは、困難です。民主政治は所詮は多数決の政治ですから。したがって、こうした少数者を不当に差別する立法についても、裁判所はその合理性の有無を厳しく審査すべきだという結論を導くことができます。

その際の手がかりとなるのが、憲法一四条一項後段の列挙事項です。これらは、社会の多数派の偏見の対象となりがちな、つまり「疑わしい区別 suspect classification」の対象となりがちな少数者をとくに列挙していると考えることができます。もちろん、政府や議会は表向きはもっともらしい正当化根拠を提示するでしょうが、背後に偏見にもとづく不当な動機を隠している蓋然性が高そうだというわけです。このため、学説では、アメリカの判例法理を参照しながら、人種・信条については、厳格審査――必要不可欠な公益を実現するための手段として厳密に設《しつら》えた法的区別となっているか――が要求され、性別・社会的身分については、中間審査――重要な公益を実現するための手段であって、必要以上の差別を設けない法制度となっているか――が要求されると言われます。

他方、とりわけ人種・民族的少数者で、歴史的に偏見の対象となり、差別を受けてきた集団のメンバーに対して、差別の帰結を是正するための優遇措置をとる積極的差別是正措置と言われるものがあります。アメリカでは、法科大学院や医科大学院等での入学審査に際してこうした人々を優遇する措置が知られています。

人種を区別の標識としている以上、この優遇措置についても厳格審査を求めるべきでしょうか。前述の民主的政治過程論を前提とすると、次のようになりそうです。この措置で不利益を受けているのは、社会の多数派の人々です。多数派の人々は、不満があるのなら民主的政治過程に訴えかけて制度を改めることは容易なはずです。裁判所が積極的に審査すべき理由はありません。少なくとも厳格審査を求める理由はなさそうです。

もっとも、現在のアメリカ連邦最高裁は、人種を標識とする積極的差別是正措置も厳格審査に服するべきだとしています。理由は、こうした措置は少数派の人々にスティグマを与えており、むしろ不利益となっているというものです。優遇措置を講じてもらわないと、同等に競争することのできない劣った人たちというレッテルを貼ることになっているというわけです。それぞれの議論にどれだけ説得力があるかは、人により判断が分かれるでしょう。

3　平等原則に関する判例

(1)　**国籍法違憲判決**　日本の最高裁は、近年、社会的身分とりわけ非嫡出子（法律上の婚姻から生まれた子でない子）に関して重要な判例を出しています。

日本の国籍法は、血統主義の原則をとっています。出生のとき、父または母が日本人であれば、日本国籍を取得できます。これに加えて、かつての国籍法三条一項は、出生後に日本人である父親から認知された子は、その父と外国人である母親とが法律上の婚姻をした場合に限って、法務大臣への届出という簡易な手続により日本国籍が取得できるとしていました（出生前に日本人たる父から認知されていれば、出生時に父が日本人だということで、また、日本人たる母から出生すれば、出生時に母が日本人だということで、当然に日本国籍を取得できます）。

日本人である父から出生後に認知されたものの、父と外国人である母とが法律上の婚姻をしなかった原告が、自分も簡易な手続で日本国籍を取得できてしかるべきだと訴えた事件があります。最高裁は、日本国籍が日本で基本権等を保障される前提となる重要な地位であること（第5講 **2**［外国人と基本権］で説明したマクリーン事件参照）、父と母が婚姻するか否かは子の意思や努力によっては左右できない事柄であることを指摘し、したがって、こうした事柄にもとづいて国籍取得の要件に関して区別をすることに合理的根拠があるかは、慎重に検討することが必要だとします（最大判平成二〇・六・四民集六二巻六号一三六七頁〔国籍法違憲判決〕）。

最高裁によると、国籍法は「日本国民との法律上の親子関係の存在に加え我が国との密接な結び付き」があることを出生後の日本国籍付与の条件としていて、同法三条一項が制定された当時は、父母の法律上の婚姻を要件とすることには合理的根拠がありました。しかし、その後の家族生活や親子関係の実態および通念の変化、諸外国の法制の変化や国際的な人権条約の締結等の情勢の変化を考えると、いまや、父母の婚姻という子にはどうすることもできない父母の身分行為が行われない限り、日本国籍の取得を認めないとすることは、立法目的との合理的関連性の認められる範囲を著しく超えるもので、不合理な差別となっているとしました。

さて、国籍法三条一項が憲法違反であるとして、後始末の問題があります。三条一項全体が無効であるとすると、出生後に父から認知され父母が婚姻した子も簡易な手続では日本国籍を取得できなくなるだけです。それでも「平等」にはなりますが、これで救済になるとは誰も考えないでしょう。そこで最高裁は、原告のような立場の子も、簡易な手続で日本国籍を取得できることを認めるほかないとしました。そこにベースラインがあるという判断です。

(2) **非嫡出子法定相続分規定違憲訴訟**　かつての民法九〇〇条四号ただし書は、法律上の婚姻から生まれた子（嫡出子）とそうでない子（非嫡出子）の法定相続分（遺言のない場合におけるデフォルトの相続割合）について、非嫡出子は嫡出子の二分の一と定めていました。この規定の合憲性が問題となった一九九五年の決定で、最高裁は合憲判断を下しています（最大決平成七・七・五民集四九巻七号一七八九頁）。

しかし、二〇一三年の決定では、最高裁は異なる結論を下しました。婚姻や家族に関する実態や国民意識の変化、諸外国の法制の変化、最高裁自身の国籍法違憲判決など、さまざまな事情の変化がその理由です。これらの変化は一つ一つをとってみれば、「本件規定による法定相続分の区別を不合理とすべき決定的な理由」となるものではありませんが、総合的に考察すれば、「父母が婚姻関係になかったという、子にとっては自ら選択ないし修正する余地のない事柄を理由としてその子に不利益を及ぼすことは許されず、子を個人として尊重し、その権利を保障すべきであるという考えが確立されてきている」として、民法九〇〇条四号ただし書は、本件で問題となった相続が開始した（被相続人が死亡した）二〇〇一年七月には、違憲となっていたとしました（最大決平成二五・九・四民集六七巻六号一三二〇頁）。

ここでも後始末が問題となります。この決定によると、二〇〇一年七月までは民法九〇〇条四号ただし書は違憲ではありません。つまり、一九九五年の合憲判断が覆されたわけではありません。しかし、二〇〇一年から違憲判断のあった二〇一三年までの期間でも、非嫡出子を含む遺産の分割は数多く行われており、それらは民法九〇〇条四号ただし書は合憲であるとの前提で行われています。最高裁は、これらの遺産分割が覆されることになると法的安定性が著しく害されることになるので、すでに確定した遺産分割の効果に影響を及ぼすものではないとわざわざ指摘しています（第24講4(2)参照）。裁判所による司法判断は議会による立法とは異なり、既存の法にもとづいて行われるはずのものです。二〇一三年に違憲であると判断された規定は、二〇〇一年まで遡って一貫して違憲であったはずです。しかしそれでは、すでに確定したはずの遺産分割の結果が蒸し返されて、全国いたるところで財産関係が混乱をきたすことになりかねません。最高裁は、その点を懸念したわけです。

実は、一九九五年の合憲決定では五名の裁判官が違憲であるとの反対意見を表明し、多数意見に加わった裁判官のうち四名は規定の合理性に疑いがあると指摘していました。合わせると九名の裁判官が、合理性がない、または合理性に疑いがあると言っていたことになります。しかし、多数意見に加わった裁判官は、違憲判断を下すとその効果が遡及して法律関係が混乱することを懸念して、国会による立法を待つべきだと考えました。しかし、一向に国会が法改正を行う気配がないことから、最高裁は、こうした革新的な法理と組み合わせる形で違憲判断を下したわけです。

(3) 再婚禁止期間規定違憲判決　かつての民法七三三条一項は女性について六カ月の再婚禁止期間を設けていました。これは性別による差別にあたります。

最高裁は、この規定は憲法二四条一項の保障する婚姻の自由の直接の制約であるとします。規定の立法目的は、女性の再婚後に生まれた子について、父性の推定の重複を回避し、父子関係に関する紛争の発生を未然に防ぐことにありますが、「婚姻の成立の日から二百日を経過した後又は婚姻の解消若しくは取消しの日から三百日以内に生まれた子は、婚姻中に懐胎したものと推定する」とする民法七七二条二項の規定からすれば、一〇〇日の再婚禁止期間を設ければ父性の推定の重複は回避することができるため、それを超過する部分は違憲となると判断されました（最大判平成二七・一二・一六民集六九巻八号二四二七頁）。法令の意味の一部が違憲とされ、ベースラインとなる一〇〇日を超えれば再婚が可能となると判断されたわけです。

ただし、この民法七三三条一項を改廃しなかった立法不作為の違法を理由とする国家賠償請求（第

17講8⑵［立法不作為にもとづく国家賠償］参照）については、一九九五年の最高裁判決（最判平成七・一二・五判時一五六三号八一頁）が、国会が本規定を改廃しなかったことが国家賠償法上違法となる場合にあたる余地はないとしていたこと等に照らして、請求が棄却されています。本判決を受けた二〇一六年の法改正で、再婚禁止期間は一〇〇日に短縮されました。

⑷　**夫婦同氏違憲訴訟**　夫婦は夫または妻の氏を称すると定める民法七五〇条の規定が、憲法一三条、一四条一項、二四条一項および二項に違反するか否かが問題となった訴訟があります。

最高裁は、①氏には社会の自然かつ基礎的な構成要素である家族の呼称としての意義があり、自らの意思のみによって自由に定めたり改めたりすることを認めることは、氏の果たす個人やその属する家族の識別機能にそぐわず、婚姻の際に氏の変更を強制されない自由は、憲法上の権利として保障される人格権の内容ではなく、本規定は憲法一三条には反しない、②本規定は、夫婦がいずれの氏を称するかを夫婦となろうとする者の間の協議に委ねており、その文言上、性別にもとづく法的な差別的取扱いを定めるものではなく、夫婦同氏自体に男女間の形式的不平等が存在するわけではないので、憲法一四条には反しない、③夫婦が同一の氏を称することには、同一の家族に属することを対外的に公示し、識別する機能があり、嫡出子であることを示すために子が両親双方と同じ氏を称する仕組みにも一定の意義があること、婚姻によって氏を改める者にとって、アイデンティティの喪失感を抱いたり、婚姻前に形成した社会的信用、評価等を維持することが困難となるなどの不利益を受けることは否定できず、女性がそうした不利益を受ける場合が多いことも推認されるが、婚姻前の氏の通称使用が広まることでこうした不利益は一定程度緩和されること等を総合考慮すると、本規定は憲法二四条には反しない、としました（最大判平成二七・一二・一六民集六九巻八号二五八六頁）。仮に夫婦の氏に関する現行制度を違憲とした場合、回帰すべきベースラインを一義的に見定めることが困難であることから、問題の解決を立法府に委ねたものと考えられます。

最高裁は、二〇二一年六月二三日の決定で、夫婦同氏制を定めた民法七五〇条の規定が憲法二四条に違反しないことを再確認した上で、夫婦の氏についてどのような制度をとることが立法政策として相当であるかという問題と夫婦同氏制を定める現行法の規定が憲法二四条に違反して無効であるかという問題は次元を異にしており、前者の問題は国会で論ぜられ、判断されるべき事柄にほかならないとしました（最大決令和三・六・二三判タ一四八八号九四頁）。立法政策として夫婦同氏制が妥当か否かの審議と判断を改めて国会に求めたものということができます。

(5) **尊属殺重罰規定違憲判決**　憲法一四条一項後段の列挙事項とはかかわりのない事案として、尊属殺重罰規定が違憲と判断された事件があります。かつての刑法二〇〇条は、尊属殺（自己または配偶者の直系尊属を殺したとき）について刑罰を加重し、死刑または無期懲役のみとしていました。問題となったのは典型的な児童虐待の事案で、一四歳のときから実父により性的に暴行されて夫婦同様の生活を強いられ、五人の子までもうけた被告人が、正常な結婚の機会に恵まれたところ、実父から一

○日にわたって脅迫虐待を受けたため、懊悩煩悶の末に実父を絞殺したという事件です。

最高裁は、憲法一四条一項に違反するか否かは差別的取扱いが合理的根拠にもとづくものか否かによるとの一般論を述べた上で、刑法二〇〇条の立法目的は尊属に対する尊重報恩という社会生活上の基本的道義を維持することにあるが、そうした普遍的倫理の維持は刑法上の保護に値するとします。しかし、尊属殺に対する刑の加重の程度が死刑または無期懲役のみと極端で、立法目的達成の手段としてははなはだしく均衡を失しており、著しく不合理なものとして違憲であるとしました。尊属殺は、本件のように悲惨な事情の下でやむを得ず起こることもあるのに、より軽い刑である無期懲役刑を選び、さらに刑法上認められている二度の刑の減軽を加えても、なお執行猶予とすることができない点（刑法六七条～六九条・二五条一項参照）が重視されています（最大判昭和四八・四・四刑集二七巻三号二六五頁〔尊属殺重罰規定違憲判決〕）。本件の場合、後始末に頭をしぼる必要はありません。尊属殺重罰規定が違憲であれば、当然に普通殺人の規定（刑法一九九条）が適用されるからです。

4　投票価値の平等

(1)　一九七六年判決　憲法一四条一項後段の列挙事項とは関係のない問題として、選挙における投票価値の平等、いわゆる一票の較差の問題があります。ただ、第7講2［「二重の基準」論］で説明した民主的政治過程論からすると、この問題についても合理性の有無は厳しく審査される必要があることになります。

最高裁は一九七六年に下した判決で、「選挙権の内容、すなわち各選挙人の投票の価値の平等」も、憲法の要求するところであるとしました（最大判昭和五一・四・一四民集三〇巻三号二二三頁）。各選挙区の国会議員の数と有権者の数の比は、全国的に見て較差があってはならないことになります。投票価値の較差が違憲となるか否かの判断基準として、最高裁は二つのものを設定します。

まず、①投票価値の較差が、合理的裁量の枠内に収まっている必要があります。国会は選挙区を具体的に画定するにあたって、行政区画・人口密度・交通事情・地理的状況などの諸事情を勘案することができますが、それでも投票価値の平等が「最も重要かつ基本的な基準」ですから、国会の裁量にはおのずから限界があります。一九七六年の判決では、投票価値の較差が「国会において通常考慮しうる諸般の要素をしんしゃくしてもなお、一般的に合理性を有するものとはとうてい考えられない程度に達している」かが問われていましたが、最近の最高裁はここまで腰の引けた態度はとっていません。この第一の基準に照らして投票価値の較差が国会の立法裁量を超えていると判断された場合は、新聞報道等によって「違憲状態」と呼ばれます。

次に、②違憲状態に達しているとして、合理的期間内に国会による較差の是正がなされていないとき、はじめて較差は違憲と判断されます。当初は較差のない状態であったものが、その後の都市部への人口の集中によって徐々に較差が生じているために、国会にこうした時間的猶予を与えるべきだとの観点からとられた判断基準です。

一九七六年の判決では、衆議院議員の選挙に関する全国での投票価値の最大較差が約一対五に達しており、しかも是正に要する合理的期間も徒過しているとして、較差は違憲とされました。

ただここでも、後始末の問題が残っています。この訴訟は、公職選挙法の定める選挙無効訴訟でした（同法二〇四条）。選挙に違法（違憲）の点があるので、選挙を無効としてほしいという訴訟です。この種の訴訟は、自分の選挙区では投票価値が小さい（議員の数が少ない）と考える人が提起するものです。それなのに、その選挙区の選挙を無効とするだけでは、選挙で選ばれた議員がいなくなるだけで救済にはなりません。また数多くの選挙区で選挙無効となれば、それらの選挙区の選出議員がいない状態で投票価値の是正立法を行うことになります。また、今までそれらの議員が加わって行われた立法は有効なのかどうかという深刻な問題も出てきます。

そこで最高裁は、行政事件訴訟法で規定されている「事情判決」という制度に着目しました（同法三一条一項）。ある行政処分に違法な点があるとしても、その処分を取り消すことで社会公共の利益に甚大なマイナスが発生するときは、あえて処分は取り消さず、処分が違法であることを宣言するにとどめるという制度です。最高裁は、この制度の背後には、一般的に応用可能な法の基本原則があるとし、本件選挙についても、選挙が違法であることを宣言するにとどめ、選挙の効力は維持すべきだとしました。

(2) 二〇一一年判決　その後、衆議院議員総選挙、参議院議員通常選挙が行われる度に、投票価値の較差を問題とする選挙無効訴訟が提起され、最高裁の判断が示されています。衆議院についても参議院についても、投票価値の平等が「最も重要かつ基本的な基準」であるという立場に関しては、最高裁は一貫しています。最高裁の判断に応じて、立法措置による是正も行われています。この問題については、最高裁と国会との対話が続いていると見るべきでしょう。

ここでは投票価値の較差に関する多くの最高裁判決のうち、特色のあるものとして、衆議院議員総選挙に関して二〇一一年に下された判決について説明します。

一九九四年に衆議院議員の選挙制度として、従来の中選挙区制に代わって小選挙区比例代表並立制が導入されました。その際、都道府県を単位として衆議院議員の数（ということは、小選挙区の数）を割り当てる原案を作成する機関として衆議院議員選挙区画定審議会が設置され、同審議会が原案を作成するにあたってよるべき基準として、①各選挙区における人口較差が最大で二倍以上にならないことを基本とすること、②各都道府県にあらかじめ一議席を配当し（一人別枠方式）、残りの議席を人口比例で各都道府県に配分することが求められていました（衆議院議員選挙区画定審議会設置法旧三条）。

このうち、一人別枠方式については、国会の審議において、人口の少ない県に居住する国民の意思も十分に国政に反映させるため、という理由が提示されていましたが、最高裁は、国会議員はいずれも全国民の代表であるから（第19講1(1)参照）、人口の少ない県への配慮が必要だとしても、それは全国的な視野から法律の制定等にあたってなされるべきもので、人口の少ない県にあえて多くの議席を割り当てることに合理性はないとしました。そして、この方式に仮に合理性があるとすれば、それは人口の少ない県の議席が激減すれば、選挙制度改革自体の実現が困難となるためであって、激変緩和措置としての合理性にとどまるとし、そうであれば、制度が安定的に運用されるようになった以上、もはやその合理性は失われたと指摘しました。結論として、二〇〇九年八月に衆議院議員総選挙が施行された時点では、一人別枠方式によってもたらされた二倍を超える投票価値の較差は、憲法の要求に反する状態（違憲状態）に至っていたとしました。ただ、改正に必要な合理的期間は徒過していないとして、違憲とは判断していません。最高裁は、できるだけすみやかに一人別枠方式を廃止して、人口比例原則にもとづいて議席を配分し直すことを国会に求めています（最大判平成二三・三・二三民集六五巻二号七五五頁）。

最高裁も、国会議員が事実上、出身選挙区の利害や意見を反映して行動することを否定するほど非現実的であるはずはありません。しかし、だからといって、投票価値の平等という「最も重要かつ基本的な基準」から乖離することが正当化されはしないことを指摘しているわけです。一人別枠方式は、二〇一二年の法改正で廃止されています。

(3)　二〇一八年判決　その後、衆議院では議長の諮問機関として、衆議院選挙制度に関する調査会が設置され、その答申を受けて、二〇一六年に衆議院議員選挙区画定審議会設置法および公職選挙法の改正が行われました。この法改正で、都道府県ごとの将来の議席配分は、アダムズ方式（各都道府県の人口を一定の数値で除して得られた商に小数点以下を切り上げて一議席を加えたものを各都道府県の議席数とする方式）によることとされました。さらにこの方式が本格導入されるまでの暫定措置として、小選挙区選出議員の六減を前提に、二〇一五年の国勢調査の中間調査にもとづく選挙区割りの改定を行うこととしていました（改定は二〇一七年に行われています）。

この暫定的な区割り改定後に施行された二〇一七年一〇月の衆議院議員総選挙についても、投票価値の較差（最大一対一・九八）を違憲とする選挙無効訴訟が提起されましたが、二〇一八年一二月一九日の大法廷判決は、国会の立法裁量の行使は一連の大法廷判決の趣旨に沿った暫時的な是正措置として合理性を有するとし、違憲状態にあるとはしませんでした（最大判平成三〇・一二・一九民集七二巻六号一二四〇頁）。もっとも、宮崎裕子裁判官の意見および山本庸幸裁判官の反対意見は、都道府県を単位とする議席配分を行う仕組み自体が投票価値の較差をもたらす原因となっているとし、それに代わる方式が検討されるべきだとしています。

(4)　二〇一二年判決　もう一つ特色のあるものとして、参議院議員通常選挙に関して二〇一二年に下された判決を挙げることができます。この判決で、最高裁は、二〇一〇年七月に行われた参議院議員通常選挙において、地方選出議員にかかる投票価値の較差が最大約五倍になっていた点につき、違憲の問題が生ずる程度の投票価値の著しい不平等状態が生じていたとしました。当時の定数配分規定が違憲となっていたとは結論づけなかったものの、最高裁は、都道府県を単位として各選挙区の定数を設定する方式をしかるべき形で改めるなど、選挙制度の仕組み自体の見直しを含めた立法的措置を講ずることが必要だとしました。また最高裁は、その前提として、参議院は衆議院とともに国権の最高機関として適切に民意を国政に反映する責務を負っており、参議院議員選挙であること自体から「直ちに投票価値の平等の要請が後退してよいと解すべき理由は見いだし難い」し、都道府県を選挙区の単位とすべき憲法上の要請もないことを指摘しています（最大判平成二四・一〇・一七民集六六巻一〇号三三五七頁）。二〇一一年判決と同様、制度の仕組み自体の見直しを国会に求めている点に特色があります。

国会は、公職選挙法の一部を二〇一五年に改正し、四つの県を二つの選挙区へと合区する（島根県＋鳥取県、徳島県＋高知県）こととあわせて一〇増一〇減の選挙区間の議員定数の調整を行いました。その後、二〇一六年七月に実施された参議院議員通常選挙では、投票価値の最大較差は一対三・〇八となり、この較差について最高裁は、違憲状態にはないと判断しています（最大判平成二九・九・二七民集七一巻七号一一三九頁）。

第15講

生存権

1　生存権の法的性格

憲法二五条一項は、「すべて国民は、健康で文化的な最低限度の生活を営む権利を有する」と定めています。文面から読み取れるのは「生活を営む権利」ですが、一般には「生存権」と呼ばれます。これがどのような性格の権利であるかについては、いろいろな考え方が提示されてきました。

主な学説としては、①プログラム規定説——憲法二五条が違憲審査の基準として機能すること自体が否定されるとの立場、②具体的権利説——憲法二五条を具体化する立法が存在しない場合、国の不作為の違憲確認訴訟を提起できるとの立場、③ことば通りの具体的権利説——国の不作為のために「健康で文化的な最低限度の生活」が実現し得ないでいる例外的な状況では、憲法二五条にもとづいて具体的な給付を司法過程を通じて請求することができるとの立場、④抽象的権利説——生存権の内容が抽象的で不明確であることから、憲法二五条から直接に具体的給付を求める権利が個々の国民に認められるわけではないが、同条は政府に生存権を具体化する施策を行う義務を課していると考えることはできるし、生存権を具体化する法令が存在するときは、二五条はその解釈指針として機能するとの立場の四つが区別されてきました。このうち、抽象的権利説が通説です。

憲法二五条を具体化するための各種の立法がすでに整備されており、純然たる意味で立法の不作為が問題となる余地が限られている現状では、以上の四説を区別する意義は、大幅に低下していると見るべきでしょう。また、四つの説相互の異同についても、定かでないところがあります。

たとえば、民法学者の我妻栄が提唱したプログラム規定説は、国家が生存権的基本権を積極的に実現する立法を行わなかったとき、裁判所が代わって立法したり、立法を国会に命じたりすることはできないとするにとどまり、何らかの立法が存在する場合には、それに依拠する行為の効力が違憲無効とされる可能性は認める立場です。つまり、憲法二五条は法令の解釈指針としては機能するわけで、この点では、抽象的権利説の主張とも重なります。また、生存権的基本権を侵害する国の行為についての司法的救済（「生存権の自由権的効果」と呼ばれます）も想定されています（我妻栄「新憲法と基本的人権」同『民法研究Ⅷ』〔有斐閣、一九七〇〕）。

現状ではむしろ、生存権の実現のために要求される国家の責務が時代により社会的背景により変化するもので、社会的・政策的諸要素を勘案しつつ内容を判断せざるを得ないものであることを出発点としつつも、そうした立法裁量の収縮を導くベースラインを見定めることがはたして可能か否か、それを知るために役立つ法理として何があるかを探求することが肝心のように思われます。

2 生存権に関する判例

(1) 食糧管理法違反事件判決　生存権に関する初期の判例として、食糧管理法違反事件判決が知られています（最大判昭和二三・九・二九刑集二巻一〇号一二三五頁）。闇米を購入・運搬したために食糧管理法違反に問われた被告人が、不足する食糧の購入・運搬は憲法二五条の保障する権利の行使であり、これを違法とする食糧管理法は違憲であると主張しました。最高裁は被告人の上告を退けましたが、その際、憲法二五条一項は「すべての国民が健康で文化的な最低限度の生活を営み得るよう国政を運営すべきことを国家の責務として宣言したもの」であって、「個々の国民に対して具体的、現実的にかかる義務を有するのではない。言い換えれば、この規定により直接に個々の国民は、国家に対して具体的、現実的にかかる権利を有するものではない。社会的立法及び社会的施設の創造拡充に従って、始めて個々の国民の具体的、現実的の生活権は設定充実せられてゆくのである」と述べました。

しかし、本件事案は、当事者が国に対して憲法二五条にもとづき、直接に積極的給付を求めたものではないので、上述の部分は傍論にすぎません。被告人は闇米の購入・運搬行為に対する刑罰権の行使の排除を求めたわけですから、被告人の違憲の主張に対する応答となっているのは、「食糧管理法は、国民食糧の確保及び国民経済の安定を図るため、食糧を管理しその需給及び価格の調整並びに配給の統制を行うことを目的とし」たもので、「主要食糧の不足を告げる事情にある場合において、若し何等の統制を行わずその獲得を自由取引と自由競争に放任するとすれば、……主食の偏在、雲隠れを来たし、従ってその価格の著しい高騰を招き、遂に大多数の国民は甚しい主要食糧の窮乏に陥る」と説く部分でしょう。

このように本件は生存権の具体的な権利性を一般的に論ずるにふさわしい事案とは言えないものですが、上記の直接の積極的給付の請求権を否定する判示部分は、その後、朝日訴訟や堀木訴訟を含めて、最高裁によって先例として引用されています。

(2) **朝日訴訟判決**　朝日訴訟では、生活保護法の下で厚生大臣（当時）が定めた生活扶助基準が、健康で文化的な最低限度の生活水準を維持し得ない違法・違憲のものか否かが問題とされました。第一審判決は、厚生大臣の設定する基準が満たすべき原則として生活保護法八条二項が定める「最低限度の生活」および同法三条のいう「健康で文化的な生活水準」とは、国民に『『人間に値する生存』あるいは『人間としての生活』といい得るものを可能ならしめるような程度のものでなければならず、その具体的内容は、たえず変化するものの「人間としての生活の最低限度という一線を有する以上理論的には特定の国における特定の時点においては一応客観的に決定すべきもの」であるとし、本件生活扶助基準は、こうした「生活水準を維持するに足りないという限度で、……生活保護法第八条第二項、第三条に違反する」としました（東京地判昭和三五・一〇・一九行集一一巻一〇号二九二一頁）。

この訴訟は、原告が訴訟係属中に死亡したため、最高裁は、生活保護法にもとづく受給権が一身専属の権利であることを理由に、訴訟は終了したとしましたが、「なお、念のため」として、本件生活扶助基準の適否について、次のような傍論を付加しています。

「健康で文化的な最低限度の生活なるものは、抽象的な相対的概念であり、その具体的内容は、文化の発達、国民経済の進展に伴って向上するのはもとより、多数の不確定的要素を綜合考量してはじめて決定できるもの」であるため、「何が健康で文化的な最低限度の生活であるかの認定判断は、いちおう、厚生大臣の合目的的な裁量に委されており、その判断は、当不当の問題として政府の政治責任が問われることはあっても、直ちに違法の問題を生ずることはない。ただ、現実の生活条件を無視して著しく低い基準を設定する等憲法および生活保護法の趣旨・目的に反し、法律によって与えられた裁量権の限界をこえた場合または裁量権を濫用した場合には、違法な行為として司法審査の対象となることをまぬかれない」（最大判昭和四二・五・二四民集二一巻五号一〇四三頁）。

最高裁はこのように、憲法二五条の要求する「健康で文化的な最低限度の生活」という概念に関して司法審査は可能であるとの立場をとっており、同条がおよそ裁判規範として機能しないとは言っていません。

(3) 堀木訴訟判決　堀木訴訟では、国民年金法（昭和六〇年法律三四号による改正前のもの）にもとづく障害福祉年金と児童扶養手当との併給を禁ずる児童扶養手当法四条三項三号（昭和四八年法律九三号による改正前のもの）の違憲性が争われました。

最高裁は、憲法二五条にいう「健康で文化的な最低限度の生活」は、「きわめて抽象的・相対的な概念であって、その具体的内容は、その時々における文化の発達の程度、経済的・社会的条件、一般的な国民生活の状況等との相関関係において判断決定されるべきものであるとともに、右規定を現実の立法として具体化するに当たっては、国の財政事情を無視することができず、また、多方面にわたる複雑多様な、しかも高度の専門技術的な考察とそれに基づいた政策的判断を必要とする」ため、二五条の趣旨にこたえてどのような立法措置を講ずるかの選択決定は、「立法府の広い裁量にゆだねられており、それが著しく合理性を欠き明らかに裁量の逸脱・濫用と見ざるをえないような場合を除き、裁判所が審査判断するのに適しない事柄である」とした上で、本件併給禁止規定についても、立法裁量の範囲内であるとしました（最大判昭和五七・七・七民集三六巻七号一二三五頁）。

この判決は、社会保険給付の原因となる保険事故が複数発生したとしても、「稼得能力の喪失又は低下の程度が必ずしも事故の数に比例して増加するといえないことは明らか」であるとしていますが、児童扶養手当と障害福祉年金とを併給しない理由としてどこまでの説得力があるか、疑問が提起されています。

(4) 学生無年金障害者訴訟判決　国民年金に任意加入していなかったために、大学在学中の傷病により障害を負った人が障害基礎年金の受給資格を否定されたことから、二〇歳以上の学生を国民年金の強制加入被保険者とせず、任意加入するか否かを本人の意思に委ねることとしている国民年金法の規定（平成元年法律八六号による改正前のもの）の合憲性、および補完的に無拠出制の年金を設けていない立法の不作為の合憲性が争われた事件があります。原告は、立法の不作為のために被った損害の賠償をも求めています。

最高裁は、「国民年金に加入するかどうかを二〇歳以上の学生の意思にゆだねることとした措置は、著しく合理性を欠くということはできず、加入等に関する区別が何ら合理的理由のない不当な差別的取扱いであるということもできない」とし、「拠出制の年金である障害基礎年金等の受給に関し保険料の拠出に関する要件を緩和するかどうか、どの程度緩和するかは、国民年金事業の財政及び国の財政事情にも密接に関連する事項であって、立法府は、これらの事項の決定について広範な裁量を有する」としました。また、保険方式を基本とする国民年金制度の下で、「補完的に無拠出制の年金を設けるかどうか、その受給権者の範囲、支給要件等をどうするかの決定について」は、「拠出制の年金の場合に比べて更に広範な裁量を有している」としています。

当時の国民年金法の規定についても、また、無拠出制の年金を設けていなかった立法の不作為についても、著しく合理性を欠くということはできず、憲法二五条、一四条一項に反するとはいえないというのが結論です（最判平成一九・九・二八民集六一巻六号二三四五頁）。

3　立法裁量収縮の工夫

堀木訴訟判決にも見られる通り、判例は、憲法二五条の趣旨にこたえる立法が「著しく合理性を欠き」立法裁量を逸脱・濫用している場合には司法審査が可能であるとの立場をとっています。自由権の場合は、保護された範囲を侵害するあらゆる国家行為が原則として禁止され、侵害には正当化が要求されます。これに対して、個人に一定の福祉水準を保障する権利の場合、当該水準を確保する手段は多種多様であり得、国家はそのうち一つを選択・実施すれば足ります。しかも、あるべき福祉水準も、時代と社会背景に即して変容するものであり、一義的・固定的なものではありません。積極的行為を国家に義務づける権利に関して、より広い立法裁量が認められることに理由がないとは言えないでしょう。

現在の課題は、このような広範な立法裁量を原則として認める判例の立場を出発点としつつ、いかにして裁量の幅を狭めて、より踏み込んだ司法審査の可能性を広げていくかです。いくつかの提案が、学説および下級審裁判例からなされています。

(1)　一項二項分離論　堀木訴訟の控訴審判決で、大阪高裁は、いわゆる一項二項分離論を展開しました（大阪高判昭和五〇・一一・一〇行集二六巻一〇＝一一号一二六八頁）。この議論によると、憲法二五条二項は、国民が貧窮状態に陥らないよう事前に防止すべき「積極的防貧施策をなすべき努力義務」を国に課したものですが、他方、同条一項は、このような防貧施策の実施にもかかわらず「なお落ちこぼれた者に対し、国は事後的、補足的且つ個別的な救貧施策をなすべき責務のあること」を宣言したものです。このため、一項を受けた国の施策については、健康で文化的な最低限度という絶対的基準を満たしているか否かについてより厳格なコントロールを受けますが、二項によって国が行う防貧施策については、「特定の施策がそれのみによって健康で文化的な最低限度という絶対的な生活水準を確保するに足りるものである必要はな」いこととなります。

この判断の枠組みからすると、堀木訴訟で問題となった併給禁止措置のため、併給を受けられないことから「貧困の域」を脱することのできない者については、なお一項を受けた生活保護の途が残されていますから、併給禁止措置は二項の求める防貧施策に関する問題と見ることができます。

この一項二項分離論は、広い立法裁量が妥当すべき施策と厳格な司法審査が妥当する施策とを区分する巧みな論理ではありますが、そもそも両条項は、一項の定めた理念・目的を実現するための手段を二項が定める関係にあるのではないかとの疑問があり、また、厳格な審査の妥当すべき施策が生活保護による公的扶助に狭く限定されている点に批判があります。

どんな人であっても、仮に自分がそのような境遇に置かれたとすれば、立法府の決定に反してでも裁判所によって厚く保護してもらいたいと思うであろうような利益として何を想定するかが、審査の厳格度を分ける目安となるでしょう。「救貧施策」が「絶対的な生活水準」を確保するに足りるものであることが、このような意味で、裁判所による手厚い保護に値する要請であることは、広く支持を得られるように思われます。それ以上、どこまでの施策にこのような要請があてはまるかについて見解が分かれるとすれば、その決定を原則的に立法府に委ねる立場も成り立ち得ないわけではないでしょう。

一項二項分離論は、国民年金法上の障害福祉年金支給に国籍要件を定めた塩見訴訟第一審判決（大阪地判昭和五五・一〇・二九行集三一巻一〇号二二七四頁）、国民年金法上の老齢福祉年金の支給停止規定の合憲性が争われた宮訴訟控訴審判決（東京高判昭和五六・四・二二行集三二巻四号五九三頁）で採用されています。堀木訴訟上告審の最高裁は、一項二項分離論を採用していません。

(2)　平等原則の活用　学説からは、生存権にかかわる立法について、平等原則の観点からの司法審査がなされるべきであり、しかも、生存権が生きる権利そのものであることや、生存権にかかわる訴訟が単身老齢者と夫婦の老齢者の区別や複数の保険事故に該当する者への併給調整等、社会的身分にもとづく差別にかかわるものであることに着目するならば、単なる合理性の基準ではなく、中間審査に相当する「厳格な合理性の基準」によって審査すべき場合があるとの指摘がなされています（戸松秀典『平等原則と司法審査』〔有斐閣、一九九〇〕三二七頁）。

たとえば、夫婦の老齢者や複数の保険事故に該当する者が、そうでない者に比べて不利益に取り扱われている場合は、後者の給付水準をベースラインとすべきであって、その地位を国が厳格な合理性の基準を満たす正当な理由なく剝奪することは、憲法違反となるとの主張です。

国民年金法の定めていた老齢福祉年金に関する夫婦受給制限を、老齢者のうち夫婦である者を単身者から合理的理由なく差別するものとして違憲とした牧野訴訟東京地裁判決（東京地判昭和四三・七・一五行集一九巻七号一一九六頁）は、このような考え方を背景とするものとして理解することができます。

またこうした考え方は、一定時点での給付水準をベースラインと想定し、それからの後退については正当化が必要だとする議論（「制度後退禁止原則」といわれることがあります）とも親和性があります。制度後退の原則禁止という視角の射程は、生活扶助に関する老齢加算制度廃止の合憲性が争われた事案で議論されました（次項(3)参照）。

(3) 判断過程の統制

生活保護法にもとづく生活扶助に関する老齢加算の廃止の合憲性が争われた訴訟の上告審判決で、最高裁は、当該保護基準の改定について、①七〇歳以上の高齢者に老齢加算に見合う特別な需要が認められず、当該改定後の生活扶助基準の内容が高齢者の健康で文化的な生活水準を維持するに足りるとした厚生労働大臣の判断に、最低限度の生活の具体化にかかる判断の過程および手続における過誤、欠落の有無等の観点からみて裁量権の範囲の逸脱または濫用があると認められる場合、あるいは②老齢加算の廃止に際し激変緩和等の措置を採るか否かについての方針およびこれを採る場合において現に選択した措置が相当であるとした同大臣の判断に、被保護者の期待的利益や生活への影響等の観点からみて裁量権の範囲の逸脱または濫用があると認められる場合には、生活保護法三条、八条二項に反することになるとしました。ただ、結論としては、本件改定は「裁量権の範囲の逸脱又はその濫用があるということはできない」としています（最判平成二四・二・二八民集六六巻三号一二四〇頁）。

保護基準の改定にあたって考慮すべき事項（チェックリスト）の具体化をはかった点では評価することができますが、憲法上の判断の物差しが、結局は、健康で文化的な最低限度の生活という抽象的なものにとどまることから、憲法的観点からの司法的統制に限界があることを示したと言うこともできるでしょう。

(4) 委任立法の統制　これまで述べてきた立法裁量自体の統制とは次元を異にしますが、委任立法について司法的統制が行われることがあります。かつての児童扶養手当法（平成二二年法律四〇号による改正前のもの）四条一項は、①父母が婚姻を解消した児童（一号）、②父が死亡した児童（二号）、③父が政令で定める程度の障害の状態にある児童（三号）、④父の生死が明らかでない児童（四号）、⑤その他前各号に準ずる状態にある児童で政令で定めるもの（五号）、のいずれかに該当する児童の母またはその養育者に児童扶養手当を支給することとしていましたが、五号の委任を受けて定められた児童扶養手当法施行令（平成一〇年政令二二四号による改正前のもの）一条の二は、その三号で「母が婚姻（婚姻の届出をしていないが事実上婚姻関係と同様の事情にある場合を含む。）によらないで懐胎した児童（父から認知された児童を除く。）」と規定していました（傍点筆者）。

婚姻によらずに懐胎・出産した児童を養育し、児童扶養手当を受給してきた母親が、血縁上の父が当該児童を認知したことを理由として、施行令一条の二第三号の規定にもとづき、受給資格を停止されたことを不服として提起した訴訟で、最高裁は、児童扶養手当法四条一項各号の規定は、「世帯の生計維持者としての父による現実の扶養を期待することができないと考えられる児童……を支給対象児童として類型化している」が、同項「一号ないし四号が法律上の父の存否のみによって支給対象児童の類型化をする趣旨でないことは明らかであるし、認知によって当然に母との婚姻関係が形成されるなどして世帯の生計維持者としての父が存在する状態になるわけでもない。また、父から認知されれば通常父による現実の扶養を期待することができるともいえない」とし、「婚姻外懐胎児童が認知により法律上の父がいる状態になったとしても、依然として法四条一項一号ないし四号に準ずる状態が続いているものというべきである。そうすると、施行令一条の二第三号が……父から認知された婚姻外懐胎児童を除外することは……法の委任の趣旨に反するものといわざるを得ない」としました。

そして、「認知された児童を児童扶養手当の支給対象から除外するという判断が違憲、違法なものと評価される場合に、同号の規定全体を不可分一体のものとして無効とすることなく、その除外部分のみを無効とすることとしても、……裁判所が新たに立法を行うことと同視されるものとはいえない」として、母親の受給資格喪失処分の取消しを認めた第一審判決の結論を是認しました（最判平成一四・一・三一民集五六巻一号二四六頁）。

本判決は、法の委任の趣旨・目的に照らし、かつ、支給対象とされた児童との均衡をも考慮して委任の範囲をきめ細かく判断しています。父からの認知を受けた非嫡出子という憲法一四条一項後段の「社会的身分」にある者に課された不利益が問題とされている点においても、また、施行令一条の二第三号の規定全体を不可分のものと考えず、認知された児童を支給対象から除外する規定部分を無効とすることで受給資格のある本来の状態（ベースライン）に復帰させ、児童の救済をはかった点においても、国籍法違憲判決（第14講**3**(1)）の先駆としての意義を認めることができます。

第16講

教育を受ける権利、労働に関する権利

1　教育を受ける権利と公教育

憲法二六条一項は、「すべて国民は、法律の定めるところにより、その能力に応じて、ひとしく教育を受ける権利を有する」としています。この権利と対応する形で、同条二項前段は、「すべて国民は、法律の定めるところにより、その保護する子女に普通教育を受けさせる義務を負ふ」と定めています。

教育は、子どもが「自由かつ独立の人格」として成長するために不可欠のサービスです（最大判昭和五一・五・二一刑集三〇巻五号六一五頁〔旭川学テ事件〕）。自律的に生きる人となる上でも、また市民として民主政治に参加する能力と資質を備えるためにも、自由かつ独立の人格となるための教育が必要です。最高裁は、このような「一個の人間として、また、一市民として、成長、発達し、自己の人格を完成、実現するために必要な学習をする固有の権利」としての「学習をする権利」がすべての子どもに与えられており、この学習権に対応して、「その充足をはかりうる立場にある者」は子どもを教育する「責務」を有するとしています（前掲旭川学テ事件判決）。

近代立憲主義の下では、知識・思想の取得や流通にかかわる活動は、私人の自由に委ねられています。私人の自由な活動の結果、多様で豊かな思想が競い合う「思想の自由市場」への信頼がそこにはあります。一方、教育については政府がすべての子どもに平等に教育サービスを提供する公教育制度が各国で展開されています。子どもの教育に関する限りは、私人の自由な活動にすべてを委ねることはできないという想定が、そこにはあります。

その一つの理由は、教育の公共財としての性格にあります。教育の成果は、教育を受ける個々人だけでなく、社会全体に広く及びます。社会生活・政治参加に必要な知識と教養が広く社会に行きわたることは、社会生活が円滑に行われ、民主政治が成り立つための前提です。こうした社会全体に及ぶ利益は、本人にも子どもの親にも帰属しない利益ですから、各人の私的な決定に任せていると、社会全体として適切な水準の教育が行われない蓋然性が高くなります。そこで、社会として必要な水準の教育が行われるよう政府が強制する必要が出てきます。その際は、教育内容のある程度の均一化・均等化がはかられなければなりません。国語や算数、理科の基礎知識のように、同じ知識が大多数の人々に共有されることで、はじめて意味のある知識はたくさんあります。

もう一つの理由は、ある社会に近代立憲主義と折り合わない思想や通念が蔓延しているとき、公権力による教育が、近代立憲主義を担う将来の市民を育成する上で効果的だからという点にあります。フランスやアメリカでは、カトリック教会の影響力を排除して自律的な市民を形成するために、公教育が機能してきました。

教育には、強制や規律という要素が含まれています。学問の自由と同様、教育の自由という標語で提起されている問題は、この強制や規律の内容を決定する権限が誰にあるか——国家なのか親なのか教師なのか——という問題です。

2 「国の教育権」と「国民の教育権」

子どもの学習権に対応する責務として、具体的に誰が子どもへの教育の責務を果たすべきかについて、「国の教育権」説と「国民の教育権」説が対立していました。

「国の教育権」説は、子どもの教育は国民全体の共通の関心事であり、それにこたえるべく実施される公教育の内容については、全国民の意思を決定するプロセスである国会での法律制定を通じて具体化されるべきだという考え方です。他方、「国民の教育権」説は、子どもの教育は親を中心とする国民全体が担うべきで、公教育も「親の教育義務の共同化」と言うべきものであり、子どもの教育の内容および方法は、実施にあたる教師が専門家としての立場から国民全体に責任を負う形で決定すべきであって、国の教育への関与は、こうした国民による教育遂行を側面から補助するための諸条件の整備に限られるという立場です。両説は、学校教育法三四条等が規定する教科書検定制度が、親や教師の教育の自由を侵害するものではないかが問題とされた、いわゆる家永教科書訴訟などで激しく対立しました。

前述の旭川学テ事件判決は、両説の対立に一応の決着をつけました。判決によれば、両説はいずれも「極端かつ一方的」なもので、そのいずれも全面的に採用することはできません。子どもの親、教師、私立学校は、それぞれ子どもの学習権を充足する責務に対応して一定の範囲において教育の自由を有しますが、それ以外の領域では、国が「国政の一部として広く適切な教育政策を樹立、実施すべく、また、しうる者として」「子ども自身の利益の擁護のため」あるいは「子どもの成長に対する社会公共の利益と関心にこたえるため、必要かつ相当と認められる範囲において、教育内容についてもこれを決定する権能を有する」とされました。もっとも、「個人の基本的自由を認め、その人格の独立を国政上尊重すべきものとしている憲法の下においては、子どもが自由かつ独立の人格として成長することを妨げるような国家的介入、例えば、誤った知識や一方的な観念を子どもに植えつけるような内容の教育を施すことを強制するようなこと」は、憲法二六条、一三条の規定からも許されないとされています（前掲最大判昭和五一・五・二一〔旭川学テ事件〕）。

教科書検定制度についても、最高裁は、児童・生徒の側に「いまだ授業の内容を批判する十分な能力は備わっていないこと」、「学校、教師を選択する余地も乏しく教育の機会均等を図る必要があること」などから、普通教育における「教育内容が正確かつ中立・公正で……全国的に一定の水準であることが要請される」こと、また、教育内容が児童・生徒の「心身の発達段階に応じたものでなければならないこと」を指摘して、検定制度はこれらの要請を実現するために行われるものであり、「子どもが自由かつ独立の人格として成長することを妨げるような内容を含むものでもない」から、憲法二六条に反するものではないとしています（最判平成五・三・一六民集四七巻五号三四八三頁〔第一次家永教科書訴訟〕）。

3　義務教育の無償

憲法二六条二項後段は、教育を受ける権利を実質的なものとするために、「義務教育は、これを無償とする」と定めています。国民がその保護する子女に受けさせる義務を負う普通教育に関して、学校教育法は、子が満六歳に達した日の翌日以後における最初の学年の初めから、満一五歳に達した日の属する学年の終わりまで就学させる義務を保護者に課しています（同法一七条）。

憲法にいう義務教育の「無償」の意味については、争いがあります。最高裁は、憲法二六条二項後段の意義は、国が「子女の保護者に対しその子女に普通教育を受けさせるにつき、その対価を徴収しないことを定めたものであり、教育提供に対する対価とは授業料を意味するものと認められるから、同条項の無償とは授業料不徴収の意味と解するのが相当」だとしました（最大判昭和三九・二・二六民集一八巻二号三四三頁）。ただし、義務教育用の教科書については、一九六三年に「義務教育諸学校の教科用図書の無償措置に関する法律」が制定され、無償で配付されることになっています。

もっとも、普通教育の対価といっても、公教育についてはそもそも市場原理が機能する余地が限定されていますから、その具体的な価額は政治部門によって政策的に決定されるしかないものであることには、留意する必要があります。

4 勤労の権利

憲法二七条一項は国民の「勤労の権利」を定め、同条二項は、「賃金、就業時間、休息その他の勤労条件に関する基準は、法律でこれを定める」としています。とくに「児童は、これを酷使してはならない」とされています（同条三項）。二項の規定を受けて、労働基準法が制定されています。

勤労条件を法律によって定め、それに反する契約を無効とし（労働基準法一三条）、あるいは刑罰を科して担保する（同法一一七条以下）ことは、契約の自由をはじめとする私的経済活動の自由と衝突するとの視点があり得ます。ニューディール期に至るまでの労働者保護立法を、当時のアメリカ連邦最高裁が、憲法の保護する契約の自由に反する違憲の立法と判断した例があります（Lochner v. New

York, 198 U.S. 45 (1905))。

もっとも、第10講1［職業選択の自由］で説明したように、私的経済活動はそもそもその土台となるルール設定なくしてはあり得ません。労働力の売買に関する契約は、法律によって定められた勤労条件を土台（ベースライン）としてはじめて成り立つと考えれば、労働者保護立法が契約の自由と衝突することもありません。法律の設定する土台の背後に、法定の勤労条件から自由な「本来の契約の自由」があるわけではありませんから。

法定された勤労条件が憲法の想定するベースラインなのだとすると、森林法違憲判決が共有物の分割請求権について述べているように（第11講1［森林法違憲判決］）、このベースラインからの乖離には、十分な必要性と合理性の論証が必要となります。

5　労働基本権

憲法二八条にいう「勤労者」は、労働力を提供して対価を得て生活する者を指します（労働組合法三条参照）。同条は、労働者が団体を組織する権利（団結権）、労働者の団体が使用者と勤労条件について交渉する権利（団体交渉権）、さらに労働者の団体が労働条件の交渉を有利に進めるために、争議などの団体行動を行う権利（団体行動権）を保障しています。

この労働基本権は、経済的に弱い立場にある労働者に、勤労条件を交渉する際、使用者と対等の立場を確保するために保障された権利です。労働者が個別に使用者と交渉すると、結局、すべての労働者の勤労条件が引き下げられることになります。個別の主体が短期的な自己利益を追求すると全体が「囚人のディレンマ」に陥るのと同じ問題状況です。国家と個人の中間に位置する団体に敵対的な態度をとった近代憲法と異なり、現代の憲法は労働者に団結権・争議権を認める一方、私企業については過度の経済力の集中による弊害を排除するための独占禁止法制を用意し、これが市場における経済活動の出発点となっています。

労働基本権は使用者との関係で労働者に認められる権利ですから、私人間にも直接または間接に適用されます（第5講4［基本権の私人間効力］）。労働基本権を制約する契約は私法上も無効となります。また、憲法によって保護される正当な争議行為によって発生する損害については、使用者は労働組合または組合員に対し賠償を請求することができません（労働組合法八条）。

労働基本権を不当に制約する国の行為も排除されます。つまり、労働基本権には自由権としての側面もあります。正当な争議行為については刑事上も違法性はない（阻却される）とされ、労働基本権を十分な正当化理由もなく制約する立法や命令は無効となります。労働基本権を制約する公権力の行為の審査基準としては、労働者の生存を確保する権利としての重要性にかんがみて、ＬＲＡ基準によることが学説によって提唱されています。

さらに、社会権でもあることから、国には、労働基本権を確保し、具体化する積極的施策を講ずる義務が課されます。労働組合法はこうした施策の典型です。

使用者に対する交渉力を強化するための団結権の保障は、一定範囲での団結の強制を正当化し、その反面で個々の労働者の「結社しない自由」の制約を正当化することになります。労働組合法七条一号ただし書は、労働者が労働組合のメンバーであることを雇用条件とする労働協約（ユニオン・ショップ協定）を締結することを認めています。ただし、ユニオン・ショップ協定のうち、協定締結組合以外の労働組合に加入している労働者および締結組合から脱退しまたは除名されたが他の組合に加入し、または新たな組合を結成した者について、使用者の解雇義務を定める協定は、民法九〇条によって無効とされます（最判平成元・一二・一四民集四三巻一二号二〇五一頁〔三井倉庫港運事件〕）。

労働組合は、その目的を達成するために必要かつ合理的な範囲内において、組合員に対する統制権が認められますが、組合員に対し勧告または説得の域を超えて、市議会議員選挙への立候補を取りやめることを要求し、これに従わないことを理由に統制違反者として処分することは、憲法一五条一項の趣旨に照らして、組合の統制権の限界を超えるとされます（最大判昭和四三・一二・四刑集二二巻一三号一四二五頁〔三井美唄炭鉱事件〕）。

また、最高裁は、組合員の労働組合への協力義務は、労働者の経済的地位の向上をはかるという組合の主たる目的を達成するために必要な範囲に限られるとし、組合が安保反対闘争のため、および特定の政党および候補者の支援のための資金を臨時組合費として強制徴収することは、組合員の協力義務の範囲を超えるとしました（最判昭和五〇・一一・二八民集二九巻一〇号一六九八頁〈国労広島地本事件〉）。労働組合は必ずしも強制加入団体ではありませんが、組合への加入が労働者にとって重要な経済的利益となり、事実上組合脱退の自由が大きく制約され得ることを重視した判断でしょう。

6　公務員の労働基本権――判例の展開

労働基本権との関連では、公務員に関する労働基本権の制約の合憲性が長く、論議の的となってきました。現在、警察職員、消防職員、自衛隊員、海上保安庁および刑事施設で勤務する職員は、労働基本権のすべてが否定され（国家公務員法一〇八条の二第五項、地方公務員法五二条五項、自衛隊法六四条一項）、非現業の公務員については団体交渉権の一部と争議権が（国家公務員法一〇八条の五第一項～三項・九八条二項、地方公務員法五五条一項～三項・三七条一項）、行政執行法人の職員、地方公営企業または特定地方独立行政法人に勤務する一般職の地方公務員については争議権が（行政執行法人労働関係法一七条一項、地方公営企業労働関係法一一条一項）否定されています。

公務員に関する労働基本権の否定が憲法上も正当化されるか否かの判断は5で述べたように中間審査によるはずで、学説はLRA基準を判断基準として提唱しています。しかし、判例は必ずしもLRA基準に即した論理を展開していません。判例は一九七三年の全農林警職法事件判決を屈曲点として、その前後で大きく態度を変化させました。順を追って説明します。

(1)　全逓東京中郵事件判決　一九六六年の全逓東京中郵事件判決では、現業の国家公務員について争議行為を禁止する当時の公共企業体等労働関係法（公労法）一七条の合憲性が争われました（最大判昭和四一・一〇・二六刑集二〇巻八号九〇一頁〔全逓東京中郵事件〕）。最高裁は、公務員も「憲法二八条にいう勤労者にほかならない以上、原則的には、その保障を受ける」とし、公務員を「全体の奉仕者」とする憲法一五条を根拠として、公務員に対して労働基本権をすべて否定することは許されず、公務員は「その担当する職務の内容に応じて、私企業における労働者と異なる制約を内包しているにとどまる」とします。

同判決によると、公務員の労働基本権が制約される場合においても、その制約は①「労働基本権を尊重確保する必要と国民生活全体の利益を維持増進する必要とを比較衡量して」「合理性の認められる必要最小限度のものにとどめなければなら」ず、②「勤労者の提供する職務または業務の性質が公共性の強いものであり、したがってその職務または業務の停廃が国民生活全体の利益を害し、国民生活に重大な障害をもたらすおそれのあるものについて、これを避けるために必要やむを得ない場合について考慮されるべき」ものです。また③労働基本権の制限に違反した者に対して課される不利益も、「必要な限度をこえないように、十分な配慮がなされなければならない。とくに、勤労者の争議行為等に対して刑事制裁を科することは、必要やむを得ない場合に限られるべきであり、同盟罷業、怠業のような単純な不作為を刑罰の対象とするについては、特別に慎重でなければならない」とします。さらに、④「職務または業務の性質上からして、労働基本権を制限することがやむを得ない場合には、これに見合う代償措置が講ぜられなければならない」とされました。

本件で問題となった郵便業務は、その停廃が社会公共に重大な影響を及ぼすものなので、争議行為を禁止する規定を設けること自体は違憲とはいえないが、不作為にとどまる具体的な争議行為を、民事責任を超えて刑事制裁の対象とすることができるのは、それが「政治的目的のために行なわれたような場合であるとか、暴力を伴う場合であるとか、社会の通念に照らして不当に長期に及ぶときのように国民生活に重大な障害をもたらす場合」に限られるとされました。現業の公務員による正当な争議行為には、労働組合法一条二項にもとづいて刑事制裁が科されないことを認めたわけです。

(2) **都教組事件判決、全司法仙台事件判決**　一九六九年に下された都教組事件判決では、地方公務員の争議行為を一切禁止し、争議行為の遂行の共謀、そそのかし、あおりなどの行為に刑事罰を科す旨を規定する地方公務員法三七条、六一条（現六二条の二）の合憲性が問題とされました（最大判昭和四四・四・二刑集二三巻五号三〇五頁〔都教組事件〕）。最高裁は、これらの規定を争議行為の共謀、そそのかし、あおりなどの行為をすべて処罰する趣旨と解釈するならば、必要やむを得ない限度を超えて争議行為を禁止し、しかも必要最小限度を超えて刑罰を科すもので、「違憲の疑を免れない」とし、同法の各規定は、「違法性の強い」争議行為であることを前提とし、「争議行為に通常随伴して行なわれる行為」の範囲を超えたあおりなどの行為をする場合に限って処罰の対象とするものと解釈すべきだとしました。地方公務員法六一条四号（現六二条の二）の処罰の対象に「二重の絞り」をかける限定解釈を施し、そのように解釈される限りで、本件各規定は違憲の疑いを回避できるとしたものです。

同日に下された全司法仙台事件判決で、最高裁は、国家公務員法一一〇条一項一七号（現一一一条の二第一号）が処罰の対象とする国家公務員による争議行為のあおりなどについても、同じ「二重の絞り」をかける限定解釈を行っています（最大判昭和四四・四・二刑集二三巻五号六八五頁〔全司法仙台事件〕）。

もっとも、以上のような一連の判例によって保護されるのは、労働者の経済的地位の維持・改善をはかるための争議行為であって、それ以外の政治目的の争議行為（「政治スト」といわれます）は、憲法二八条の保護範囲に含まれないとされていたことに留意が必要です。

(3) **全農林警職法事件判決**　一九七三年に下された全農林警職法事件判決は、こうした一連の判例の流れを覆しました（最大判昭和四八・四・二五刑集二七巻四号五四七頁〔全農林警職法事件〕）。本件で最高裁は、公務員の地位の特殊性と職務の公共性を強調し、国家公務員の争議行為の一律かつ全面的な禁止も合憲であるとしました。その理由としては、①公務員の「給与の財源は国の財政とも関連して主として税収によって賄われ」、その「勤務条件はすべて政治的、財政的、社会的その他諸般の合理的な配慮により……立法府において論議のうえ」決定されるもので、「同盟罷業等争議行為の圧力による強制を容認する余地は全く存しない」こと、②公務員の勤務条件の決定に関し、政府が国会から適法な委任を受けていない事項について、公務員が政府に対し争議行為を行うことは「的はずれ」であって、それにもかかわらず公務員による争議行為が行われるならば、「民主的に行なわれるべき公務員の勤務条件決定の手続過程を歪曲することともなって、憲法の基本原則である議会制民主主義……に背馳し、国会の議決権を侵す虞れすらなしとしない」こと、③私企業の場合には、使用者はロックアウトによって争議行為に対抗できるのみならず、労働者の過大な要求は企業の存立を危うくするため、労働者の要求には市場の抑制力がはたらくが、公務員の場合にそのような制約はないこと、④公務員には、争議行為等の制約に見合う代償措置として、法は「身分、任免、服務、給与その他に関する勤務条件についての周到詳密な規定を設け、さらに中央人事行政機関として準司法機関的性格をもつ人事院を設けている」こと、が挙げられています。

本判決は、公務員の争議行為を違法性の強いものと弱いものに分け、さらに刑事制裁を科されるのは、違法性の強い争議行為についてのものであって、かつ、争議行為に「通常随伴する」ものを超える場合に限定するとした「二重の絞り」論は、「不明確な限定解釈」であって、「かえって犯罪構成要件の保障的機能を失わせることとなり、その明確性を要請する憲法三一条に違反する疑いすら存する」として、全司法仙台事件判決を、本判決の判示に抵触する限度で変更するとしました。

本件で問題とされたのは、「警職法改正反対」という政治目的の争議行為であって、本来憲法二八条によって保護されないものであり、そうした理由で被告人を有罪とすれば足りるはずでした。わざわざ判例を変更する必要があったのかについて、田中二郎裁判官をはじめとする五名の裁判官による意見が強く批判しています。こうした、ある規定の適用を全面的にあらかじめ合憲と結論づけてしまおうとする極端な態度は、一九七四年の猿払事件判決でも顕著な形で示されています（第7講**5**〔猿払事件判決〕）。

(4) その後

その後の判決では、岩手学テ事件判決で、地方公務員法に関する都教組事件判決の「二重の絞り」論が覆され（最大判昭和五一・五・二一刑集三〇巻五号一一七八頁〔岩手学テ事件〕）、全逓名古屋中郵事件判決で、公労法一七条一項違反の争議行為についても、原則として労働組合法一条二項の適用があり、刑事法上の違法性が阻却されるとした全逓東京中郵事件判決が変更されました（最大判昭和五二・五・四刑集三一巻三号一八二頁〔全逓名古屋中郵事件〕）。さらに、地方公営企業労働関係法一一条一項の争議行為の全面禁止についても、同様の理由で合憲とする最高裁判決が下されています（最判昭和六三・一二・八民集四二巻一〇号七三九頁）。

全逓名古屋中郵事件判決は、郵便局員の争議行為が郵便法七九条一項の定める郵便物不取扱罪にあたるとされた事件でしたが、最高裁は、労働組合法一条二項は公労法違反の争議行為には適用がないとしながらも、争議行為への単純参加者はこれを刑罰から解放するのが法秩序全体の趣旨であるというきわめて不可解な「解釈」論を展開して、争議行為をあおるなどした指導者のみを処罰の対象とするという判断を示しています。

現時点での判例法理を前提として考えるなら、憲法二八条の保護範囲内の争議行為である以上は、争議行為への単純参加者には刑事罰を加えないのがベースラインであって、それを超える範囲を処罰対象とする郵便法七九条一項を合憲限定解釈するか、または同項の意味の一部を違憲とすることで、ベースラインに回帰すべきだという判断になるところでしょう。しかし、法令違憲でない以上は、合憲限定解釈をすることも部分的な違憲判断をすることもできないとする当時の最高裁の非論理的かつ硬直的な思考様式（第24講**4**(4)［法令合憲判断の効果］参照）からすれば、到底望むべくもない判断です。

第17講

参政権、国務請求権

1 選挙権

憲法一五条一項は、「公務員を選定し、及びこれを罷免すること」を「国民固有の権利」としています。もっとも、憲法前文で、国政に関して「その権力は国民の代表者がこれを行使し」とうたわれているように、代表民主政の建前がとられていることから、あらゆる公務員の選定・罷免が直接、国民によって行われるわけではありません。

憲法の規定上は、国会議員、地方公共団体の議員と長その他の吏員について、国民あるいは住民による選挙が予定されており（四三条・九三条）、また最高裁判所の裁判官について、国民審査の制度が定められています（七九条）。

選挙権の法的性格については、権利としての性格を強調する考え方（権利一元説）と、権利としての性格に加えて公務としての性格をも併有するという考え方（二元説）が対立していると言われます。権利一元説の理論的淵源とされるジャン・ジャック・ルソーは、人が国家成立前の自然状態と同じように自由である（自律的である）ためには、すべての市民に国政への参加の権利、とくに国を組織しその運用の基本を一般的に定めるloiの制定への参加が認められるべきだとしました（『社会契約論』）。そうした意味で国政への参加は各市民の固有の権利であるはずです。しかし、同時に各市民は社会全体の公益を実現する一般意思が何かを決定するために国政に参加すべきだともされていますから、公務としての側面があることを否定することは難しいでしょう。選挙権の行使に際しては、買収が禁止されたり、行使に関する他人との契約の効力が否定されたりします。いずれも、表現活動や職業活動とは異なる選挙権の特色で、これも選挙権に公務としての側面があることで説明がつきます。

もう一つ注意すべきなのは、ルソーのいう loi は、国家の基本法つまり憲法に相当するもので、現代でいう「法律」ではないということです（第19講 **1**(3)[1]「「立法」機関」参照）。ルソーは、奴隷労働に支えられていたギリシャ・ローマの市民と異なり、彼の時代（一八世紀後半）の市民でさえ、日々の生活や仕事や財産の維持に時間と労力を奪われていて、日常的に政治に参加する余裕はないと考えていました。少なくとも彼の議論を根拠にして、法律制定への一般市民の参加権を論証することはできません。

2　在外邦人選挙権訴訟

海外に居住する日本国民は、長年にわたって選挙権を行使することができず、一九九八年の公職選挙法（公選法）改正後も、参加できるのは、衆参両院の比例代表選出議員の選挙に限られていました。

この国会の立法不作為が違憲だとして争われた裁判で、最高裁は、選挙権とその行使がどこまで保障されるべきかについて、重要な説示を行っています（最大判平成一七・九・一四民集五九巻七号二〇八七頁〔在外邦人選挙権訴訟〕）。

まず最高裁は、「自ら選挙の公正を害する行為をした者等の選挙権について一定の制限をすることは別として、国民の選挙権又はその行使を制限することは原則として許されず、国民の選挙権又はその行使を制限するためには、そのような制限をすることがやむを得ないと認められる事由がなければならない」とした上で、「そのような制限をすることなしには選挙の公正を確保しつつ選挙権の行使を認めることが事実上不能ないし著しく困難であると認められる場合でない限り、上記のやむを得ない事由があるとはいえず」、こうした事由なしに選挙権の行使を制限することは、憲法一五条一項等の条項に違反するとします。そして、在外の国民の国政選挙への参加を比例代表選出議員の選挙に限定する立法措置には、こうしたやむを得ない事由があると認めることができないため、遅くとも本判決言渡し後に初めて行われる衆議院議員総選挙または参議院議員通常選挙の際には、この制限は違憲となるとしました。

二〇一三年に下された東京地裁の判決は、成年被後見人の選挙権を一律に否定していた当時の公選法一一条一項一号の規定について、一律に否定することには理由はないとして違憲との判断を示しました（東京地判平成二五・三・一四判時二一七八号三頁）。この判決を受けて、国会は二〇一三年五月に公選挙法を改正して同号を削除し、成年被後見人の選挙権を一律に回復しています。選挙権の付与・剝奪については、執行機関の恣意的な運用を排除するため、何らかの形式的な基準によって一律に執行する制度とする必要があります。一律の否定が認められないとすれば、一律に行使を認めるしかないでしょう。

3 選挙の諸原則

近代国家の選挙については、いくつかの原則があると言われます。

(1) 普通選挙

普通選挙とは、広い意味では、社会的地位、財産、納税額、教育、信仰、人種、性別等を選挙権の要件としない選挙を言い、狭い意味では、財力（財産額や納税額）を選挙の要件としていないものを言います。第1講5［立憲主義の歴史的展開］で説明したように、ヨーロッパ各国では、二〇世紀への世紀の変わり目前後で労働者階級を含めた市民一般へと参政権が拡大し、普通選挙制度がとられるようになりました。日本では、旧憲法の下で長く納税額の要件を付した制限選挙制度がとられていましたが、一九二五年に二五歳以上の男子による普通選挙制度が導入され、一九四五年には女性にも参政権が認められるとともに、年齢の要件も二〇歳に引き下げられました。現在では、満一八歳以上の日本国民に選挙権が認められています（公選法九条）。

日本国憲法は広く公務員の選挙について、「成年者による普通選挙」を保障しており（一五条三項）、国会議員の選挙人の資格について、「人種、信条、性別、社会的身分、門地、教育、財産又は収入によつて差別してはならない」としています（四四条）。

公選法は、禁錮以上の刑に処せられてその執行が終わるまでの者、恩赦・時効・執行猶予期間の経過等によってその執行を受けることがなくなるまでの者、選挙犯罪により禁錮以上の刑に処せられ、その刑の執行猶予中の者、選挙犯罪により選挙権を停止されている者などについて、選挙権を有しないとしています（同法一一条・二五二条）。また、選挙権を有する者であっても、投票を許されるためには、一定の場所に一定期間居住することが要件とされています（同法二一条・二二条・三〇条の四・四二条一項）。

(2)　平等選挙　この問題については、第14講4［投票価値の平等］を参照してください。

(3)　直接選挙　選挙人が直接に公務員を選挙する制度を直接選挙と言います。選挙人が選挙委員を選び、選挙委員が公務員を選挙する制度は間接選挙と呼ばれます。間接選挙は、選挙人の判断能力を信頼しないことを前提とする制度です。もっとも、大部分の選挙委員が前もって特定の候補者に投票することを標榜して自分への投票を呼びかける場合には、実際の効果の上で、直接選挙と変わりのない運営がなされることになりますが、そうであれば、間接選挙制度をあえて維持する根拠は残されていないでしょう。

最高裁はいくつかの判決で、直接選挙が憲法の要請であることを前提とする説示を行っています（最大判平成一一・一一・一〇民集五三巻八号一五七七頁など）。

(4) **秘密選挙**　投票の秘密は憲法一五条四項によって保障されています。有権者が社会全体の公益を実現するという観点から投票すべきだとの立場からすると、秘密投票はかえって個々人の私的利害にもとづく投票を助長するとの批判が考えられます。憲法が秘密投票を保障するのは、有権者による選挙権の行使に、他者からの不当な圧力が加えられることを防ぐ趣旨のものと考えられます。一九世紀後半に、必ずしも経済的に自立しているとは言えない大衆が政治に参加するようになると、経済力のある者からの圧力を遮断し、政治腐敗を防止するために投票を秘密とすべきだとの要請が強まりました。

投票の秘密を保障するため、公選法は無記名投票主義をとり（同法四六条四項）、投票用紙への他事記載は投票の無効原因となります（同法六八条一項六号・二項六号・三項八号）。最高裁は、選挙権のない者の投票についても、その投票が何人に対しなされたかを、議員の当選の効力を定める手続において、取り調べてはならないとしています（最判昭和二五・一一・九民集四巻一一号五二三頁）。

4 被選挙権

被選挙権も、選挙権と同様、国民の国政への参加を実現する上で重要な権利です。憲法一五条一項に明定されてはいませんが、最高裁は、被選挙権者がその立候補を不当に制約されれば、選挙人の自由な意思の表明を阻害することになるという意味で、被選挙権は「選挙権の自由な行使と表裏の関係にあり」「これもまた同条同項〔一五条一項〕の保障する重要な基本的人権の一つ」だとしています（最大判昭和四三・一二・四刑集二二巻一三号一四二五頁〔三井美唄炭鉱事件〕）。

被選挙権には、年齢制限（公選法一〇条一項）や、一定の地位にある者の立候補制限（同法八八条～九一条）などに関して、選挙権より厳しい制約が課せられています。選挙の結果、公職に就く者が直接国政に携わる重要な地位を得ることを考慮したものでしょう。

5 請願権

憲法一六条は、「何人も、損害の救済、公務員の罷免、法律、命令又は規則の制定、廃止又は改正その他の事項に関し、平穏に請願する権利」を有すると定めています。さらに「何人も、かかる請願をしたためにいかなる差別待遇も受けない」としています。

請願とは、国や地方公共団体の機関に対して、その職務上の事項について希望を述べ伝える行為で、この行為の結果、何らかの法的効果が生ずるわけではありません。請願は、議会を通じた国民の国政参加が十分に展開していなかった過去においては、被治者の意見を為政者に伝える一つの経路として役割を果たしましたが、現代社会における意義は限られていると見るべきでしょう。もっとも、選挙権を認められない未成年者や外国人にとっては、なお意義があるかも知れません。

6 裁判を受ける権利

憲法三二条は、「何人も、裁判所において裁判を受ける権利を奪はれない」と定めています。裁判を受ける権利は、すべての人に、政治権力から独立した公平な裁判所による裁判を等しく保障するものです。こうした裁判を経なければ刑罰を科されることのないことも、本条の保障に含まれていると考えられています。特別裁判所の禁止（憲法七六条二項）や刑事事件における公平・迅速な公開裁判の保障（憲法三七条一項）はこの権利のコロラリーですし、憲法八二条の定める対審と判決の公開も、公平な裁判の制度的・構造的な側面を保障しています。

裁判によって各人は他者に対する請求権を実現し、自由や権利を確保することが可能となります。また、行政訴訟に典型的に見られるように、裁判は国家権力の適法な行使を保障する手段ともなります。

裁判については、憲法八二条が「裁判の対審及び判決は、公開法廷でこれを行ふ」としており、この制度保障に反する裁判が行われれば、裁判を受ける権利も侵害されることとなります。「対審」とは、民事訴訟における口頭弁論および刑事裁判における公判手続を指します。「公開」されていると言えるためには、傍聴の自由が認められている必要があります。裁判の公開との関係で、非公開の簡易な手続で民事紛争を処理する非訟事件手続が裁判を受ける権利を侵害しないかが問題とされることがあります。

最高裁は、当時の金銭債務臨時調停法にもとづく調停に代わる裁判について、純然たる訴訟事件について非訟手続で当事者の権利義務を確定するもので、憲法三二条および八二条に反するとしました（最大決昭和三五・七・六民集一四巻九号一六五七頁〔金銭債務臨時調停法事件〕）。他方、非訟手続で処理しても問題とならないとされる事件として、最高裁は二種類のものを想定していて、事件の種類に応じてなぜ違憲とならないか、その理由を区別しているように思われます。

第一に、家事審判法（家事事件手続法の前身）の定める夫婦の同居および婚姻費用の分担や遺産分割に関する審判については、いずれも実体的権利義務が存在することを前提とした上でその具体的内容を定めるもので、前提となる実体的権利義務の存否については、別途、訴訟で争い得ることを理由に合憲としています（最大決昭和四〇・六・三〇民集一九巻四号一〇八九頁、最大決昭和四〇・六・三〇民集一九巻四号一一四頁、最大決昭和四一・三・二民集二〇巻三号三六〇頁）。そのほか、借地条件変更の裁判や破産宣告決定に関しても、同様の理由づけが示されています（最決昭和四五・五・一九民集二四巻五号三七七頁、最大決昭和四五・六・二四民集二四巻六号六一〇頁）。

こうした理由づけが妥当するのは、特定の法律関係にある複数の当事者について統一的に決定されるべき事柄を裁判所が一定の枠内で裁量的に定める類型の事件のように思われます。たとえば、共同相続関係に属する複数の相続人間でどのように遺産を分割すべきかについては、各当事者がそれぞれの思い通りに遺産を獲得することができるわけではなく、統一的に定まっている必要があります。しかし、分割のあり方については多様なものが想定でき、いずれが適切かを何らかのルールにもとづいて一義的に決めることは困難です。相互に関連するさまざまな事情を総合的に勘案した上で、すべての当事者が従うべき分割のあり方を決める必要があります。当事者のプライバシーにも配慮しつつ、複雑で流動的な諸事情の相互作用を勘案しつつ落としどころをさぐる必要があるため、手続を公開することは必ずしも適切ではありません。

しかし、出発点となる実体的権利義務関係（たとえば誰が相続人か）について争いがあるのであれば、裁判の原則的手続である公開の対審および判決の手続を経て紛争は処理されるべきでしょう。そうした紛争は社会一般の関心事でもありますから。

他方、法人の理事の登記を怠ったことで非訟手続によって過料に処したことが裁判の公開に反しないか否かが争われた事件では、最高裁は、民事上の秩序罰としての過料を科す作用は、その実質において一種の行政処分であり、裁判所がこれを科す場合でも、公開法廷における対審および判決によって行う必要はないとしました（最大決昭和四一・一二・二七民集二〇巻一〇号二二七九頁）。

国選弁護人の報酬支給額を決定する裁判（最判昭和六一・九・八訟務月報三三巻七号一九二〇頁）、あるいは裁判官を懲戒処分に処す裁判（最大決平成一〇・一二・一民集五二巻九号一七六一頁〔寺西判事補事件〕）も同様ですが、これらの事件については、出発点となる論点に遡って公開裁判に訴える途がそもそもありません。裁判所自身が後見的監督者の立場にある法人や裁判所の内部秩序について、秩序を乱しかねない行為が行われたか、行われたとしていかなる制裁が適切か等を判断するにつき、公開の審理を行うまでの必要はないということなのでしょう。刑事罰を科す場合と異なり、真実に即した公平な判断を担保する必要性や被告人が社会的に非難されるに値する行為を行ったか否かを社会一般に広く知らせる必要性がそもそも乏しいという話です。迅速に手続を進めるべき必要性も考慮要素となります。

ただし、第二の理由づけは第一の理由づけと異なり、手続を公開するまでの必要性に乏しいという話であって、公開することが不適切だということには必ずしもならないでしょう。

7　審理の公開停止

憲法八二条は裁判について対審と判決の公開を保障する一方、「政治犯罪、出版に関する犯罪又はこの憲法第三章で保障する国民の権利」が問題となっている事件を除き、「公の秩序又は善良の風俗」を害するおそれがある場合には、裁判官の全員一致の判断で、公開しないで行うことが許される旨を定めています。最高裁は、憲法八二条の保障の趣旨は、「裁判を一般に公開して裁判が公正に行われることを制度として保障し、ひいては裁判に対する国民の信頼を確保しようとする」点にあるとしています（最大判平成元・三・八民集四三巻二号八九頁〔レペタ事件〕）。

近年議論になった問題として、憲法八二条の定めにもかかわらず、純然たる訴訟事件について非公開で審理し得る事項として、何が考えられるかがあります。大きく分けて、二つの考え方があります。第一に、憲法八二条二項本文の定める「公の秩序」を広く解釈して、公開の停止が重要な公益を促進する場合を含めるべきだとの主張があります。第二に、プライバシーや営業秘密など、公開審理を行うことでかえって侵害されてしまう権利を裁判手続で実効的に保護するには、非公開審理が認められるべきだとの主張があります。

二〇〇三年に成立した人事訴訟法は、一定の要件の下に訴訟での審理を非公開で行い得ることとしていますが（同法二二条）、これは、身分関係が当事者等の私生活上の重大な秘密にかかわるという事情から、身分関係に関する紛争が公開の場で審理されると、適正な裁判の遂行のために必要な証拠の収集が阻害されるおそれがあり、そのために身分関係が適正に形成・確認されず、かつ、司法に対する国民の信頼を揺るがす事態が招来されるおそれがあって、裁判を非公開とする必要やむを得ない事情がある場合には、裁判官の全員一致の判断で、非公開とすることができるとするもので、前述の第一の立場にもとづくものです。現在では、不正競争防止法（一三条）、特許法（一〇五条の七）に営業秘密保護の観点から審理の公開停止を認める条項が盛り込まれています。

なお、前述のレペタ事件判決によると、裁判の公開は傍聴人に対する関係で傍聴する自由を権利として保障したものではなく、したがって、傍聴人が法廷でメモをとる権利を保障したものでもありません（前掲最大判平成元・三・八）。

8　賠償および補償請求権

国および公共団体の賠償責任に関する憲法一七条および刑事補償に関する四〇条の規定は、政府の憲法改正草案にはなく、衆議院の審議の過程で加えられたものです。

憲法一七条は公務員の不法行為によって損害を受けた者に対し、法律の定めるところにより、国または公共団体に賠償を求める権利を保障しています。旧憲法下においては、公務員が不法行為責任を負うか否かは不明確であり、権力的作用による損害については、責任が否定されていました。本条は、公務員の権力的作用にもとづく損害について、国または公共団体が責任を負うことを明らかにしています。そこで予定されている法律としては、国家賠償法があり、公権力の行使に関する公務員の不法行為（同法一条）のほか、公の営造物の設置・管理の瑕疵について国および公共団体の無過失賠償責任を定めています（同法二条）。

憲法四〇条は、「何人も、抑留又は拘禁された後、無罪の裁判を受けたときは、法律の定めるところにより、国にその補償を求めることができる」とします。国の捜査・訴追権限の行使による損害について、衡平の原則から補償する責任を定めたものです。具体的には、刑事補償法が補償の要件と額を定めています。

(1)　**郵便法違憲判決**　かつての郵便法六八条は、国が扱う郵便物のうち、①書留とした郵便物の全部または一部を亡失し、または毀損したとき、②引換金を取り立てないで代金引換とした郵便物を交付したとき、③小包郵便物の全部または一部を亡失し、または毀損したときに限って、一定の金額の範囲内で国が損害を賠償することとし、同法七三条は、損害賠償の請求権者を郵便物の差出人またはその承諾を得た受取人に限定していました。

最高裁はこの責任制限について、制約のある資源の下で、低廉な料金で日々大量の郵便物を全国あまねく公平に処理するという郵便役務の特質からして、損害賠償の対象および範囲に限定を加えることには正当な立法目的があるといえるが、書留郵便物について、郵便業務従事者の故意または重大な過失による不法行為にもとづき損害が生ずるような例外的な場合にまで免責または責任制限を認める規定に合理性があるとは認めがたいとし、その限りで、旧郵便法による責任制限規定は、憲法一七条が立法府に付与した裁量の範囲を逸脱しており無効であるとしました。

さらに、訴訟上の送達の実施方法である特別送達については、郵便業務従事者の軽過失による不法行為にもとづく損害について国の損害賠償責任を免除または制限している部分も、憲法一七条に違反しているとしました（最大判平成一四・九・一一民集五六巻七号一四三九頁〔郵便法違憲判決〕）。

書留郵便物との関係では、運送事業等の遂行に関して事業者の責任を軽減する他の法令の規定が、故意または重過失のある場合まではカバーせず、全損害を賠償すべきだとしているにもかかわらず、これら他の運送事業の遂行に支障が生じているとの事実がないこと、特別送達については、裁判所書記官、執行官、廷吏等が送達を実施した場合には、実施者の軽過失によって生じた損害についても、国家賠償法上の損害賠償を請求し得ることが考慮されており、ベースラインとなる一般的な法原則からの乖離が、主張されている立法目的によって正当化され得るかが、判断の分かれ目となっています。十分な正当化がないときは、ベースラインに至るまで、否定されていた賠償責任が復活します。結果として、「意味の一部の無効」という判断手法がとられていることになります。違憲とされた条文が文言ごと無効となると、そもそもの賠償の根拠自体が消失してしまいます。そうではなく、違憲とされた法制度はベースラインに復帰し、ベースラインにもとづく救済が当事者に与えられます。国籍法違憲判決や再婚禁止期間規定違憲判決でもとられた判断手法です（第14講**3**(1)・(3)）。

(2) 立法不作為にもとづく国家賠償　本講の**2**で触れた在外邦人選挙権訴訟判決は、立法行為（不作為を含む）にかかわる国家賠償についても、重要な判示を行っています。かつての判例は、国会議員の立法行為が国家賠償法一条一項の適用上違法となるのは、「立法の内容が憲法の一義的な文言に違反しているにもかかわらず国会があえて当該立法を行うというごとき、容易に想定し難いような例外的な場合」に限られるとしていました（最判昭和六〇・一一・二一民集三九巻七号一五一二頁〔在宅投票制度廃止事件〕）。国会議員の立法行為が同項の適用上違法となるかは、立法の内容が違憲か否かとは別の問題、つまり国会議員が個別の国民に対して負う義務に違背して立法行為を行ったか否かという問題であるし、国会議員は原則として国民全体に対して政治的責任を負うだけで、個別の国民に対して義務を負うことは例外的だから、というのがその理由でした。

ところが、在外邦人選挙権訴訟の最高裁判決は、「立法の内容又は立法不作為が国民に憲法上保障されている権利を違法に侵害するものであることが明白な場合や、国民に憲法上保障されている権利行使の機会を確保するために所要の立法措置を執ることが必要不可欠であり、それが明白であるにもかかわらず、国会が正当な理由なく長期にわたってこれを怠る場合などには、例外的に、国会議員の立法行為又は立法不作為は、国家賠償法一条一項の規定の適用上、違法の評価を受ける」としました（前掲最大判平成一七・九・一四）。そして、この事案での国会の立法不作為はこの例外的な場合にあたるとして、国家賠償請求は認容されています。

この判決で最高裁は、在宅投票制度廃止事件の最高裁判決も「以上と異なる趣旨」ではないと述べていますが、最高裁の態度に変化があることは、明白であるように思われます。

(3) **司法行為にもとづく国家賠償**　債務不履行による損害賠償請求事件で敗訴した原告が、その判決の誤りを理由に国家賠償請求をした事件で、最高裁は、裁判官がした裁判にもとづいて国家賠償責任が認められるためには、「当該裁判官が違法又は不当な目的をもって裁判をしたなど、裁判官がその付与された権限の趣旨に明らかに背いてこれを行使したものと認めうるような特別の事情があることを必要とする」としています（最判昭和五七・三・一二民集三六巻三号三二九頁）。

刑事裁判について再審で無罪が確定した場合についても、有罪判決を下した裁判が国家賠償法上違法となるのは、当該裁判官が付与された権限の趣旨に明らかに背いてこれを行使したと認め得るような特別の事情がある場合に限られるとされています（最判平成二・七・二〇民集四四巻五号九三八頁）。

第18講

統治機構の諸原則

1　国民主権

主権ということばは、いくつかの異なる意味で用いられます。

第一に、国家の統治権全体を指して使われることがあります。ポツダム宣言で、「日本国の主権は本州、北海道、九州及四国」ならびに連合国の決定する諸小島に局限されると言われているときの主権は、この意味の主権です。第二に、国家の統治権の最高独立性、つまり国内では最高であり、対外的には独立である状態を指して、主権と言われることがあります。日本国憲法前文で「自国の主権を維持し」と言われるときの主権がこれにあたります。第三に、国の統治のあり方を最終的に決定する力ないし権威として主権ということばが使われることがあります。憲法一条で「主権の存する日本国民」と言われるときの主権は、この意味です。

国民主権と言われるときは、第三の意味で「主権」が使われています。ところで、この統治のあり方を最終的に決める力ないし権威という概念にもいくつかの側面があります。まずは、日常的な国政が国民全体の利害や見解を反映して行われ、国政の運営と結果については、国民に対して責任を負うことが求められます。責任にも大きく二つの側面があり、第一に、国民に対して国政に関し、正確な情報にもとづいて説明すること、第二に、結果がおもわしくなければ、国民の決定（選挙結果）によって為政者がその地位を追われることを意味します。したがって、国民には選挙権が認められるとともに、国民に対する政治責任が適切に果たされるよう、国政選挙が公正かつ定期的に行われることも求められます。

次に、統治権を行使する組織のあり方や運用のあり方の基本を定める法、つまり憲法がまとまった法典（形式的意味の憲法）の形をとるときは、その制定に国民が参加する権限（「憲法制定権力」と呼ばれます）があるとしばしば主張されます。第17講1［選挙権］で説明したように、ルソーが『社会契約論』で主張したのは、憲法の制定には全市民が参加する権利があるということでした。典型的な参加の形式は国民投票ですが、憲法制定会議の議員を国民が選挙する形がとられることもあります。

ところで国民主権は、他の主権原理と対立しています。典型は、君主主権です。ただ、君主主権の下では、第三の意味での主権が君主にある（国政は君主に責任を負うよう運営され、組織される）というだけでなく、第一の意味での主権を少なくとも当初は君主が掌握しているとも考えられていました（第2講2で説明した君主制原理です）。旧憲法から現憲法への移行の際に、主権原理が天皇主権から国民主権に転換したと言われますが（第2講7［日本国憲法成立の法理——八月革命説］）、第一の意味の主権を国民が掌握することになったわけではありません。一人の君主が統治権をすべて掌握しているという議論はまだ理解可能ですが、何千何億という人々の集まりが統治権をすべて掌握しているという主張が何を意味しているのか、にわかには了解することができません。せいぜい、それら多数の人々からなる法人としての国家に統治権が帰属するという意味にしかならないでしょう。君主主権の下でも、統治権が君主個人の権利であるという考え方には、美濃部達吉が指摘したように、良識に反する点が多々あります（第2講3［国家法人理論］）。

結局のところ、第三の意味の主権が誰にあろうと、第一の意味での主権は国家にあることになります。

2 権力分立

権力分立は、フランスの法思想家モンテスキューの名前と切り離して語ることができません。彼は『法の精神』の第二部第一一篇第六章「イギリスの憲法について」で、政治の専制化を防ぎ、人民の自由を確保しているイギリスの政治体制を権力分立の体制として描きました。彼によると、イギリスの権力分立には二つの側面、消極的側面と積極的側面があります。彼によると国家権力（統治権）は、立法・司法・行政の三つの作用に区分することができます。これらのうち二つ以上の権限を単一の国家機関が保有することになると、政治は専制化し、人民の自由は失われます。一つの国家機関が二つ以上の作用を独占しないようにするのが、権力分立の消極的側面です。

しかし、これだけで専制を防ぐことはできません。三つの国家作用のうち、立法権限は他の二権が執行する法を制定する権限ですから、立法権限を持つ議会が他の二権を恣意的に支配するリスクがあります。そうならないようイギリスがとっていたのが、議会を国王・貴族院・庶民院の三者によって構成し、三者すべてが同意したときにはじめて新しい法律が制定される仕組みです。つまり、行政権を指揮する国王、貴族階級の利害を代表する貴族院、庶民階級の利害を代表する庶民院、すべてが同意する法律だけが生み出されますから、あらゆる法律は全国民の利害にかなっているはずです。人民全体の自由がこうして守られます。これが権力分立の積極的側面（権力の抑制均衡）です。

ただ、当時（一八世紀半ば）のこうしたイギリスの政治体制をそのまま現代の民主国家に移植することは難しいでしょう。現代国家の多くは、階級制度を廃止し、国民はすべて平等です。異なる階級の利害を議会の構成に反映させることで抑制均衡をはかり、人民全体の利益につながる法律を自働的に生み出すことは望み薄です。

それでは、多様な利害や思想から成り立つはずの社会の全体が多数決で押し切られ、多数派の利害や見解だけですみずみまで一色に塗りつぶされることがないようにするには、どうすればよいでしょうか。役立ちそうな仕組みとしては、それぞれ固有のエートスに支えられた憲法上の諸制度の働き（第5講**8**［制度保障］）、あるいは、多様な結社や団体がそれぞれの目的や利益の実現を目指して競合する働き（第8講**6**［結社の自由］）に期待することが考えられます。

第1講5〔立憲主義の歴史的展開〕で説明したように、一九世紀終わりから二〇世紀にかけての大衆の政治参加に伴い、規律の硬い組織政党が政治の舞台の主役となりました。この結果、とりわけ内閣が議会に対して政治責任を負う（議会多数派の議決によって倒閣が引き起こされる）議院内閣制諸国では、組織政党の領袖が内閣のメンバーとなり、議会の立法活動を指導・統制するようになりました。福祉国家化が進み、国家の役割が拡大すると、権力が分割され国家がなるべく活動しないで人民の自由が守られることが最善だというモンテスキューの時代の考え方は通用しなくなります。行政と立法が一体化したとき、その立法・行政活動から国民の基本権を保護する違憲審査制度の意義は拡大します。

なお、権力分立の消極的側面との関連で、モンテスキューは司法について特別の考察を加えています。この点については、第22講3(2)〔陪審裁判と裁判員裁判〕で説明します。

3 政党と憲法

大衆が政治に参加する現代民主政では、政党が政治活動の主要な結節点となります。諸国の政治制度と政党との関係は、議会政発達の初期段階では敵視ないし無視の状態にあったが、参政権の拡大と議院内閣制の確立に伴って、次第に政党の存在を承認し、または規制するに至り、さらに一部の国々では政党を憲法制度に編入するに至った、と言われることがしばしばあります（宮沢俊義「政党国家から政党独裁政へ」同『転回期の政治』〔岩波文庫、二〇一七〕所収）。現在の日本は、政党の承認ないし規制の段階にあります。国会では、政党を単位とし、または政党を中心とする会派別に、常任委員会等の人事の選任がなされますし（国会法四六条一項・五四条の三第二項）、質問（質疑）時間や議員控室など多くの事項が、所属議員数に応じて会派別に割り当てられます。

政党の承認または規制に関しては、憲法の保障する結社の自由（二一条）との関係が問題となります。政治資金規正法は、個人や会社、労働組合等による政党および政治団体への寄附について、総額を制限し、国から補助金等の交付を受ける法人による寄附を制限していますが（同法第五章）、寄附を特定の政治的主張への賛同と見ると、これらの制限は結果として、結社の自由に対する制約としての側面があることになります。しかし、これらの制限には、資金の豊富な利益団体が政治過程へ過剰な影響を及ぼすことを抑止し、財力による政治過程の歪曲を防止するというきわめて重要な目的があり、制限がこの目的の実現にとって必要にして合理的である限りは是認することができるでしょう。納税額の一部を個々の納税者が必ずしも支持しない政党への助成に用いることが、納税者の結社しない自由に及ぼす影響についても、同じような説明が可能と思われます。

他方、政党の憲法への編入は、編入されない政党を反体制政党としてその結社を禁止する制度と結びつく可能性があります。日本国憲法がそうした「戦う民主制 militant democracy」を採用するものと言い得るか、仮に限定的には採用しているとしても、憲法の保障する表現の自由・結社の自由（二一条）と両立し得る現実の制度としていかなるものが可能かが検討される必要があります（第8講**6**〔結社の自由〕参照）。

反体制政党の結社および活動の法的禁止を主張した代表的論者はカール・シュミットです。この主張は、憲法改正には限界があるとする彼の主張と連動しています（第24講7(3)〔改正の限界〕参照）。改正手続を経てさえ変更し得ない憲法の基本原理は、当然、通常の政治過程を通じて変更することはできず、したがって、反体制政党に体制内政党と同等の地位を認めるべき理由はないというわけです。

最高裁は、「憲法は政党について規定するところがなく、これに特別の地位を与えてはいないのであるが、憲法の定める議会制民主主義は政党を無視しては到底その円滑な運用を期待することはできないのであるから、憲法は、政党の存在を当然に予定している」と述べていますが（最大判昭和四五・六・二四民集二四巻六号六二五頁〔八幡製鉄事件〕）、そこでいう「予定」が何を意味するか定かではないところがあります。

4　選挙区と代表法

有権者の意思を選挙を通じていかに国政に反映させるかについては、①有権者の意思を正確に国政に反映することと、②議院内閣制の下で実効的で安定した政府を構成することという、二つの要請を考慮すべきだと言われます。投票価値の平等に関する判例は、しばしば、「代表民主制の下における選挙制度は、選挙された代表者を通じて、国民の利害や意見が公正かつ効果的に国政の運営に反映されることを目標とし、他方、政治における安定の要請をも考慮しながら、それぞれの国において、その国の事情に即して具体的に決定されるべきものであり、そこに論理的に要請される一定不変の形態が存在するわけのものではない」と述べ、立法裁量を広く認める立場をとっています（最大判昭和五一・四・一四民集三〇巻三号二二三頁、最大判平成一一・一一・一〇民集五三巻八号一五七七頁等）。

選挙区については、各選挙区から一人のみを選出する小選挙区制と、各選挙区から二人以上の議員を選出する大選挙区制とが区別されます。他方、各選挙区から多数派のみの代表を選出するか、あるいは少数派の代表をも選出するかによって、多数代表制と少数代表制とが区別されます。得票数に比例した数の議席を各党派が獲得する比例代表制は、少数代表制の一種です。

小選挙区制の下では、当選の可能性のある上位の候補者二人のうち、いずれを選ぶか（いずれが lesser evil か）という戦略的な選択が必要となります。各自が真摯に支持する政党の候補者への投票が意味をなす比例代表制とは異なります。

一九九四年の公職選挙法改正によって衆議院について小選挙区比例代表並立制が導入されました。

一九九九年に出された二つの判決で、最高裁はこの制度の合憲性について、「選挙制度を政策本位、政党本位のものとすることは、国会の裁量の範囲に属することが明らかである」し、候補者届出政党に所属する候補者のみに重複立候補が認められることにも相応の合理性があるとしています（最大判平成一一・一一・一〇民集五三巻八号一五七七頁、同号一七〇四頁）。

また二〇〇四年に下された二つの判決で最高裁は、参議院の比例代表選出議員について実施されている非拘束名簿式比例代表制の合憲性について、政党を媒体として国民の政治意思を国政に反映させる名簿式比例代表制を採用することは、国会の裁量の範囲に属することが明らかであるし、非拘束名簿式比例代表制が直接選挙にあたらないということもできないとしています（最大判平成一六・一・一四民集五八巻一号一頁、同号五六頁）。

選挙の諸原則については、第**17**講**3**で説明しています。

5　なぜ多数決か

国全体として統一的な答を決める必要のある政治の場では、多数決で結論が決まることがよくあります。社会のさまざまな組織の決定の場でもそうでしょう。司法の場でも、合議体の裁判の場では、裁判官や裁判員の多数決で答が決まります。なぜ多数決で結論を出すのでしょうか。別の訊き方をすると、なぜ多数決の結論に従うべきなのでしょうか。いくつかの理由が提示されています。

(1)　**個人の自律の尊重**　第一の理由は、多数決、とりわけ単純多数決が個々人の自律（自己決定）を最大限に保障する決定手続だからというものです。うっかりすると、全員一致の決定が個人の自律を最大限に保障しているように思うかも知れません。しかし、結論を出すために全員の一致が必要だとすると、一人の反対で残りの大多数の人の自律が覆されます。三分の二以上の特別多数決で決めることにすると、三分の一プラス一人の決定で、三分の二の人の自律が覆されます。結局、単純多数決が自律を覆される人数がいちばん少ない決定方式だというわけです。ハンス・ケルゼンがこうした議論を展開しています（ハンス・ケルゼン『民主主義の本質と価値』長尾龍一＝植田俊太郎訳（岩波文庫、二〇一五）二三頁）。

(2)　**功利主義**　第二の理由は、功利主義、つまり個々人の効用を集計した全体としての効用は、多数決で結論を決めるとき最大化するはずだというものです。クラスで遠足に行くとき、水族館か動物園か、二つ選択肢があるとします（クラス全員がいずれかにまとまって行くことになっているとしましょう）。このとき、クラスの多数決で水族館に行くことに決まったとすれば、動物園に行くことで幸福になる人よりも、水族館に行くことで幸福になる人の方が多かったことのあらわれのはずです。動物園に行くより水族館に行く方が、全体としての効用は上回っているはずです。

もっとも、こうした多数決では、水族館の方が多少はマシという人も、動物園で天に昇るほど幸福になる人も、同じ一票に数えられてしまうので、効用の集計が不正確になることもあり得ます。また、数人を奴隷としてこき使うことで残りの多数のメンバーが幸福になるという、近代立憲主義の理念からして正当化し得ない結論を多数決が出すこともあり得ますから、こうした理由で多数決が正当化できる問題にはおのずから枠がはめられていると考えるべきでしょう。

(3) コンドルセの定理　第三に、コンドルセの定理にもとづく理由づけがあります。一定の条件が整っていれば、多数決で正解に到達する確率が高まるという理由づけです。

コンドルセはフランス革命時に活躍した政治家で、かつ、数学者でもありました。彼の発見した定理は次のようなものです。今、社会として統一した決定を迫られている人々の判断能力を調べたとき、二つの選択肢のうち正しい選択肢を選ぶ能力が平均して二分の一を上回っているとします。このとき、単純多数決で結論を決めるとすると、多数決に加わる人の数が多ければ多いほど、正しい選択肢が選ばれる確率は高まります。全員が加わると、前提からして、必ず正解に到達できるはずです。

これは大きな壺に白玉と赤玉がたくさん入っていて、全体として白玉が赤玉より多いという条件の下では、壺に手をつっこんでサンプルとして摑み出した玉の数が多ければ多いほど、サンプルの中で白玉が赤玉より多い確率が高まることと同様の単純な話です。すべての玉を出せば、当然、白玉は赤玉より多くなります。

もっとも、この定理は、人々の判断能力が低下すると逆回転を始めて、多数決に加わる人数が多くなるにつれて不正解に到達する確率が高まることになります。人種的少数者への偏見がはびこっている社会で、人種にもとづいて差別をする立法が行われたとき、民主的政治過程に任せきりにはできないという結論が（第14講**2**［疑わしい要件による区別］）、ここでも裏づけられます。また、正解か否かが客観的に判定できる事柄が、政治の場でどれだけあるかという問題もあります。政治的決定は、正解のない各自の価値観と密接に絡み合っていることも多いからです。

(4) 調整問題の解決　最後に、以上のいずれともレベルを異にする理由づけとして、「調整問題 co-ordination problem」の解決だから、という理由づけがあります。世の中には、どれでもよいからとにかくどれかに決まっていることが重要だと大多数の人が考える事柄が結構たくさんあります。自動車は道路の右を走るべきか左を走るべきか、遺言をするとき証人は必要なのか、必要だとして何人必要なのか、憲法の授業は何曜日の何限にどこの教室で行われるのか。こうした事柄は、どれでもよいからとにかくどれかに決まっていて、みんながそれに従って行動できるようになることが肝心な問題です。これが調整問題です。

調整問題の解決の仕方はいろいろです。長い年月をかけて徐々に成立する慣習が結論を決めることもあります。そこまで待っていられないので、独裁者の指令で決めてもらいたいということもあるでしょう。民主国家では、議会の多数決で決めることが多いのですが、それも一つの決め方です（多数決である必要はないのですが)。決まったからには、それに従う。調整問題である以上は、それで問題ありません。

決まった事柄である以上、蒸し返しはやめるべきだという原則は、議会などの会議体に関しては一事不再理の原則と言われます。訴訟の場で確定した判決について当事者が蒸し返しをすることはできないという判決の効力は、既判力(res judicata)と言われます。いずれも、調整問題の解決としての側面が多分にあることに着目した原則です。

複数の人々の間で統一的な決定をするとき、多数決で決めることはよくあることです。なぜそうするのか、その根拠を考えることは、その結論にどこまで自分が縛られるべきかを考えることでもあります。

第19講

国会——その1

1　国会の地位

(1)　全国民の代表　憲法四三条一項は、「両議院は、全国民を代表する選挙された議員でこれを組織する」と定めています。ここでいう「全国民を代表する」の意味について、多くの教科書では、これは法的意味の代表ではなく、政治的意味の代表であるとの説明がなされています。第2講3〔国家法人理論〕で述べたように、公法学では長く、「政治的」という形容詞は「法律学とは無関係の」という侮蔑的な意味合いで使われてきました。ところで、なぜ全国民の代表という概念は、政治的であって法的ではないのでしょうか。

こうした理解のきっかけとなったのは、宮沢俊義が一九三四年、旧憲法下で公表した「国民代表の概念」という論文です（宮沢俊義『憲法の原理』〔岩波書店、一九六七〕所収）。彼は旧憲法下の帝国議会は国民の代表であるとする美濃部達吉の主張を批判して、学問的ではない（宮沢は「法科学概念としては成立しえない」と言っています）と主張しました（同書二二二–二二三頁）。その根拠として宮沢が参照しているのは、パウル・ラーバントとハンス・ケルゼンです。しかし、ラーバントについては、宮沢は読み間違いをしている可能性があります。

ラーバントは、ドイツの帝国議会（下院）を全ドイツ国民の代表だとする当時のドイツ憲法二九条の規定には、法的意味はなく政治的意味しかないと指摘しました。ただ、その理由は、ドイツ帝国が連邦国家だったからです。この帝国は社団法人ではありますが、そのメンバーはドイツ人民ではなく、連邦を構成する各邦でした。したがって、帝国議会は全ドイツ国民の法的意味の代表ではあり得ません。もしドイツ帝国が連邦ではなく、ドイツ人民によって直接構成される国家であったなら、ラーバントも、帝国議会が全ドイツ国民の代表だとする憲法の規定に法的意味はないとは言わなかったでしょう。他方、当時も今も、日本は連邦国家ではなく、全国民が直接に構成する社団法人です。国会が全国民の法的意味の代表だ、つまり全国民から構成される社団法人＝国家の機関だと述べることにさほどおかしな点はありません。

他方、ケルゼンは、極端な価値相対主義者であった点に留意が必要です。何が正しいかは人によって意見が違う。何が全国民の共通の利益であるかについても同様です。ですから、議員が選挙母体の拘束から免れて真の公益の在り処について自由に論議することに、ケルゼンは意味を見出しませんでした。むしろ、選挙母体の指令に拘束されて議員が活動する命令委任（mandat impératif）こそが、社会の多様な利害や見解を直接に議会の論議や表決に反映させる仕組みとして推奨されます（ハンス・ケルゼン『民主主義の本質と価値』長尾龍一＝植田俊太郎訳（岩波文庫、二〇一五））。

宮沢も価値相対主義者で、ケルゼンの影響を強く受けていました。彼は、真の意味で法的代表と言い得るためには、命令委任の関係が選挙母体と議員との間になければならない（なければ政治的意味の代表にすぎない）と考えました。美濃部の主張を批判したのは、そのためでもあります。しかし、価値相対主義に立脚するこうした民主政観が正しいか否かについては、それこそ人によって判断が分かれるでしょう。宮沢の議論こそが「科学的」だと考えるべき論拠はありません。また、本人の指図によって代表が拘束されないのは、未成年者や制限能力者の法定代理人のような典型的な法的代表にもあてはまることで、指図に拘束されないから法的意味の代表ではないという結論にはなりません。

もう一つ注意すべき点は、戦後の宮沢は憲法の教科書や注釈書で、この戦前の論文の主張をそのままの形で繰り返してはいないことです。一九四八年の「国民主権と天皇制」という論文では、むしろ、国家法人理論について、「国家を法人と見ることが、国家についての法律現象の説明に理論的に役立つ」とし、そのことは「君主主権が建前とされようと、国民主権が建前とされようと、それとは、理論的にはなんの関係もない」とさえ述べています（『憲法の原理』二九一頁）。国家法人理論を前提とすれば、国会（議会）が、全国民からなる法人としての国家の法的意味における代表であるという結論は、自然に出てくるはずのものです。戦後の宮沢の強調点は、命令委任の否定された国会が国民の代表とは言えないことではなく、国会が国民の間にある多様な利害や見解を国政に反映すべき役割を担っている点へ移っています（宮沢俊義『憲法と政治制度』〔岩波書店、一九六八〕三五－三九頁）。

憲法四三条の理解としては、国会議員が全国民からなる国家の機関（代表）であること、全国民に共通する中長期的な利益（公益）を追求しそれを法律として制定するきわめて重要な役割を担うこと、したがって、選挙母体からの指令に法的に拘束されないことが確認されるべきでしょう。憲法はケルゼン流の極端な価値相対主義の立場（何が善で何が正義かは誰にも分からない）はとっていません。第1講**1**［近代立憲主義の成立］で説明したように、憲法は、多様な価値観・世界観の公平な共存を目指すべきだし、そのためには個々人の判断と生き方を尊重すべきだという立場を明確にとっています。

他方、現代の民主政では、全国民に共通する中長期的利益が何かを審議・決定する際、国会議員は選挙母体からの指令に法的に拘束はされないものの、有権者が現に抱いている意思や見解を可能な限りで反映するべきだとも考えられています。このことを指して、現代の代表のあり方は、純粋代表ではなく、半代表だといわれることがあります。

国会議員が選挙母体からの指令に法的に拘束されないことは、「議院で行つた演説、討論又は表決について」国会議員が「院外で責任を問はれない」とする憲法五一条の帰結の一つだと考えられています。また最高裁も、憲法四三条一項について、「本来的には、両議院の議員は、その選出方法がどのようなものであるかにかかわらず特定の階級、党派、地域住民など一部の国民を代表するものではなく全国民を代表するものであつて、選挙人の指図に拘束されることなく独立して全国民のために行動すべき使命を有する」ことを意味するとしています（最大判昭和五八・四・二七民集三七巻三号三四五頁、最大判平成一一・一一・一〇民集五三巻八号一四四一頁）。

(2) 国権の最高機関　憲法四一条は国会が「国権の最高機関」であるとしています。最高機関ということばは、法律学的にはいろいろな意味で使われます。第一に、他の機関の指令に服しないという意味で最高機関と言われることがあります。国会はたしかにそうでしょうが、この意味では最高裁判所や内閣も最高機関です。国会だけをわざわざ最高機関と形容する理由はなさそうです。

第二に、主権者という意味合いで最高機関ということばが使われることがありますが、国会は第18講1［国民主権］の冒頭で説明したいずれの意味でも、主権者ではありません。旧憲法下における天皇のような統治権の総攬者でないことは当然です。

そこで通説は、国会が「国権の最高機関」であるとする四一条の規定には法的意味はなく、政治的美称であるとしています。ここでの「政治的」という形容詞も、法的意味がないという否定的な意味合いで使われています。

学説の中には、国会が国権の最高機関であることから、憲法の条文からはいずれの国家機関に帰属するのか不明の権限は国会に帰属するという推定が働くと主張するものもあります。しかし、全統治権を当初掌握しており、それを自ら制定した憲法で自己制限したという君主制原理の下の君主については、こうした議論が妥当するかも知れませんが（第2講2［君主制原理］参照）、国会はそもそも統治権の総攬者ではありませんから、こうした議論が通用するはずはありません。国政全体の総合調整作用が国会にあるという主張も見られますが、議院内閣制をとる日本国憲法の下では、そうした作用は統治ないし執政を担う内閣にあると考えるべきでしょう（第21講2(2)［法律の執行と国務の総理］参照）。

他方、国政上の重要事項については、国民の多様な利益と意見を反映して国会が公の場で審議・決定すべきだという、ドイツで重要事項法理（Wesentlichkeitstheorie）と呼ばれる考え方は、日本においても妥当しますが、その条文上の根拠は憲法四一条ではなく、四三条一項に求められるべきです。

(3)　唯一の立法機関　憲法四一条は国会が国の唯一の立法機関でもあるとしています。まず「立法」機関であるとは何を意味するか、ついでそれが「唯一」であるとは何を意味するかを考えていきましょう。

1　「立法」機関　立法とは法律を制定することです。一般に、法律という概念は二通りの意味で用いられます。第一は、法律という名前の法規範のことで、日本国憲法下では、国会の両院が議決した結果として成立するものがそれだとされています（五九条）。しかし、四一条のいう「立法」機関は、こういう形式的な意味ではないでしょう。これでは四一条は、国会は国会が制定できる法規範を唯一制定できる機関だというただのトートロジーになってしまいます。

そこで四一条が意味するのは、国会が実質的意味の立法機関であること、つまり国会が制定するにふさわしい内容の法規範を制定することのできる唯一の機関だという意味に理解されています。

そうなると問題は、実質的意味の法律とは何かです。ここでも二通りの見解があると言われます。第一に、国民の権利義務に関係する法規範（法規 Rechtsnorm oder Rechtssatz）は、必ず国会制定法によって定められるか、または国会制定法に根拠を持たなければならないという見解があります。第2講

3［国家法人理論］で説明したように、一九世紀のドイツで成立し、旧憲法下の日本に受容されたカントに由来する理論は、各人が自由に意思決定して行動できる範囲を一般的な法律であらかじめ割り振り、法律の認める範囲内ですべての人が平等な立場で行動する自由を保障すべきだというものでした。こうした考え方と、全国民の代表である国会が国民の権利義務に関係する法規範を制定するべきだという考え方との間には、明らかな親和性があります。

第二に、ルソーの『社会契約論』に由来する見解として、一般的抽象的法規範を制定するのが国会の任務だというものがあります。これは、全市民が制定に参加すべきloiは一般的抽象的なものでなければならないというルソーの主張に由来しますが、第17講1［選挙権］でも説明したように、ルソーのいうloiは現代国家の法律とは別物です。現代の諸国家で制定される法律は、特定の職業を規制したり、特定の災害からの復旧を支援したり、特定の公営企業群を民営化したりするものが多く、中には単一の銀行を設立したり（日本銀行法等）さえするものもあって、必ずしも一般的抽象的ではありません。国家の役割が拡大した福祉国家の下で、一般的抽象的法律しか議会は制定できないとすることには無理があります。国民の権利義務に関係する法律が一般的抽象的であるべきだという要請は、第一の近代ドイツ公法学由来の議論で十分に説明がつきます。

② 「唯一の」立法機関　さて実質的意味の立法を行い得る「唯一の」機関が国会であるとは何を意味しているでしょうか。この点に関しては、二つの事柄が意味されているとの見解が通説となって

います（清宮四郎『憲法Ⅰ〔第三版〕』〔有斐閣、一九七九〕二〇四‐二〇五頁）。①国会中心立法の原則と②国会単独立法の原則です。

①の国会中心立法の原則とは、実質的意味の法律はすべて、国会を中心として、国会を通じて制定されなければならない（国会だけが法規を制定できる）という原則です。このため、旧憲法下での緊急命令（八条）や独立命令（九条）のように、国会を通さない行政立法は認められません。行政機関の制定する法令を一般に命令と言いますが、行政機関が制定し得る実質的意味の立法（国民の権利義務にかかわる命令）は、法律を執行するための命令（執行命令）か、法律の委任を受けて、本来、法律で定められるべき内容の規範を制定する命令（委任命令）に限定され（憲法七三条六号）、いずれにしても法律に根拠のある場合でなければそうした命令は制定できません。

委任命令に関する法律の委任は、行政権による恣意的な立法を抑止するため、また国政上の重要事項に関する国会での審議・決定を確保するため、具体的個別的委任でなければなりません。旧憲法下の「命令ノ条項違犯ニ関スル罰則ノ件」（明治二三年法律八四号）は、命令が罰則を規定し得ることを包括的・概括的に委任する法律でしたが、現憲法下では法律によるこのような委任は許されません。最高裁は、この法律は「広範な概括的な委任の規定であって新憲法下においては違憲無効の法律として新憲法施行と同時に失効した」と述べています（最大判昭和二七・一二・二四刑集六巻一一号一三四六頁）。

広範に過ぎる委任ではないかと言われてきたものとして、国家公務員に禁止された「政治的行為」の規定を人事院規則に包括的に委任する国家公務員法一〇二条一項の規定があります。第7講5で説明した二〇一二年の二つの最高裁判決は、「公務員の職務の遂行の政治的中立性を損なうおそれが実質的に認められる行為の類型」を具体的に定めることが人事院規則に委任されているとして、委任の範囲を限定的に解釈しています（最判平成二四・一二・七刑集六六巻一二号一三三七頁〔堀越事件〕、同号一七二二頁〔宇治橋事件〕）。

二〇〇六年改正後の薬事法施行規則が、インターネットを通じた医薬品の郵便等販売を大幅に規制していたことについて、最高裁は、施行規則の規定が授権法である薬事法（当時）の趣旨に適合し、委任の範囲を逸脱していないと言い得るには、立法過程での議論をもしんしゃくした上で、法律の諸規定から、医薬品の「郵便等販売を規制する内容の省令の制定を委任する授権の趣旨が、……明確に読み取れることを要する」とし、この施行規則は授権の範囲を逸脱したとして違法と判断しています（最判平成二五・一・一一民集六七巻一号一頁）。

学説の中には、前述の形式的意味の法律（立法）と実質的意味の法律（立法）とを区別することに意味はないという立場もありますが、そうした立場をとるとかえって、委任の範囲を限定する手がかりが失われるおそれがあるように思われます。現在は、国民の権利義務に関係する法規範（実質的意味の法律）であるからには、法律による個別具体の委任が必要であるとの論理がとられています。この前提を取り外すと、広範な概括的な委任であっても、国会がそう決定した以上は仕方がないということになりかねません。

国会中心立法の原則に対しては、憲法自身が両議院の規則制定権（五八条二項）および最高裁判所の規則制定権（七七条一項）の例外を設けています。

②の国会単独立法の原則とは、実質的意味の法律の制定が両議院の議決のみで成立する（国会だけで法規を制定できる）ことを意味します（憲法五九条）。旧憲法下における天皇による裁可（六条）はあり得ず、天皇による公布（憲法七条一号）は法律の成立要件ではありません。

国会単独立法の原則については、憲法自身の定める例外として、いわゆる地方自治特別法があります（九五条）。条約（七三条三号）と憲法改正（九六条）も、国民の権利義務に関係する法規範の制定であり得ますから、国会単独立法の原則に対する例外と見る余地があるでしょう。

なお、内閣に法律の発案権があることについては、閣僚の過半数が国会議員であること、内閣の提案した法案（「閣法」といわれます）も両議院の議決によって法律となることから、国会単独立法の原則に対する例外ではないと考えられています。

2　両院制

(1)　両院制の根拠　憲法四二条に明記されているように、日本国憲法は両院制を採用しています。両院制が採用される理由は、国によってさまざまです。

アメリカやドイツのような連邦制国家では、全国民を代表する議院のほかに、連邦を構成する各州（邦）の利害や見解を代表するための議院を設ける理由があります。他方、イギリスの両院制は、モンテスキューが指摘したように（第18講**2**〔権力分立〕）、そもそもは社会の中に異なる階級が分化していることを前提として、それぞれの階級の利害を立法過程に反映させるための制度でした。現在のイギリスの両院制をモンテスキューの時代と同様に理解することはできません。

日本の場合は、両議院とも全国民を代表する議員によって構成されていますから（憲法四三条一項）、以上のような理由はいずれも妥当しません。連合国軍総司令部（ＧＨＱ）の憲法草案が一院制をとっていた理由の一つも、両院制をとる積極的な理由が見当たらなかったことにあると言われています（もう一つの理由は、日本政府が両院制を要求したときに他の論点で譲歩を迫る取引材料として使えるという動機です。高柳賢三ほか編著『日本国憲法制定の過程Ⅱ』〔有斐閣、一九七二〕一九八頁参照）。

フランスでも共和政の伝統は両院制に対して敵対的で、一七九一年および一八四八年の憲法は一院制を採用しています。「もし二つの議院の構成が同じであれば一つは不要だ……構成の異なる二院のうち上院の議決を採用することとすればそれは貴族政であり、人民の隷属につながる」という、一七九一年憲法制定過程でのマチュー・ドゥ・モンモランシーの発言はよく知られています。

日本の参議院の存在理由としては、通常、次のような諸点が提示されます。①衆議院の多数派のみによって国政が専断されることを防ぎ、国会の行動をより慎重にする、②衆議院と内閣とが対立したとき、参議院がそれを仲介することができる、③参議院議員は衆議院議員より任期が長く、半数改選で解散もないため（憲法四六条）、急激な政治的変革を回避し、政治の安定性を支える、④緊急集会制度（憲法五四条二項）により、衆議院が解散された折の緊急の事態に対処することができる。

これらの理由のうち、①〜③については、参議院の政党化が進行するにつれて現実性が薄れてきています。法律の議決について参議院の反対を押し切るには、衆議院は出席議員の三分の二の特別多数を求められますから（憲法五九条二項）、衆議院の多数派によって構成される政権が参議院の多数の支持を得ようとすること、つまり参議院が政党化することには、憲法の構造自体にもとづく理由があります。

①〜③が参議院の存在理由となるためには、参議院の議員構成が衆議院のそれとは異なっている必要があり、それを保障するべく両者の選挙制度が異なっていることが必要でしょう。しかし、参議院について当初採用されていた全国区制度は、議員構成の違いを十分に実現することができなかった上、

莫大な選挙費用と非常な労苦を候補者に課すものであったため改革論議が高まり、一九八二年の公職選挙法の改正で、全国区は拘束名簿式比例代表制選挙に改められました。しかし、比例代表制は参議院の政党化をさらに推し進めるものです。

各政党の名簿で高順位を確保するために、各候補者が党員獲得競争や資金集めに走っているとの批判を受けて、二〇〇〇年、比例代表制選挙は非拘束名簿式に改められました。ただ、この方式については、旧全国区制と同じ欠陥が危惧されています。

(2) 両院相互の関係　両院制がとられる以上、両議院の議員の兼職は禁止されます（憲法四八条）。両院はそれぞれ独立に議事を開き、議決します（独立活動の原則）。両議院は同時に召集され、開会し、閉会されます（同時活動の原則）。

衆議院と参議院とで権能の範囲はほぼ対等ですが、内閣に対する信任・不信任の決議権は衆議院のみにあり（憲法六九条）、衆議院には予算先議権がある点（憲法六〇条）で、衆議院が優越しています。他方、衆議院の解散中に緊急集会を開いて臨時の措置をとる権限は、参議院のみにあります（憲法五四条二項）。

他方、同一の権能に関する議決の価値については、衆議院に優越の認められる場合が多いと言えます。憲法上は、法律の議決（五九条）、予算の議決（六〇条）、条約の承認（六一条）、内閣総理大臣の指名（六七条）について、衆議院の優越が認められます。このほか、法律上は、国会の臨時会および特別会の会期の決定、国会の会期の延長について（国会法一三条）、衆議院の優越が認められています。

衆議院に多くの場合、優越が認められる理由としては、解散があり任期の短い衆議院に重きを置く方が、民主政をより徹底することにつながり、また両院の権能を対等とするより一院の優越を認める方が、国会の意思形成を容易にすることが挙げられています。もっとも、前述したように、法律の議決について参議院の反対を覆すには衆議院は出席議員の三分の二の特別多数での議決を要することから、参議院も相当強い権限を握っていると考えることができます。場合によっては参議院のために内閣が政策執行の手段となる法律を獲得できず、事実上政治責任を問われることもあり得ます。参議院の政党化が進行するのは、参議院が少なくとも衆議院を抑制し得るほどに強力な権能を有しており、衆議院の多数派を支配する内閣も、参議院の支持を確保しない限り、実効的に政策を実施することが困難だからです。

3　国会議員の特権

国会議員には、所属する議院の活動に参与するため、議案の発議権（国会法五六条一項）、内閣への質問権（同法七四条〜七六条）、議案に関する質疑権（衆議院規則一一八条、参議院規則一〇八条）、議案に関する討論権（衆議院規則一三五条以下、参議院規則一一三条以下）、そして本会議、委員会などで表決に参加する権能があります。

それに加えて憲法は、国会議員が全国民の代表としての職責を全うし得るよう、①会期中の不逮捕特権、②発言・表決の院外での免責、③歳費受領権という各種の特権を定めています。

(1) 不逮捕特権　憲法五〇条は、「両議院の議員は、法律の定める場合を除いては、国会の会期中逮捕されず、会期前に逮捕された議員は、その議院の要求があれば、会期中これを釈放しなければならない」と定めています。不逮捕特権と呼ばれるものです。

この特権については、英米圏とヨーロッパ大陸法圏とで、違いがあります。英米圏では民事上の逮捕・拘禁についてしか、この特権はあてはまりません。現在では、債務を支払わないからといって逮捕・拘禁するという制度はほぼ姿を消しましたから、もはや意味を失った制度です。他方、ヨーロッパ大陸諸国では、刑事上の逮捕・拘禁についても、この特権が及びますので、現在でも意味がありま す。日本はこの流儀を採用しています。行政権が逮捕権を濫用することで、議員の身体を拘束し、その職務執行を妨げることを防ぐのがその目的です。その趣旨から、本条でいう「逮捕」は、刑事訴訟法上の逮捕・勾引・勾留には限られないと考えられています。ただし、起訴されない特権までは含んでいません。

憲法が例外として認める「法律の定める場合」は、国会法で、「院外における現行犯」の場合と、議員の所属する議院の許諾がある場合とが定められています（同法三三条）。現行犯は犯罪事実が明白ですし、議院の許諾は逮捕が正当な場合しか与えられないでしょう。

議院が許諾を与える場合、条件または期限を付すことができるかという問題があります。議院は逮捕を全く許諾しないこともできるのだから、条件または期限を付すこともできるという説と、不当な逮捕を抑止することがこの特権の趣旨である以上、正当な逮捕だと議院が認めた後の勾留に条件や期限をつけることはできないという説とが対立しています。下級審の裁判例は、条件または期限をつけることはできないとしています（東京地決昭和二九・三・六判時二二号三頁）。

参議院の緊急集会が開かれている期間は、国会の会期中ではありませんが、この間の参議院は国会の権能を暫定的に代行しているので本条の保護が及ぶと考えられています。国会法は同様の観点から、緊急集会中の参議院議員に不逮捕特権を認めています（同法一〇〇条）。

(2) 発言・表決の院外での免責　憲法五一条は、「両議院の議員は、議院で行つた演説、討論又は表決について、院外で責任を問はれない」と定めています。この特権は、議員の自由な職務遂行を保障するためにイギリスで発達し（権利章典9条参照）、その後各国に継受されました。議員の職務に関して民事・刑事を問わず、また会期中に限らず院外での永続的な免責を定めている点で、不逮捕特権とは異なっています。

イギリス、アメリカでは、免責特権は国会における審議の自由を広く確保する趣旨と理解されており、特権の及ぶ範囲は議員に限らず政府の構成員にも及ぶと考えられていますが、日本では、フランスやドイツと同様、この制度は議員の独立性を確保するためのものと理解されており、国務大臣が大臣として行った発言については免責されないと考えられています。

免責されるのは、「議院で行つた」行為、つまり議院における活動として議員が職務上行った行為です。本会議、委員会での行為に限らず、地方公聴会のように、議事堂外であっても議員として行った行為を含みます。議員の職務活動に付随する行為であれば、「演説、討論又は表決」にあたらない行為も免責されますが、暴力行為までは保護されません。免責特権の対象となるか否かの判断権は、議院ではなく、裁判所にあります（東京高判昭和四四・一二・一七高刑集二二巻六号九二四頁）。

院外の責任とは、院外における一般市民法上の責任です。したがって、民事および刑事上の責任は問われません。しかし、議員の所属する特定の政党、組合等から、議院で行った行為について制裁を加えられること（除名されることなど）は、本条とは関係がありません。

発言・表決の免責と一般市民の権利との間に衝突が起こることがあります。国会議員が委員会で名誉毀損的発言をしたことから自殺したとされる人の妻が、議員と国とを相手に賠償を請求した事件がありました。

最高裁は、まず、国家賠償法の構造からして、公務員の職務上の行為によって損害が生じた場合でも、公務員個人が被害者に賠償責任を負うことはないとしました。次に国が賠償責任を負うか否かについてですが、国会での国会議員の質疑等は、多数決原理による統一的な国家意思の形成に密接に関連するもので、国民の間の多元的な意見や利益を反映させるべく、あらゆる面から質疑等を尽くすことが議員に求められることから、質疑等で何を取り上げどのような形でそれを行うかは、議員の政治的判断を含む広範な裁量に委ねられているため、たとえ質疑等によって結果的に個別の国民の権利等が侵害されることとなっても、直ちに国会議員がその職務上の法的義務に違反したことにはならないとします。このため、国が賠償責任を負うのは、「国会議員が、その職務とはかかわりなく違法又は不当な目的をもって事実を摘示し、あるいは、虚偽であることを知りながらあえてその事実を摘示するなど、国会議員がその付与された権限の趣旨に明らかに背いてこれを行使したものと認め得るような特別の事情があることを必要とする」としています（最判平成九・九・九民集五一巻八号三八五〇頁）。

憲法五一条は、憲法四三条一項とあいまって、国会議員に対する選出母体の命令委任を禁止するものと考えられています（前述1(1)［全国民の代表］）。選出母体の指令に反して国会で行動したことをもって、議員をリコールする制度は、憲法違反となるでしょう。もっとも、付与された権限の趣旨に明らかに背いた権限行使が行われた場合（たとえば、議員の職務遂行のための手当を自宅の改築資金に流用するなど）、その責任を問うために議員をリコールする制度は、本条にも四三条一項にも反しないものと思われます。イギリスの法律（Recall of MPs Act 2015）は、下院議員が一〇日以上の登院停止の懲戒処分を受けたときや、虚偽のまたは誤導的な経費請求をした場合等に、選出選挙区の登録有権者の一

○分の一以上の多数が賛成したときは、議員は失職し、補欠選挙が行われる旨を定めています。

現在、衆参両院の比例代表選出議員が、選出された選挙に名簿を届け出ていた他の政党へ移動したときは、議員の身分を失うとされています（公職選挙法九九条の二、国会法一〇九条の二）。この制度は、本条および四三条一項に違反する疑いがあります。

(3) **歳費受領権**　憲法四九条の規定する議員の歳費受領権は、普通選挙の普及とともに発達した制度で、財産のない一般大衆にも議員としての活動能力を保障するためのものです。十分な給与を与えられない国会議員は、政府や営利企業からの報酬で生計を立てることとなり、職務上の独立性が実質的に失われることになりかねません。歳費受領権は、発言・表決の免責と同様、議員の職務の独立性を担保する役割を果たしています。国会法三五条は、議員は「一般職の国家公務員の最高の給与額（地域手当等の手当を除く。）より少なくない歳費を受ける」と規定しています。歳費以外にも、議員は文書通信交通滞在費などを支給されます。歳費、手当等の具体的な支給額は、「国会議員の歳費、旅費及び手当等に関する法律」が定めています。

第20講

国会——その2

1 議院の自律権

各議院には、法律の議決や条約の承認など、両議院が協働して行使する権能がありますが、それに加えて、各議院が独自に行使する権能もあります。そのうち、他の国家機関や議院の干渉を排除して、独立に行動し得るために認められる権能を総称して自律権と呼びます。

議院の自律権は、国会の権能を有効適切に行使し得るために認められる補助的権能だと考えられています。

(1) 自主組織権　各議院はそれぞれの議長その他の役員を選任することができます（憲法五八条一項）。「役員」とは、議院の運営にあたる職員のうち、重要な地位にある者を指します。国会法は、議長、副議長、仮議長、常任委員長および事務総長を議院の役員とし（同法一六条）、各議院において選挙すると定めています（同法二二条以下）。

憲法五五条は、議員の資格に関する争訟を議員の属する議院の権限としています。議員の資格とは、被選挙権があること、兼職が禁じられた職務に任じられていないことなど、議員としての地位を保ち得る地位のことです。議院の裁判の結果について、司法裁判所でさらに争うことはできないと考えられています。ただ、議員の資格の存否は通常明確で、争訟が起こることはまず考えられません。現憲法下で資格争訟の裁判が開始されたことはありません。

(2) **自律運営権**　各議院を自律的に運営するための権能として、会議その他の手続および内部の規律については、各議院で規則を制定することができます（憲法五八条二項）。これは国会中心立法の原則（第19講**1**(3)[2]）の例外です。

こうした規則の所管事項については、国会法などの法律も規律しているため、両者が抵触したときの効力関係が問題となります。一院のみが定めた規則より両院で議決した法律の効力が優越するという考え方もありますが、憲法五九条が法律の議決について衆議院の優越を定めているため、それでは参議院の自律的運営が損なわれるおそれがあると懸念する見解もあります。

各議院は、院内の秩序を乱した議員を懲罰することができます（憲法五八条二項）。「院内」とは、議事堂という建物の内部には限られず、議場外の行為であっても、会議の運営に関連する行為または議員として行った行為で、議院の品位を傷つけ、院内の秩序を乱す行為は、懲罰の対象となります（国会法一一六条参照）。

懲罰には、公開議場における戒告、公開議場における陳謝、一定期間の登院停止および除名の四種があります（国会法一二二条）。ただし、議員を除名するには、出席議員の三分の二の賛成が必要です（憲法五八条二項）。懲罰についても、司法裁判所で効力を争うことはできないと考えられています。

(3) **国政調査権**　各議院は国政に関する調査を行うことができます（憲法六二条）。この権能の性格については、国会の最高機関性にもとづく国政統括の手段として認められる独立の権能であるとの説(独立権能説)と、憲法上、国会に付与された権能(立法、予算の議決、条約の承認等)を有効適切に行使するための補助的権能であるとの説(補助的権能説)とが対立していました。ただ、国会の最高機関性に法的意味はないと広く考えられていますし(第19講1(2))、諸外国でも補助的権能として受け取られていることから、現在では補助的権能説が通説です。

国政調査の方法として認められている強制的手段は、「証人の出頭及び証言並びに記録の提出」を求めることです(憲法六二条)。「議院における証人の宣誓及び証言等に関する法律」は、「正当の理由がなくて」証人が出頭せず、現在場所において証言すべきことの要求を拒み、もしくは要求された書類を提出しないとき、または証人が宣誓もしくは証言を拒んだときは、処罰の対象となるとしています(同法七条一項)。

ここでいう「正当の理由」が何かが問題となります。いくつかの種類のものが考えられます。同法自体が認める正当の理由としては、自己あるいは一定の親族等が刑事上の訴追を受ける可能性がある場合、および特定の職業にある者が職務上知り得た秘密である場合があります(同法四条)。さらに、公務員が職務上知り得た秘密については、証言または書類の提出を拒否するための手続が定められています(同法五条・五条の二)。

これ以外の一般法理にもとづく限界としては、①証言または書類の提出が調査目的との合理的関連性を欠く場合、②一般市民のプライバシーなどの権利を侵害する場合、③司法権に対する不当な干渉となる場合、④検察行政に関して検察権の行使に圧力を加えることを目的とする調査、公訴追行の内容を対象とする調査、捜査の続行に重大な障害をきたすような方法による調査である場合（東京地判昭和五五・七・二四判時九八二号三頁）があるとされています。

2　国会の権能——財政の統制

各議院の権能とは別に、衆参両院の合成機関としての国会のさまざまな権能（法律の議決、条約の承認、内閣総理大臣の指名、憲法改正の発議等）があります。ここでは、財政の統制について説明します。

憲法八三条は、「国の財政を処理する権限は、国会の議決に基いて、これを行使しなければならない」としています。徹底した国会中心財政主義を明らかにした条文です。

(1)　**租税法律主義**　憲法八四条は、「あらたに租税を課し、又は現行の租税を変更するには、法律又は法律の定める条件によることを必要とする」と定めています。

租税の賦課に国民代表の同意が必要であることは、近代立憲主義の根本原則の一つです。財産権の保障のコロラリーと言うこともできるでしょう。古来イギリスでは、租税は戦争等の緊急時において人民が国王に対して行う自発的な贈与であると考えられ、だからこそ（財産を保有する）人民を代表する庶民院の同意が課税には必須であると考えられていました（マグナカルタ一二条参照）。「代表なければ課税なし」という標語の由来です。

判例によると、租税の創設・改廃のほか、納税義務者、課税標準、徴税手続はすべて法律にもとづいて定められる必要があります（最大判昭和三〇・三・二三民集九巻三号三三六頁）。

憲法八四条でいう「租税」とは、国がその経費を支弁するために国民から強制的に無償で徴収する金銭のことです。国が行う特定のサービスに対する対価としての意味を持つ各種の手数料や、特定の事業の受益者に課される負担金は含んでいません。

最高裁の判例は、「国又は地方公共団体が、課税権に基づき、その経費に充てるための資金を調達する目的をもって、特別の給付に対する反対給付としてでなく、一定の要件に該当するすべての者に対して課する金銭給付は、その形式のいかんにかかわらず、憲法八四条に規定する租税に当たる」と述べています（最大判平成一八・三・一民集六〇巻二号五八七頁〔旭川市国民健康保険条例事件〕）。国税については、最大判昭和六〇・三・二七民集三九巻二号二四七頁が同旨の説明をしています）。もっとも、この二〇〇六年の判決で最高裁は、国民健康保険の保険料は保険給付の反対給付として徴収されるものであるから憲法八四条が直接に適用されることはないが、それでも保険料が強制徴収され、賦課徴収や強制の度合いが租税と類似しているため、憲法八四条の趣旨が及ぶとしています。

本条の定める租税法律主義は、命令など下位の法令に具体的な定めを委任することを禁止しているわけではありません。

最高裁は、従来非課税物件とされていたものが通達によって新たに課税対象とされた事案につき、「通達の内容が法の正しい解釈に合致するものである以上、本件課税処分は法の根拠に基く処分」であるとしました（最判昭和三三・三・二八民集一二巻四号六二四頁）。しかし、市民生活において人の行動を方向づけるためのルールをあらかじめ示すという法の支配の理念からすると（第1講**6**［法の支配］）、従来非課税とされていた物件を通達によって課税対象とすることには疑問があります。少なくとも遡及的に私人に不利益を及ぼすべきではないでしょう。

五年を超えて所有した不動産の譲渡によって生じた損失額を他の所得額から控除する損益通算を認めないこととする租税特別措置法の改正規定を、施行日である二〇〇四年四月一日以前の同年一月一日以降の不動産譲渡についても適用することとした改正附則が、納税者に不利益な遡及立法で憲法八四条に違反すると主張された事件があります。最高裁は、改正後の規定の適用を早めたのは、損益通算による租税負担軽減を目的とする多数の安値の駆け込み売却による資産デフレを防ぐという公益上の要請にもとづくもので、また事後的に変更されたのは納税者の納税義務それ自体ではなく、特定の譲渡に関する損失により損益通算をして租税負担の軽減を図ることを期待し得るという不安定な地位にとどまるのであるから、本件改正附則は納税者の租税法規上の地位に対する合理的制約として容認されるとしました（最判平成二三・九・二二民集六五巻六号二七五六頁）。

⑵　**国費の支出および国の債務負担**　憲法八五条により、「国費を支出し、又は国が債務を負担するには、国会の議決に基くことを必要」とします。ここでいう「国費の支出」とは、「国の各般の需要を充たすための現金の支払」のことです（財政法二条一項）。国費の支出に関する国会の議決は、後で説明する予算の形式でなされることが憲法八六条の趣旨と考えられます。予算の議決は原則として支出の議決ですが、例外として予備費の議決があります。予備費の議決は予備費の支出の議決ではないので、支出した場合は事後に国会の承諾が必要です（憲法八七条二項）。

他方、国の債務負担行為に要求される国会の議決の方式については、財政法一五条一項で、「法律に基くもの又は歳出予算の金額（第四十三条の三に規定する承認があつた金額を含む。）若しくは継続費の総額の範囲内におけるものの外、国が債務を負担する行為をなすには、予め予算を以て、国会の議決を経なければならない」とされています。

憲法八九条は、「公金その他の公の財産は、宗教上の組織若しくは団体の使用、便益若しくは維持のため、又は公の支配に属しない慈善、教育若しくは博愛の事業に対し、これを支出し、又はその利用に供してはならない」と定めています。前段の「宗教上の組織若しくは団体」に関する制約は政教分離原則の一環で、第6講**3**～**5**で説明しました。

他方、後段の「公の支配に属しない慈善、教育若しくは博愛の事業」に関する制約については、これらの事業への国の干渉を避け、公の財産の濫費を防止するための規定として理解されていますが、複雑な論点を含んでいます。ここにいう「公の支配に属しない……事業」が、国または地方公共団体の監督・指導によって組織・運営の自主性が失われていない程度の事業を意味するとすれば、私立学校法による学校法人（とくに大学の自治の保障が及ぶ私立大学を経営する法人）への補助金などの助成には違憲の疑いがあることとなります。

この問題を解決する一つの考え方は、憲法二五条などに示されている福祉国家の理念からして、公共性を持つ教育事業等への助成に関しては、本条後段の「公の支配に属しない……事業」という制約を緩やかに理解することが求められるというものです。公の財産の濫費を抑止し得る程度のコントロールがあれば十分であると考えることができます（東京高判平成二・一・二九高民集四三巻一号一頁参照）。

もう一つの考え方は、本条後段は前段と同様、政教分離の徹底を図る趣旨のもので、「慈善、教育若しくは博愛の事業」への支出等が宗教への助成や特権付与の意味を持たぬよう、公的なコントロールを求めているというものです。この立場からすると、政教分離原則に反しない限り、私立の学校に公費の助成を行うことも違憲の問題を生じないこととなります。

(3)　**予算**　憲法八六条は、「内閣は、毎会計年度の予算を作成し、国会に提出して、その審議を受け議決を経なければならない」と定めています。予算とは、一会計年度における国の財政行為の準則を定めるもので、主として歳入歳出の予定準則を内容とし、国会の議決を経て制定される国法の一形式です。紛らわしいことに「予算」ということばは、国法の形式としての（つまり成立した）予算を指すこともあれば、内閣が作成する予算の案、つまり予算案を指すこともあります。八六条が直接に指しているのは、予算案です。

予算は、歳出については、支出の目的と時期を限定し、かつ、支出し得る最高額を定めることで、国家機関を拘束する法規範としての性格を持ちます。他方、歳入については、永久税主義をとる現在の日本の法制の下では単なる見積もりとしての性格しかありません（ただし、特例公債〔赤字国債〕の発行限度額を、発行の根拠法ではなく、予算総則で規定することがありますが、その場合は、その限度額の定めには拘束力があります）。

予算案の作成・提出権は、憲法八六条により内閣に専属します。予算案については衆議院に先議権が認められ、議決の方式も法律とは異なっています（憲法六〇条）。

法規範としての予算の性格については、一種の法律と理解する予算法律説と、法律とは異なる国法の一形式と理解する予算法形式説とがあります。通説は予算法形式説をとります。予算が会計年度ごとに成立し、国家機関のみを拘束の対象とし、内容が主として計数からなり、審議・議決の方式も法律と異なることがその理由です。

法律の実施に予算の裏づけが必要なのに必要な予算が議決されない等の場合には、予算と法律の不一致が発生します。不一致が発生したとき、予算の裏づけのない法律をそのまま実施することも、法律と対応していない予算を執行することもできません。国の財政支出には、実施すべき法律とそれに対応する予算の双方が必要だからです。つまり、法律と予算の両方がそろって、はじめて国の財政支出を規律する完全なルールができあがることになります。

内閣には法律の誠実な執行義務がありますので（憲法七三条一号）、執行に必要な経費は予算案に計上することが要請されます。国会も法律と予算とが一致するよう努めるべきだと言えるでしょう。法律の実施を不可能とするような予算の減額修正や、財源措置のない増額修正も望ましくありません。

国会法は、国会議員による予算案の修正や予算を伴う法律案あるいは予算の増額を伴う法律案の発議・修正について限定を加えていますが（同法五六条・五七条・五七条の二）、これは国会議員の発議・修正によって法律と予算の不一致が発生することを抑止しようとするものです。しかし、不一致の発生を完全に抑止することはできません。

(4) 決算　憲法九〇条一項は、「国の収入支出の決算は、すべて毎年会計検査院がこれを検査し、内閣は、次の年度に、その検査報告とともに、これを国会に提出しなければならない」と定めています。決算は、一会計年度における、国家の現実の収入支出の実績を示す確定的計数を内容とする国家行為の一形式です。決算は予算とは異なり、法規範性がありません。決算の審議と議決は衆参各院で行われ、承認しないとの議決が行われても、すでになされた支出の効果には影響がありません。

3　国会の会期

会期とは、国会が開かれていて活動できる状態にある期間のことです。立法期、つまり議員の任期中は常時、国会が活動し得るという制度も考えられますが、憲法は会期中に限って国会は活動できるとの前提に立っています。

憲法の定める会期には、①毎年一回召集される常会（五二条）、②臨時の必要に応じて召集される臨時会（五三条）、③衆議院の解散があったとき、総選挙の日から三〇日以内に召集される特別会（五四条一項）があります。

臨時会については、いずれかの議院の総議員の四分の一が要求したときは、内閣は召集を決定しなければなりません（憲法五三条）。準備に必要な合理的期間を超えて内閣が召集時期を引き延ばすことは憲法に違反します。

衆議院が解散されたときは参議院も同時に閉会となりますが、内閣は「国に緊急の必要があるとき」は、参議院の緊急集会を求めることができます（憲法五四条二項）。同時活動の原則に対する例外です。緊急集会でとられた措置は暫定的なもので、「次の国会開会の後十日以内に、衆議院の同意がない場合には、その効力を失」います（同条三項）。

憲法五四条二項は、衆議院の解散のときにのみ、内閣が参議院の緊急集会を求めることができるとしていますが、たとえば、大災害の発生により総選挙を実施することができないまま、任期満了によって衆議院議員がいなくなった場合でも、内閣は緊急の必要があれば参議院の緊急集会を求めることができると考えるべきでしょう。

4 会議の原則

憲法は、国会の会議についていくつかの原則を定めています。

(1) 定足数　議事を開き議決を行うために必要とされる出席者の数を定足数と言います。憲法五六条一項は、「両議院は、各々その総議員の三分の一以上の出席がなければ、議事を開き議決することができない」としています。

「総議員」の解釈としては、現在議員数とするのが通説ですが、実務上は法定議員数とされています。つまり欠員の数も算入されます。定足数を欠いた議決の効力を裁判で争うことができるかという問題があります。各議院の自律性を尊重する観点から、通説は司法審査の可能性を否定しています。

「出席」とは、議場に現在（present）することを意味します。国会議員は議場に現在（出席）することではじめて、全国民を代表＝再現前（represent）することができます。

(2)　表決数　表決数とは、会議体が有効に意思決定するために必要な賛成表決の数のことです。憲法五六条二項は、「両議院の議事は、この憲法に特別の定のある場合を除いては、出席議員の過半数でこれを決」するとします。棄権者や無効投票も出席議員数に算入されます。過半数を表決数とすることにどのような意味があるかについては、第18講5［なぜ多数決か］で説明しました。ただ、そこで挙げたコンドルセの定理は、現代の議会の多数決の根拠となるか否か疑わしいところがあります。各党派の硬い投票規律のため、実質的な投票者数が格段に減少しているからです。

過半数の原則の例外として憲法が定めるのは、総議員の三分の二以上の賛成を必要とする憲法改正の発議（九六条一項）のほか、議員の資格争訟の裁判で議員の議席を失わせる場合（五五条）、秘密会を開く場合（五七条一項）、議員を除名する場合（五八条二項）、衆議院で法律案を再議決する場合（五九条二項）があります。いずれも出席議員の三分の二以上の賛成が必要です。

過半数で決する場合、可否同数のときは、議長に決裁権があります（憲法五六条二項）。

(3)　会議の公開　会議の公開は、主権者である国民に国政に関する十分な情報を提供し、民主政治の過程が正常に運営される上で重要な原則です。もっとも、会議の公開はときに各議員の自由な発言や審議の要請と衝突することがあります。憲法は会議の公開を原則とする一方で、出席議員の三分の二の多数で秘密会を開くこともできることとし（五七条一項）、二つの理念の調和を図っています。会議については記録を保存することとされており、秘密会の記録のうち、とくに秘密を要すると認められるもの以外は、記録を公表し、一般に頒布しなければなりません（同条二項）。出席議員の五分の一以上の要求があれば、各議員の表決は会議録に記載しなければなりません（同条三項）。

(4) 両院協議会　憲法はなるべく両議院一致の議決を成立させることを目的に「両議院の協議会」を認めています（「両院協議会」と呼ばれます）。各議院の独立活動の原則の例外です。両院協議会は、予算の議決、条約の承認および内閣総理大臣の指名に際して両院の議決が一致しないとき、憲法によって開催が要求されています（憲法六〇条・六一条・六七条）。法律案の議決にあたって、衆議院が開催を要求したとき、または参議院が要求して衆議院がそれに同意したときも、開催されます（憲法五九条、国会法八四条）。その他、国会の議決を要する案件について、両院の議決が一致せず、先議の議院が要求したときにも開催されます（国会法八七条）。

両院協議会で成案が得られたときは、各議院とも可否を決し得るのみで、修正することはできません（同法九三条二項）。

両院協議会で成案を得るためには、国会法で出席協議委員の三分の二以上の賛成が必要とされています（同法九二条）。もともと両院の議決が異なる場合に開催されるものであるにもかかわらず、三分の二の多数の賛成を要求するとなると、妥協案の作成は困難をきわめるでしょう。

第21講

内閣

1 議院内閣制

民主的な政治体制は、行政権と立法権との関係に応じて、大きく三種に分類されます。大統領制、議院内閣制、議会統治制（会議政）です。

大統領制では、行政権と立法権とは厳格に分立しており、行政府の長である大統領は、立法権を担う議会の議員と同様、有権者によって直接選出されます。議会の不信任決議によって大統領がその地位を追われることはありません。アメリカ合衆国が大統領制の典型です。

議院内閣制では、行政権と立法権の分立は柔軟です。行政権を担う内閣は立法権を担う議会に対して政治責任を負っており、議会（の一院）の不信任決議で内閣は総辞職を求められます。多くの議院内閣制では、議会（の一院）は解散されます。イギリスが議院内閣制の典型です。

議会統治制では、行政権は立法権に従属していて、分立はありません。行政府は議会の意向に従って随時、その政策を変更しなければなりません。つまり、総辞職することもできないわけです。スイスが議会統治制の典型とされます。

この民主的政治体制の三分類は、第三共和政フランスの発足当初、当時の政治体制を「柔軟な権力分立」の体制として擁護するために編み出されました。厳密な経験科学とは言いにくいものです。スイスでは行政権が強力に議会の立法活動を指導していますし、アメリカとイギリスの区別もそれほどはっきりはしていません。アメリカの大統領は制度上は間接選挙で選出されます。実際には、二大政党制のために直接公選の制度として機能していますが、そうした意味では、イギリスでも二大政党制のため、多くの場合、首相は総選挙の結果、直接に決定されます。アメリカにも大統領の弾劾制度があり、ときには政権担当能力を失った大統領をその地位から追うために発動されます。

日本国憲法は議院内閣制を採用しているものと広く理解されています。内閣総理大臣は国会によって指名され、衆議院による内閣を信任しない旨の議決によって内閣は総辞職を迫られます（憲法六七条・六九条）。衆議院の解散権は実質的には内閣にあると考えられています。そうしたおおざっぱなレベルでは、現在の日本は議院内閣制であるという理解で間違いはないでしょう。

議院内閣制については、その本質は立法と行政の均衡にあるのか、それとも行政の立法に対する責任にあるのかが議論されることがあります。ただ、均衡と責任とは必ずしも両立しないわけではなく、いずれの立場をとるかで具体的な解釈論——たとえば衆議院の実質的な解散権がどの国家機関にあるのか、解散権は憲法六九条所定の場合以外でも行使し得るのか——の答が直ちに出てくるわけでもありません。本質論の限界に注意する必要があります。

2　行政権の帰属

(1)　行政権の意義　憲法六五条は、「行政権は、内閣に属する」と定めています。ここでいう行政権についても、憲法四一条でいう「立法」と同様（第19講**1**(3)［唯一の立法機関］）、形式的な意味と実質的な意味を区別することができます。

形式的な意味は内閣に帰属する権限の総称ということですが、そのように理解すると六五条はただのトートロジーになってしまいます。実質的な意味の「行政権」が内閣に属するべきことを述べているはずです。

実質的な意味の行政権に関する通説は、国家の統治作用全体から実質的意味の立法権と実質的意味の司法権（第22講**1**［司法権の概念］参照）を除いたものがそれにあたるという説です。控除説と呼ばれます。

控除説は、実質的意味の行政権の内容を論理的に過不足なく説明することができます。また、君主制原理の下での君主の権限（全統治権）のうち、国民の権利義務に関する法規範の制定権（実質的意味の立法権）に国民を代表する議会の参与が必要となり、他方、法の適用によって具体的争訟を解決する実質的意味の司法作用が君主から独立した裁判機関に委譲された後に君主の許《もと》に残った権限が行政権となったという歴史的な経緯とも符合しています。

もっとも、内閣は国務大臣の合議体であって、それが控除説によって説明される行政権のすべてを担っているわけではありません。大部分の行政作用は各省庁等の行政各部が行っています。内閣はそうした膨大な行政組織と行政作用を指揮監督し統括する機関です。

(2) 法律の執行と国務の総理　現在の日本が議院内閣制であることとの関連で議論の焦点となっているのが、内閣の担う行政作用は法律の単なる執行にとどまるのか、それとも一定の政策綱領にもとづいて国会の立法作用を含めた国政全般を指導する「統治（執政と呼ばれることもあります）」作用をも担うのかという点です。

議院内閣制の下では、内閣には辞職の自由がありますから、積極的に議会に信を問うことで、内閣の政策を実施するための法律や予算を獲得することもできます。議会と重大な政策上の齟齬が生まれたときは、議会を解散して有権者にいずれの政策を支持するかを問うこともできます。選挙で特定の政策綱領を有権者に提示し、それへの有権者の支持にもとづいて議会多数派を獲得し、内閣を構成した以上は、内閣は選挙で示した政策を実施する政治的責任を有権者に負っていると言うべきでしょう。議院内閣制の下での内閣が統治作用を担うことを否定することは非現実的であるように思われます。憲法の条文に則して言えば、七三条一号にいう「国務を総理すること」が、統治作用を指していると理解することができます。

(3)　独立行政委員会

行政権全体を指揮監督する内閣は、憲法六六条三項が述べるように、「行政権の行使について、国会に対し連帯して責任を負」います（連帯責任については**3**(2)で説明します）。国会を通じて、さらには、主権者である国民に政治責任を負っていると言うべきでしょう。

　こうした憲法の規定する統治構造からすると、独立行政委員会がなぜ存在し得るのか、それが問われることになります。具体的には、人事院、公正取引委員会、国家公安委員会、個人情報保護委員会などです。これらの機関は、いずれも内閣とは独立してその職権を行使します。職権の行使について、内閣の指揮監督を受けません。しかも、構成員である委員は身分が保障されています（人事院について国家公務員法七条〜九条）。内閣のコントロールが及ばず、したがって内閣を通じた国会のコントロールも及びません。

　こうした独立行政機関が憲法違反でない理由として、いくつかのものが提示されています。①憲法六五条には、憲法四一条や七六条一項と異なり、「唯一の」とか「すべて」という修飾語が欠けていること（これはあまりにも形式的な理屈ですが）、②これらの機関についても、予算は内閣が作成し構成員は内閣または内閣総理大臣が任命すること（これでは、裁判所も内閣のコントロールの下にあることになってしまいかねませんが）、③これらの機関が、争訟の裁決、能力の検定、国民の権利保護など、政党政治の支配する国会のコントロールにはなじまない役割を担っており、党派政治からの中立性、技術的専門性、当事者間の利害対立等に配慮しながら職務を遂行する必要があることです。とくに③の理由から、これらの機関について独立性を保障することには十分な理由があると考えられています。

3 内閣の組織と運営

(1) 内閣の構成

内閣は、首長たる内閣総理大臣と、その他の国務大臣で組織される合議体です（憲法六六条一項）。憲法六六条二項は、「内閣総理大臣その他の国務大臣は、文民でなければならない」と定めています。この条項は、憲法九条に関するいわゆる芦田修正（第4講**2**〔個別的自衛権の行使〕参照）がなされた後、極東委員会からの要請にもとづいて、貴族院での審議段階で加えられたものです。「文民」の意味については、①現在、職業軍人でない者、②これまで職業軍人であったことのない者、③現在職業軍人でなく、かつ、これまで職業軍人であったことのない者という三説がありますが、自衛隊が存在する現在では、第三説が妥当でしょう。もっとも政府は、現職の自衛官は文民ではないが、退職した自衛官は文民であるとしています（浅野一郎＝杉原泰雄監修『憲法答弁集』〔信山社出版、二〇〇三〕二九八頁）。

憲法は、内閣総理大臣は国会議員の中から指名するとし（六七条一項）、その他の国務大臣の過半数は国会議員でなければならないとします（六八条一項）。国会の信任を基礎として内閣を構成する議院内閣制の趣旨を徹底するための規定です。この要件は、内閣の成立要件であるとともに、存続要件でもあると理解されています。

内閣総理大臣が国会議員としての地位を失った場合は、内閣総理大臣としての地位も失うこととなるため、内閣は総辞職する必要があります。しかし、国務大臣の過半数が国会議員であるとの要件を欠いた場合、直ちに内閣総辞職の効果が生ずるわけではなく、内閣総理大臣は国務大臣任免権（憲法六八条）を通じて、この要件を充足する義務を負うことになると考えられます。

(2) **内閣総理大臣**　旧憲法下では、内閣自体が憲法上の存在ではなく、内閣総理大臣は他の国務大臣と同等の地位にあって、「同等者中の首席 primus inter pares」にすぎないと考えられていました。

現在の憲法は六六条一項で、内閣総理大臣を内閣の「首長」であるとし、他の国務大臣より上位に位置づけています。その地位を確保する権限として、国務大臣の任免権（六八条）、国務大臣の訴追に関する同意権（七五条）、行政各部の指揮監督権（七二条）が憲法上定められています。また、内閣法では、閣議の主宰権（四条二項）、主任の大臣間の権限疑義につき閣議にかけて裁定する権限（七条）、行政各部の処分または命令の中止権（八条）が認められています。ただし、閣議での議事や議決については、他の国務大臣と同等の権限しかありません。

こうした内閣総理大臣の位置づけが、憲法六六条三項の定める内閣の国会に対する連帯責任とどのような関係にあるかが議論されることがあります。連帯責任制とは、内閣が一体となって政策の遂行にあたり、一体として国会に責任を負うことを意味します。このため、内閣の意思決定にあたっては全員一致が原則で（少なくとも外部に対しては全員一致であったかのように振る舞う必要があります）、一人でも閣内に反対者がいれば、内閣はもはや連帯して国会に責任を負うことができないため、総辞職しなければならないはずです。

ところが内閣総理大臣には国務大臣の任免権がありますから、閣内の統一を乱す閣僚がいた場合には、任意に罷免し、意向に沿う大臣を新たに任命することで、総辞職を回避することができます。連帯責任制とは齟齬をきたすのではないでしょうか。

とはいえ、現に憲法の条文がこうした規定を置いているわけですから、残る問題は、内閣総理大臣に首長としての地位と権限を認めることに十分な正当化理由はあるかということになるでしょう。理由となりそうなのは、内閣の安定性の確保です。一人の反対者の出現によって内閣が総辞職を迫られるよりも、内閣の政策が議会の信任を得ている限りは、同一の内閣に政権を担当させた方が、安定しかつ一貫した政策運営が可能となります。内閣総理大臣の政策が議会多数派の支持を失った場合には、内閣は総辞職せざるを得ないので、政治責任の原則に反してまで内閣が延命することにはならないでしょう。

このように考えると、国会に対する政治責任が問われているのは、内閣の政策というより、むしろ内閣総理大臣の政策だということになりそうです。憲法上も、国会はまず内閣総理大臣を指名し（六七条)、指名された内閣総理大臣が他の国務大臣を任命して内閣が構成されます(六八条)。こうして構成された内閣が国会に対して連帯して責任を負う政策が、主として内閣総理大臣の政策であることには、制度上の整合性があるように思われます。

(3) **ロッキード事件丸紅ルート判決**　内閣総理大臣であった田中角栄氏が、運輸大臣(当時)に対し、全日空にロッキード社製の大型航空機の選定購入を勧奨するよう働きかけた行為が、内閣総理大臣の職務権限に含まれるか否かが争われたことがあります(本件では五億円の授受があり、職務権限に含まれる行為といえる場合、「職務に関し、賄賂を収受」したとして賄賂罪〔刑法一九七条〕に問われる事案でした)。争点となったのは、そのとき内閣法六条でいう「閣議にかけて決定した方針」はあったのか、それなくしても、内閣総理大臣は行政各部を指揮監督し得るのか、でした。最高裁は、航空機の選定購入を勧奨する行政指導をすることが運輸大臣の職務権限に含まれるとした上で、内閣総理大臣は「内閣の明示の意思に反しない限り、行政各部に対し、随時、その所掌事務について一定の方向で処理するよう指導、助言等の指示を与える権限を有する」とし、運輸大臣にそうした行政指導をするよう働きかける行為は、「内閣総理大臣の運輸大臣に対する指示という職務権限に属する」としました(結論として、有罪とされました)(最大判平成七・二・二二刑集四九巻二号一頁〔ロッキード事件丸紅ルート判決〕)。

政治的資産に乏しい内閣総理大臣にそうした指示を行うことが可能か否かは疑わしいところがあり

ますが、おそらく最高裁は、強固な政治的資産を有する内閣総理大臣による実効的な権力の濫用を抑止する必要があると考えたのでしょう。

(4) 内閣の消滅　内閣が総辞職すべき場合として、憲法は、①内閣総理大臣が欠けたとき（七〇条）、②衆議院議員総選挙の後にはじめて国会の召集があったとき（七〇条）、③衆議院で内閣を信任しない旨の議決がなされてから一〇日以内に衆議院が解散されないとき（六九条）の三つを定めています。

①内閣総理大臣が欠けたときとは、死亡、在職資格の喪失、辞職などを指します。病気や一時的な生死不明の場合は、「内閣総理大臣に事故のあるとき」（内閣法九条）として、内閣総理大臣のあらかじめ指定する国務大臣が臨時に内閣総理大臣の職務を行います。臨時代理は第一順位から第五順位まで指定され、官報に掲載されます。

②総選挙後に特別会が召集されたときも、内閣は総辞職したものとみなされます。

憲法七〇条の定める以上の二つの場合は、総辞職の効果は当然に生じ、閣議を開いて総辞職する旨の意思表示を行うことは不要との説が有力ですが、実務上は、閣議を開いて総辞職を決定しています。

③憲法六九条の定める場合は、内閣の国会に対する政治責任の核心的なあらわれです。議院内閣制に固有の政治責任があるとすれば、それは議会がその決議によって内閣の総辞職を強制できるという意味での政治責任でしょう。政府の政策や行政運営が議会で批判の対象となることは、他の類型の政治体制でも見られることです。

内閣のこの政治責任は、議会多数派（日本の場合は衆議院議員の多数派）と内閣の間に対立が生じた場合に内閣を信任しない旨の決議によって内閣の退陣を義務づける制度ですから、議会多数派と内閣との政策上の一体性を裏づける手段となるとともに、内閣としては、信任問題の提起（重要な法案や予算案に内閣の信任をかけることで、否決されれば退陣すると議会を脅すことです）により、政策実現に必要な法律や予算を獲得する手段にもなります。

4 内閣の権能

内閣は憲法七三条に列挙された事務に加えて「他の一般行政事務」を行います。政令の制定については、第19講 1 (3) ②［「唯一の」立法機関］での命令に関する説明があてはまります。ここでは、条約の締結、そして衆議院の解散について説明します。

(1) 条約の締結

憲法七三条三号は、条約の締結を内閣の職務として挙げています。条約には広義のそれと狭義のそれとがあります。

① 広義の条約と狭義の条約　広義の条約は、文書による国家間の合意（国際約束）のすべてを言います。協約、協定、議定書、憲章など、条約という名称を用いているか否かにはかかわりがありま

せん。狭義の条約は憲法七三条三号でいう「条約」であり、広義の条約のうち、国会による承認を必要とするもの（「国会承認条約」あるいは「憲法上の条約」と呼ばれます）を言います。条約の承認については、衆議院の優越が認められています（憲法六一条）。

狭義の条約は、憲法七条一号にもとづいて公布されることで、国内法となります。国会の承認を必要とする条約にあたるか否かの判断基準としては、一九七四年二月二〇日に衆議院外務委員会で大平正芳外務大臣の示した政府統一見解が広く知られています。それによると、①「いわゆる法律事項を含む国際約束」、②「いわゆる財政事項を含む国際約束」、③「わが国と相手国との間あるいは国家間一般の基本的な関係を法的に規定するという意味において政治的に重要な国際約束であって、それゆえに、発効のために批准が要件とされているもの」の三つのカテゴリーが挙げられています。

同じ政府見解は、「すでに国会の承認を経た条約や国内法あるいは国会の議決を経た予算の範囲内で実施し得る国際約束につきましては、行政取りきめとして、憲法第七十三条二号にいう外交関係の処理の一環として行政府限りで締結し得る」としています。「国会の承認を経た条約」の明示の委任にもとづく国際約束、および当該条約の規定の実施（実施細則）に関する事項を定める国際約束はそれにあたります。また、将来正式の条約によって具体化されることが予定される政治的な宣言、純然たる行政事項として議会の承認を要せずして締結し得ることが国際法・国際慣行上認められる事項に関する国際約束、国内法である私法によって規律される契約の性質を持つ国際約束も、国会承認条約にはあたらないと考えられています。

国会承認条約であるか否かが争われたものとして、旧日米安全保障条約三条にもとづく行政協定があります。この行政協定について、政府は国会の承認を求める手続をとりませんでした。最高裁は、政府がこの行政協定につき国会の承認を経る必要はないとの見解をとったこと、衆参の各院において、行政協定が国会の承認を経るべきものであるとの趣旨の決議案が否決されたことを指摘した上で、「しからば、以上の事実に徴し、米軍の配備を規律する条件を規定した行政協定は、既に国会の承認を経た安全保障条約三条の委任の範囲内のものであると認められ、これにつき特に国会の承認を経なかったからといって、違憲無効であるとは認められない」としました（最大判昭和三四・一二・一六刑集一三巻一三号三二二五頁〔砂川事件〕）。

2 事前か事後か　憲法七三条三号は、「事前」または「事後」に国会の承認を経ることとしていますが、ここにいう「事前」「事後」は、条約締結の事前・事後を意味します。「事前」とは、署名のみによって成立する条約については、署名の前を意味し、批准によって成立する条約の場合は、批准の前を意味します。
事後に国会の承認を求めてそれが得られなかった条約は、事前に承認を求めてそれが得られなかった場合と同様、国内法としての効力は当然に否定されます。他方、事後に国会の承認を求めてそれが得られなかった条約の国際法上の効力については見解が分かれています。議論の分岐点は、国会承認条約とそれ以外の広義の条約の区別が相手国にとっても客観的に明白なものと言えるかの判断にあります。国会承認条約にあたるか否かの判断が、相手国にとって常に容易であるとは言えない以上、一般論として無効説をとることはできないでしょう。

一九六九年に採択された「条約法に関するウィーン条約」四六条一項が「いずれの国も、条約に拘束されることについての同意が条約を締結する権能に関する国内法の規定に違反して表明されたという事実を、当該同意を無効にする根拠として援用することができない。ただし、違反が明白でありかつ基本的な重要性を有する国内法の規則に係るものである場合は、この限りでない」としていることが、条件付きで無効になるとの説（条件付無効説）の論拠として引かれることがありますが、肝心な論点は、当該条約が国会承認条約にあたるか否かの判断が「明白」なものと言い得るか否かであって、相手国が「明白」ではないと主張する場合、それを否定することは難しいのではないでしょうか。

こうした問題の発生を防ぐには、事後に承認を求めることを例外的な場合に限定するとともに、その場合は、内閣が条約の記名調印または批准を行うにあたり、国会の事後の承認を成立の条件とすることを相手国にあらかじめ通告しておくべきでしょう。

３　条約の修正

国会による条約の承認にあたって、条約の内容を修正することができるかという論点が議論されることがあります。憲法七三条三号が条約案を作成することを内閣の権限としていると考えられること、国際法上、条約の成立には相手国の同意が必要であることを理由として、国会の修正権限を否定する立場と、国会としては全く承認しないこともできる以上、修正を加えて条件付きで承認することもできるとする立場があります。

条約の成立に相手国の同意が必要である以上は、国会による修正は承認の拒否を意味することとなり、内閣としては、国会の提案した修正案にもとづいてあらためて相手国と条約を締結する交渉をするか否かを判断することになるでしょう。国会による修正部分が他の部分と可分であって、他の部分のみの成立を相手国が認めるときは、その部分のみが成立することもあり得ることになります。

(2) 衆議院の解散

① 実質的解散権の帰属

第3講2［国事行為］で述べたように、衆議院の解散の実質的権限がどの国家機関に帰属するかは、天皇の国事行為をどのように理解するかと関連しています。国事行為が本来的には実質的決定権を含んでおり、その決定権を内閣に移行させるための道具として内閣の助言と承認が機能していると考えるならば、衆議院を解散する実質的権限も、助言と承認を行う内閣にあることになります（「七条説」と呼ばれます）。他方、国事行為をそもそも形式的・儀礼的行為として把握する立場からすると、衆議院の実質的解散権について憲法のほかの条文に明示的な手がかりがないため、工夫を要することになります。有力な立場は、日本国憲法が議院内閣制という制度を採用していることから、内閣に実質的な解散権があるとする立場です（「制度説」と呼ばれます）。

この立場についてはあり得る誤解を避ける必要があります。制度説への批判として、議院内閣制と一口に言ってもさまざまなタイプがあるので（ノルウェーのように議会の解散がない国さえあります）、議院内閣制であることから憲法六九条所定以外の場合も含めた広範な解散権を内閣に帰属させることはできないと言われることがあります。しかし、制度説をとる学者は、解散の実質的決定権がどの機関に帰属するか（それは内閣である）と、憲法六九条所定の場合以外にも解散が認められるかという問題とをはっきり区別しています（清宮四郎『憲法Ⅰ〔第三版〕』〔有斐閣、一九七九〕二三四－二三五頁）。制度説が主張しているのは、議院内閣制である以上は、内閣に解散の実質的決定権があると考えるべきだということだけです。

日本国憲法が議院内閣制を採用していることは広く受け入れられていますし、衆議院の解散があることは憲法の規定上も明らかですから、制度説を反駁することは難しいのではないでしょうか。

他方で、七条説は暗黙のうちに君主制原理を前提としている疑いがあり、現憲法下でとり得る立場ではないように思われます。衆議院の解散権を天皇が当初は把握しているというわけですから。六九条所定の場合以外に解散が許されるか否かを別の問題として検討しなければならないのは、七条説も同様のはずで、七条説にとってとくに有利にはなりません。

② 解散できる場合　憲法六九条所定の場合以外にも衆議院の解散が許されるかという問題については、新たに重大な国政上の問題が発生し、有権者の意思をあらためて確認する必要がある場合があり得ることからして、六九条所定の場合以外でも解散は許されるとする説が通説を占め、実務上も

そのように運用されています。

ただ、比例代表制とほぼ同様の結果を生み出していたかつての中選挙区制（一つの選挙区から単記で三～五人の衆議院議員を選出する制度）が一九九四年に小選挙区比例代表並立制に変更され、各党の獲得投票数の比と獲得議席数の比の間に大きなブレが生ずるようになっている現在、政権与党にとって有利に選挙時期を設定する手段となっている解散権の行使は限定されるべきではないかとの意見も有力になっています。

現憲法の解釈はともかく、今後の改正論議に向けて考えていくべき論点の一つです。

第22講

裁判所

1　司法権の概念

憲法七六条一項は、「すべて司法権は、最高裁判所及び法律の定めるところにより設置する下級裁判所に属する」と定めています。司法権についても、立法権（第19講**1**(3)）、行政権（第21講**2**(1)）と同様、形式的な意味と実質的な意味を区別することができますが、ここでも実質的意味における司法権が問題となっていると考えない限り、七六条一項の規定は単なるトートロジーとなってしまいます。

実質的意味の司法権は、「具体的な争訟について、法を適用し宣言することで、これを裁定する作用」として伝統的に理解されてきました。この理解は、一見したところ、法律上の争訟の結論となる具体的法規範（判決）は、法学的三段論法によって機械的に導き出されるという観念を前提としているように見えます。「窃盗犯はすべて一〇年の懲役刑に処せられるべきだ」という一般的法規範を議会が制定し、それにAは窃盗を働いたという事実認定をかけあわせると、Aは一〇年の懲役刑に処せられるべきだという判決が自動的に導かれるというわけです。もちろん、これに似た形で単純に結論が導かれる場合も少なくないでしょう。ただ、現実の司法作用のすべてがこうした単純なものでないことは、とりわけ違憲審査の場面で明らかになります。

今述べた実質的意味の司法作用に該当するものであれば、どのような事件であれ、司法裁判所が裁判してしかるべきです。しかし旧憲法下では、行政事件の裁判は司法権には属さず、行政裁判所が行うものとされていました（旧憲法六一条）。①司法権に対する行政権の独立を守ること、②行政事件の裁判には特別の知識経験が必要であることがその理由でしたが、いずれもさして説得力のある論拠ではありません。現憲法下では、行政事件の裁判も司法権に含まれると考えられています。特別裁判所の設置を禁止し、行政機関が終審として裁判を行うことができないとする憲法七六条二項が、そのことを明らかにしています。

2 司法権の限界

1で述べた司法権の概念ですが、「裁判所は、日本国憲法に特別の定のある場合を除いて一切の法律上の争訟を裁判し、その他法律において特に定める権限を有する」としている裁判所法三条一項も、この概念を前提としたものとして理解されています。判例によると、そこでいう「法律上の争訟」とは、①当事者間の具体的な権利義務ないし法律関係の存否に関する紛争であって、かつ、②法令を適用することにより終局的に解決することができるものです（最判昭和四一・二・八民集二〇巻二号一九六頁、最判昭和五六・四・七民集三五巻三号四四三頁〔「板まんだら」事件〕）。裁判所の固有の権限は、こうした意味での法律上の争訟の審判に限られます。

このため、(1)こうした司法権の性格自体から導かれる司法権の限界（内在的限界）があります。(2)他方で、事件の性質からすれば司法権の対象となってしかるべきであるにもかかわらず、さまざまな考慮から司法権の範囲外とされるものがあります（外在的限界）。さらに、(3)事件の性質からすれば司法権の範囲外であるはずなのに、法律の定めによってとくに裁判所の権限とされるものがあります。

(1)　司法権の内在的限界　司法権の伝統的な理解からして、さまざまな司法作用の限界が導かれます。

第一に、具体的争訟とは言えない抽象的な法律問題に関する争いは、法律上の争訟とは言えないため（上述①）、裁判所の審判権が及びません（最大判昭和二七・一〇・八民集六巻九号七八三頁〔警察予備隊違憲訴訟〕）。念のためですが、ここでいう「具体的争訟」とは、「当事者間の具体的な権利義務ないし法律関係の存否に関する紛争」のことです。日本語の普通の意味で具体的な紛争という意味ではありません。

第二に、法を適用することによっては解決し得ない紛争は、法律上の争訟とは言えないため（上述②）、裁判所の審判権が及びません。宗教上の教義に関する争い（前掲最判昭和五六・四・七〔「板まんだら」事件〕）、学問上・技術上の知識・能力等の優越に関する争い（前掲最判昭和四一・二・八）は、このため、裁判所の審判権が及びません。

第三に、立法・行政各機関の自由裁量も司法権の内在的限界とされることがありますが、自由裁量については、二つの側面を指摘することができます。まず、自由裁量の範囲を逸脱するか否かは法的に解決し得る問題ですから、裁判所の審判権が及びます。他方で自由裁量の範囲内の事項には裁判所の審判権が及びませんが、それはなぜかと言えば、裁量の適否は法（律）の適用によって解決し得る問題ではないからです。裁量の範囲内であるということは、そこには法はないということですから。

(2) 司法権の外在的限界　司法権の伝統的理解からすれば司法作用の範囲内となるはずなのに、さまざまな外在的考慮から裁判所の審判権が及ばないとされる事項があります。

[1] 第一に、憲法の明文に根拠がある場合があります。国会議員の資格争訟の裁判（五五条）、裁判官の弾劾裁判（六四条）はこれにあたります。

[2] 第二に、国際法上の例外があります。これには、国際慣習法による場合と、特別の条約にもとづくものとがあります。外交使節に対して一般的に裁判権が及ばないのは前者の例、日米安全保障条約にもとづく協定によって、アメリカ合衆国の軍当局が、「もっぱら合衆国の財産若しくは安全のみに対する罪又はもっぱら合衆国軍隊の他の構成員若しくは軍属若しくは合衆国軍隊の構成員若しくは軍属の家族の身体若しくは財産のみに対する罪」および「公務執行中の作為又は不作為から生ずる罪」について、駐留軍の構成員または軍属に対する第一次の裁判権を有するのは、後者の例です（日米地位協定一七条三項(a)、日米地位協定の実施に伴う刑事特別法一一条）。

③ 第三に、行政・立法各機関の自律権に属する事項があります。国会議員の懲罰や役員の選任、議事の定足数の充足如何については、各機関の判断を尊重すべきであり、たとえ法の適用によって解決し得る具体的な紛争であったとしても、裁判所の審判権は及びません。警察法改正無効事件において、最高裁は、両院において議決を経たものとされ適法な手続によって公布された法律については、両院の自主性を尊重すべく、制定の議事手続に関する事実を審理してその有効無効を判断すべきではないとしました（最大判昭和三七・三・七民集一六巻三号四四五頁〔警察法改正無効事件〕）。

④ 第四のカテゴリーとして、部分社会の法理があります。最高裁は、地方議会（最大判昭和三五・一〇・一九民集一四巻一二号二六三三頁）、大学（最判昭和五二・三・一五民集三一巻二号二三四頁）、政党（最判昭和六三・一二・二〇判時一三〇七号一一三頁）等の内部紛争について、これら自律的な法規範を持つ社会ないし団体は、一般市民社会とは異なる特殊な部分社会を構成するものなので、その内部的問題は、一般市民法秩序と直接の関係を有することを肯認するに足りる特段の事情がない限りは、司法審査の対象とならないとしています（このうち地方議会に関する昭和三五年判決は、後述するように、判例変更されています）。このため、政党の党員の除名処分や大学での単位授与行為は、原則として司法審査の対象とはなりません。この法理は、各部分社会には内部紛争を解決すべき規範が存在するとの前提をとっており、司法権の内在的限界を説くものではありません。この法理を理解するには、いくつかの点に注意する必要があります。

まず一口に部分社会と言ってもその性格はさまざまです。各部分社会の自律性を尊重すべき理由も、大学の自治（大学）、結社の自由（政党）など、さまざまです。このため、自律性を尊重すべき範囲もおのずと異なってきます。たとえば大学については、学生が懲戒処分によって退学となれば、処分の有効性は司法審査の対象となります（最大判昭和三五・三・九民集一四巻三号三五五頁等）。

他方、政党や宗教団体は、志を同じくするメンバーによる自主的な結集としての性格が強く、誰がメンバーであるべきかについても各団体に自律性が認められるため、団体からの除名処分は、内部問題にとどまる限り司法審査の対象とはなりません。除名処分が一般市民法秩序と直接の関係を有する（除名処分の結果として団体所有の住居からの退去を求められる等）場合でも、処分の当否は、当該団体の「自律的に定めた規範が公序良俗に反するなどの特段の事情のない限り右規範に照らし、右規範を有しないときは条理に基づき、適正な手続に則ってされたか否かによって決すべきであり、その審理も右の点に限られ」ます（前掲最判昭和六三・一二・二〇）。

なお、最高裁は、宗教団体の内部紛争について、解決の前提として宗教上の教義に関する判断が必要となる場合には、一般市民法秩序と直接の関連を有する問題であっても、団体内部の自律的判断を尊重して紛争を解決するのではなく、紛争の全体が裁判所による解決に適さないものになるとして、訴えを却下しています（前掲最判昭和五六・四・七〔「板まんだら」事件〕）。これとパラレルに考えるなら、政党内部の紛争についても、解決の前提として政治信条の適否に関する判断が必要となる場合には、一般市民法秩序と直接の関連を有する問題であっても、やはり訴えを却下することになるでしょう。最大判令和二年一一月二五日民集七四巻八号二二二九頁（岩沼市議会議員出席停止事件）は、従来の判例を変更して、地方議会議員に対する出席停止処分は裁判の対象になるとしました。この判断が部分社会の法理一般に対してどのような影響を及ぼすかは予断を許しません。地方議会議員に対する出席停止処分は、住民の代表として当該議員が活動することを一時的ながら不可能にするものであり、それに対する司法判断を住民自治の名において排除することは背理であることがこの判決の根拠だとすれば（同判決に付された宇賀克也裁判官の補足意見参照）、射程は地方議会の問題、それも出席停止の問題に限定されると考える余地があるでしょう。

⑤ 第五に、以上のいずれの理由によっても説明しにくい事項として、天皇に対する民事裁判権の問題があります。天皇に刑事裁判権が及ばないことは、摂政あるいは国事行為の臨時代行に関する法律の規定（皇室典範二一条、国事行為の臨時代行に関する法律六条）から類推することが可能です。他方、天皇に民事裁判権が及ばない理由は判然としません。旧憲法下の学説は、天皇にも実定法規によって民事裁判権を及ぼすことは可能だとしていましたが、最高裁は、「天皇は日本国の象徴であり日本国民統合の象徴であること」という理由のみを掲げて、天皇には民事裁判権が及ばないとしました（最判平成元・一一・二〇民集四三巻一〇号一一六〇頁）。

⑥ 外在的限界の第六の類型として、統治行為があります。法の適用によって解決し得る法律上の

争訟でありながら、その事項の高度の政治性のゆえに、裁判所の審判権が及ばないとされる場合です。最高裁が統治行為にあたるとして裁判所による審査権を否定したものとして、衆議院の解散の合憲性があります。最高裁によると、「直接国家統治の基本に関する高度に政治性のある国家行為のごときはたとえそれが法律上の争訟となり、これに対する有効無効の判断が法律上可能である場合であっても、かかる国家行為は裁判所の審査権の外にあり、その判断は主権者たる国民に対して政治的責任を負うところの政府、国会等の政治部門の判断に委され」るべきものです（最大判昭和三五・六・八民集一四巻七号一二〇六頁〔苫米地事件〕）。最高裁はこの制約を指して、「特定の明文による規定はないけれども、司法権の憲法上の本質に内在する制約」だとしているため、内在的制約説と呼ばれることがありますが、最高裁自身が法律上の争訟であることを認めていることからも分かるように、これは司法権の概念自体から内在的に導かれる限界ではありません。特定の明文による規定がないことを言い換えているだけでしょう。

この統治行為論が採用された結果、内閣による衆議院の解散が合憲か否かの判断は、「政府、国会等の政治部門の判断」に委ねられます。つまり、政府が合憲だと主張する以上は、合憲だという前提でこの法律上の争訟を解決するしかないというのが、統治行為論の帰結です。裁判所は政治部門の下した結論を丸飲みにすると言っているわけです。

なぜ最高裁がこの事件で統治行為論をとったかについては、この事件特有の文脈を考える必要があります。紛争の原因となった衆議院の解散があったのは一九五二年八月です。最高裁が判決を下したのは一九六〇年六月です。その間にさらに三度の衆議院解散が行われています。今さら五二年の解散が違憲無効であるとすると、直後の総選挙もやり直しとなりそうですが、そんなことができるでしょうか。その後に召集された国会の国会議員の身分はどうなるのでしょう。またそこで成立した法律の効力はどうなるでしょうか。数多くの深刻な問題に最高裁は直面しなければならなくなります。「直接国家統治の基本に関する高度に政治性のある国家行為」と最高裁が言うとき、一回の解散のみをとらえてそう言っていたわけではないように思われます。

他方、事情判決の法理を編み出した後の最高裁は、直接国家統治の基本に関する高度に政治性のある問題であるはずの投票価値の不均衡につき、衆議院の総選挙、参議院の通常選挙の度に、取り組んできました（第14講 4 〔投票価値の平等〕）。統治行為論がなぜ、どのような文脈で使われるかについては、慎重に検討する必要があります。

7 統治行為論に類似する判断を下したように見える事件として、米軍の駐留を認める旧日米安全保障条約の合憲性が問われた砂川事件があります（最大判昭和三四・一二・一六刑集一三巻一三号三二二五頁〔砂川事件〕）。苫米地事件判決のほぼ半年前のこの判決で、最高裁は、旧日米安全保障条約は「主権国としてのわが国の存立の基礎に極めて重大な関係をもつ高度の政治性を有するもの」だとし、「その内容が違憲なりや否やの法的判断は、その条約を締結した内閣およびこれを承認した国会の高度の政治的ないし自由裁量的判断と表裏をなす点がすくなくない」とします。そのため、「右違憲なりや否やの法的判断は、純司法的機能をその使命とする司法裁判所の審査には、原則としてなじまない」ものであり、「従って、一見極めて明白に違憲無効であると認められない限りは、裁判所の司法審査権の範囲外のものであって、それは第一次的には、右条約の締結権を有する内閣およびこれに対して承認権を有する国会の判断に従うべ」きものだとします。

ここでも、原則としてではありますが、合憲か違憲かの結論については、政治部門の判断を丸飲みにした上で、具体的争訟を解決すべきだという態度がとられています。苫米地事件判決と異なるのは、一見きわめて明白に違憲無効であると認められるかどうかは、裁判所として判断すると言っている点です。そのため、最高裁は続いて旧日米安全保障条約の合憲性に踏み込んで判断しています。最高裁によると、憲法九条が保持を禁じているのは日本政府が指揮権・管理権を行使する戦力ですが、条約にもとづいて駐留する米軍に日本政府が指揮権・管理権を行使し得ないことは明らかです。したがって、「かようなアメリカ合衆国軍隊の駐留は、憲法九条、九八条二項および前文の趣旨に適合こそすれ、これらの条章に反して違憲無効であることが一見極めて明白であるとは、到底認められない」というのが最高裁の結論です。

つまり、最高裁は合憲性の判断を避けているどころか、合憲だと言い切っていると見てよいでしょう。なぜ最高裁がこうした不可思議な論理を連ねているか、推測するしかありませんが、おそらくは、大法廷の内部には、司法判断を全面的に避けるべきだという裁判官から、合憲だと言い切るべきだという裁判官まで、多様な見解が分布していたのでしょう。それらの見解を微妙につなぎ合わせながら、可能な限り多数の裁判官による法廷意見を構築しようとした結果、妙にねじくれた見解が生まれているように思われます。

(3) 法律の定めにもとづく裁判所の権限　裁判所法三条一項は、裁判所は一切の法律上の争訟のほか、「法律において特に定める権限を有する」としています。このため、伝統的な司法権の理解にあてはまらない事項であっても、国会は法律によって、裁判所に権限を与えることができるわけです。典型的には、住民訴訟（地方自治法二四二条の二）や選挙無効訴訟（公職選挙法二〇三条～二〇五条）のような民衆訴訟、地方公共団体の議会の権限に関わる議会と長の紛争に関する訴訟（地方自治法一七六条七項）のような機関訴訟が、それにあたるとされてきました。これらの訴訟では、当事者の権利義務や法律上の地位の存否ではなく、地方公共団体による公金の支出や財産の管理が適法か否か、あるいは各機関の権限の存否や行使の適法性について裁判所が回答しているというわけです。

伝統的な司法作用の理解が裁判所の固有の審判権の限界を画しているとすると、国会が法律によってそれ以外の権限を制約なく裁判所に与えることが憲法違反とならないかという問題があるはずです。多くの国民に関わる、相互に関連する多様な利害を勘案しながら国会が審議を経て決定すべき問題（「多中心的問題 polycentric problems」と呼ばれます）を、そうした問題の解決に適していない裁判所に委ねてしまうことは、適切とは言えないでしょう。

しかし、最高裁は、民衆訴訟や機関訴訟に関する限り、こうした権限付与が憲法に違反するとは考えていないようですし、日本国憲法下で裁判所が行使するのが付随的違憲審査（司法権の行使に付随して必要な限りで行う違憲審査）（第24講**1**(1)参照）であるとしながら、投票価値の不均衡に関する選挙無効訴訟や政教分離原則に関する住民訴訟において、重要な憲法判断を度々下してきています。

3 裁判所の組織

(1) **特別裁判所の禁止**　憲法七六条二項は、特別裁判所の設置を禁止するとともに、行政機関が終審として裁判を行うことを禁止しています。司法作用を最終的には最高裁判所の判断で統一し、同時に、すべての国民に対して平等で公平な裁判を保障しようとしているわけです。

特別裁判所は、特定の人または特定の事件について裁判するために、通常の（正規の）裁判所の系列とは別に設けられる裁判機関を指します。旧憲法下の行政裁判所や軍法会議がその例です。現憲法下の弾劾裁判所もそうですが、これは憲法自体が認める例外ですし、後で説明するように、司法の独立を守るための制度です。家庭裁判所も、特定の人、特定の事件について裁判をしますが、最高裁判所の系列に属する下級裁判所ですので、特別裁判所にはあたらないと考えられています（最大判昭和三一・五・三〇刑集一〇巻五号七五六頁）。

行政機関は終審として裁判を行うことはできませんが、前審として審判を行うことはできます。裁判所法三条二項も、「行政機関が前審として審判することを妨げない」としています。特許庁の審判、各種行政処分への不服申立てに対する決定や審査請求の裁決などがこれにあたります。行政機関の前審に不服があるときは、通常裁判所に出訴することが認められなければなりません。その場合、不服申立てをすべき裁判所が法律によって限定されたり（電波法九七条）、行政機関が前審で適法に認定した事実については、これを立証する実質的証拠があるときは、裁判所を拘束するとされることがあります（同法九九条）。

立法機関が裁判を行うことについて、憲法は明文で禁止してはいませんが、権力分立の趣旨からして、国会議員の資格争訟の裁判や裁判官の弾劾裁判のように憲法自体が例外として定めていない限りは、終審としても前審としても、裁判を行うことはできないと考えられます。

(2) **陪審裁判と裁判員裁判**　一般市民から無作為抽出で選任される陪審員が事実認定を担う陪審裁判は、特別裁判所による裁判ではないと考えられます。裁判官が陪審の評決に拘束されない限りで合憲であるとの学説もありますが、これは「法律ニ定メタル裁判官ノ裁判」（旧憲法二四条）を保障していた旧憲法下での陪審裁判制度の記憶に引きずられた見解のように思われます。

身分保障のある職業裁判官による裁判であってはじめて公平な裁判であり得るとの見解もありますが、この見解は、職業裁判官がいわば「サラリーマン」であり、その地位や給与等につき政治部門や司法行政部門から圧力を受けかねない存在であるからこそ、身分保障が必要となるという論理を忘れているように思われます。事件ごとに一般市民から無作為抽出で選任され、仕事が終わればもとの一般市民へと帰っていく人たちについては、身分保障によって政治的圧力から隔離する必要がもともとありません。モンテスキューが、陪審制の導入によって、「恐るべき裁判権も、特定の身分、特定の職業に結びつけられない」で「無と化す」ことができると述べたことは、よく知られています（『法の精神』第一一篇第六章）。特定の身分、特定の職業に結びつけられた司法制度であるからこそ、一般市民の権利ではなく、政府の利害や自分たち自身の利害を守ろうとするのではないか、という観点からの制度設計が必要となります。

二〇〇四年に制定された「裁判員の参加する刑事裁判に関する法律」によって、一定の重罪事件について、原則として、一般市民から無作為抽出で選任される裁判員六名が職業裁判官三名とともに合議体を構成し、事実認定・法令の適用・刑の量定にあたる裁判員制度が導入されました。法令の解釈は裁判官が行います。裁判員の関与する判断は、裁判員と裁判官の双方を含む合議体の過半数の意見によります。

この制度の合憲性が争われた事件で、最高裁は、「憲法は、一般的には国民の司法参加を許容しており、これを採用する場合には」、適正な刑事裁判を実現するための諸原則に抵触しないことが確保されている限り、「陪審制とするか参審制とするかを含め、その内容を立法政策に委ねている」としました。そして、裁判員制度の下での裁判体に関しては、公平な裁判所における法と証拠にもとづく適正な裁判を行うよう十分な制度的保障がなされており、憲法上の刑事裁判の諸原則を確保する上での支障はないため、憲法に違反するものではないと結論づけています（最大判平成二三・一一・一六刑集六五巻八号一二八五頁〔裁判員制度違憲訴訟〕）。

なお、同じ判決で裁判員としての国民の司法参加が憲法一八条の禁止する「意に反する苦役」にあたらないとされた点については、第12講**1**で説明しました。

(3) 最高裁判所

最高裁判所はその長たる裁判官（最高裁判所長官）と一四名の裁判官で構成されます（憲法七九条一項、裁判所法五条一項・三項）。長官は内閣の指名にもとづいて天皇が任命し（憲法六条二項、裁判所法三九条一項）、その他の裁判官は内閣が任命します（憲法七九条一項）。

1 大法廷と小法廷

最高裁判所は、裁判官全員の合議体である大法廷または五名の裁判官の合議体である小法廷で審理および裁判を行います（裁判所法九条一項・二項）。事件を大法廷、小法廷のいずれで扱うかは、最高裁判所の定めるところによるとされていますが、以下の場合には、大法廷で裁判をしなければならないとされています（同法一〇条）。①当事者の主張にもとづいて、法律、命令、規則または処分が憲法に適合するかしないかを判断するとき（ただし、意見が前に大法廷でした、その法律、命令、規則または処分が憲法に適合するとの裁判と同じであるときを除きます)、②①の場合を除いて、法律、命令、規則または処分が憲法に適合しないと認めるとき、③憲法その他の法令の解釈適用について、意見が前に最高裁判所のした裁判に反するとき。

最高裁判所裁判事務処理規則は、①〜③に該当するときは、小法廷の裁判長は、大法廷の裁判長にその旨を通知しなければならないと定めています(九条二項一号)。

2 国民審査

憲法七九条二項は、最高裁判所の裁判官の任命について、「その任命後初めて行はれる衆議院議員総選挙の際国民の審査に付し、その後十年を経過した後初めて行はれる衆議院議員総選挙の際更に審査に付し、その後も同様とする」としています。最高裁判所に対する民主的なコントロールで、憲法一五条の規定する国民による公務員の選定罷免権のあらわれと考えられています。

この規定を受けて最高裁判所裁判官国民審査法が制定されていますが、それによると、審査に関する投票は、審査に付される裁判官の氏名を連記した投票用紙によって行い(同法一四条)、有権者は、罷免を可とする裁判官の氏名の欄に×の記号を記載し、罷免を可としない裁判官の氏名の欄には何らの記載もしないで投票するものとされています(同法一五条)。罷免を可とする投票が罷免を可としない投票を上回れば、その裁判官は罷免されます(同法三二条、憲法七九条三項)。

この投票方法について、これでは罷免を可とすべきか否か判断がつかないという白紙投票も、罷免を可としない票として算入される点に、疑問が提起されています。この点について最高裁は、国民審査の制度はその実質においていわゆる解職の制度であり、解職の制度である以上は、積極的に罷免を可とするものとそうでないものとの二つに分かれるのであって、前者が後者を上回るか否かが分かればよいのだとしています（最大判昭和二七・二・二〇民集六巻二号一二二頁）。

③ 規則制定権　憲法七七条一項は、「最高裁判所は、訴訟に関する手続、弁護士、裁判所の内部規律及び司法事務処理に関する事項について、規則を定める権限を有する」としています。国会中心立法の原則（第19講1(3)②）に対する例外です。規則制定権が認められる理由としては、①権力分立の見地から、立法権・行政権に対して司法権の独立性を確保し、かつ、司法権内部における最高裁判所の統制権を強化すること、②技術的見地から、実務に通じた裁判所に実際に適した規則を定めさせること、が挙げられています。

規則で定めることができるのは憲法七七条一項に列挙された事項に限られ、それ以外の事項について定めた規則は無効です。規則で定めることのできる事項については、法律で定めを置くこともできます（最判昭和三〇・四・二二刑集九巻五号九一一頁）。実際にも、訴訟に関する手続については各種の訴訟法が制定され、弁護士については弁護士法が制定されています。少なくとも、刑事訴訟については、憲法三一条が「法律の定める手続」によることを要求しています。弁護士に関する事項についても、その職務内容・資格・身分についての定めは、職業選択の自由との関係から法律によるべきものでしょう。規則による規制が可能なのは、裁判所と関係する限りにおいてであると考えられます。

同一の事項について法律と規則が定めを置き、両者が抵触した場合の効力関係が問題となり得ます。唯一の立法機関であり、全国民を代表する国会の制定する法律が常に優越するとの見解もないわけではありませんが、次の学説のように事項を区別して考えるべきでしょう。①裁判所の自律権に直截にかかわる裁判所の内部規律、司法事務処理については、規則優位、②訴訟手続の基本原則、弁護士に関する事項については、法律優位、③その他の事項については同位で後法が優位、という考え方です（佐藤幸治『日本国憲法論〔第二版〕』〔成文堂、二〇二〇〕六六二－六六三頁）。

(4)　**裁判官の身分保障**　裁判官が独立してその職権を行使する（憲法七六条三項）には、裁判官の身分保障が必要となります。憲法七八条は、「裁判官は、裁判により、心身の故障のために職務を執ることができないと決定された場合を除いては、公の弾劾によらなければ罷免されない」とし、かつ、「裁判官の懲戒処分は、行政機関がこれを行ふことはできない」としています。

心身の故障のために職務をとることができないとする裁判については、裁判官分限法が、裁判官の公の弾劾（弾劾裁判）については、国会法一二五条～一二八条、裁判官弾劾法が定めを置いています。

憲法は行政機関による懲戒処分を禁じていますが、立法機関による懲戒ももちろん許されません。懲戒を行うことができるのは、裁判所だけです。裁判所法四九条は、「裁判官は、職務上の義務に違反し、若しくは職務を怠り、又は品位を辱める行状があつたときは、別に法律で定めるところにより裁判によつて懲戒される」としています。ここでいう法律は、裁判官分限法で、同法二条によると、裁判官の懲戒は、戒告または一万円以下の過料です。

裁判官の懲戒に関しては、仙台地裁の裁判官であった判事補が組織的犯罪対策法案に反対する集会に参加し、一般参加席から、法案に反対の立場で発言しても裁判所法五二条の禁ずる「積極的政治運動」にあたるとは考えない旨の発言を行ったところ、この発言が積極的政治運動にあたるとして戒告に処せられた事件があります。最高裁は、この戒告処分は憲法違反ではないとしています（最大決平成一〇・一二・一民集五二巻九号一七六一頁〔寺西判事補事件〕）。発言が、実務経験を踏まえた上で、法理論的観点から公共の利害にかかわる問題について行われたものであれば、それを党派的な積極的政治運動と評価することは難しいのではないでしょうか。

東京高裁の裁判官であった判事が、ツイッター上のアカウントにおいて、すでに確定した自己の担当外の事件である犬の返還請求に関わる民事訴訟について原告の感情を傷つけるツイートを記載したこと等が、裁判所法四九条にいう「品位を辱める行状」にあたるとして戒告に処せられた事件で、最高裁は、「品位を辱める行状」とは、「職務上の行為であると、純然たる私的行為であるとを問わず、およそ裁判官に対する国民の信頼を損ね、又は裁判の公正を疑わせるような言動をいうものと解するのが相当である」としています（最大決平成三〇・一〇・一七民集七二巻五号八九〇頁）。

憲法七九条六項、八〇条二項は、裁判官の身分保障の一環として、裁判官が定期に相当額の報酬を受けること、在任中は報酬を減額されないことを定めています。

憲法八〇条一項は、「下級裁判所の裁判官は、最高裁判所の指名した者の名簿によつて、内閣でこれを任命する。その裁判官は、任期を十年とし、再任されることができる」としています。この規定に関し、一〇年の任期を終えた裁判官に、原則として再任される権利があるかが争われています。最高裁は、一〇年の任期を終えた裁判官に再任される権利はなく、再任するか否かは最高裁の裁量であるとの立場をとりますが、同じ一〇年ごとに行われる最高裁裁判官の国民審査に関する考え方と整合しているか、明らかではありません。

裁判を通じて再任を請求する権利があるか否かはともかく、憲法七八条の定める執務不能の裁判や公の弾劾に相当する事由がある場合、または著しく成績が不良である場合を除けば、再任されるべきだと考えなければ、下級裁判所の裁判官の身分保障は大きく損なわれるでしょう。

なお二〇〇三年に、法曹三者および学識経験者によって構成される下級裁判所裁判官指名諮問委員会が設置され、最高裁判所の諮問に応じて、下級裁判所裁判官として指名されるべき適任者の選考を行っています。

4　裁判官の良心

憲法七六条三項は、「すべて裁判官は、その良心に従ひ独立してその職権を行ひ、この憲法及び法律にのみ拘束される」としています。裁判官を拘束するものとして、この条文は憲法と法律のみを掲げていますが、命令、規則、条例などの他の成文法規や慣習法を含めた客観法一般に拘束されることを否定してはいないでしょう。

従来議論されてきたのは、裁判官がこれらの客観法だけでなく、自分の良心に従って裁判をすることも許されるのかという問題でした。二つの立場があります。

通説である客観的良心説によると、この条文のいう「良心」とは、客観法に従うべきだという裁判官の職業倫理を指します。つまり客観法に拘束されるということば以上のことを「良心に従ひ」ということばが意味しているわけではありません。独自の意味はないことになります。この立場をとる人たちは、裁判官がそれぞれの良心に従って客観法と異なる裁判をするようになれば、法の支配が損なわれることを指摘します。

もう一つの立場である主観的良心説も、客観法に反してまで裁判官の個人的良心を裁判の場で貫くべきだとは主張しません。ただ、ハード・ケース（難事件）と呼ばれる事案では、適用すべき客観法が不明であり、法が欠缺していると考えざるを得ない場合があります。そのとき、頼りになるのは、自分の良心だけではないかというのが主観的良心説の主張です。もし、個人の良心と客観法とが決定的に衝突するときは、その裁判官は、裁判官の職務を辞するか、自分の良心をまげるかのいずれかを選択するしかありません。

主観的良心説がこうした控え目な主張にとどまる以上、それを否定するためには、客観的良心説は、法の欠缺はあり得ず、いかなるハード・ケースでも正解が何かを発見できると主張する必要がありそうですが、多くの人が納得する主張ではなさそうです。最高裁の先例ははっきりした立場を示しておらず（最大判昭和二三・一一・一七刑集二巻一二号一五六五頁、最大判昭和二三・一二・一五刑集二巻一三号一七八三頁）、両説のいずれもが、先例は自説と両立すると主張しています。

従来の学説の特質は、そこで問題とされている「良心」が憲法一九条で保障されている個人の良心であることが前提となっていることです。さまざまな世界観・人生観がこの世にあることは確かで、だからこそその公平な共存をはかるために良心の自由が基本権として保障されています。個人によって大きく異なる、そうした多様な良心が裁判の基礎になれば、法の支配は維持できないでしょう。しかし、客観法の欠缺したハード・ケースだからといって、そうした多様な良心が裁判の基礎となってよいのでしょうか。たまたま自分の事件を担当する裁判官がカトリックか、プロテスタントか、ムスリムか、仏教徒かで異なる結論が出ることが正当化されるとは考えにくいところがあります。

従来の学説のもう一つの隠れた前提は、裁判官は憲法をはじめとする客観法に服従すべきことは当然だというものです。そのため、良心に従って裁判することを憲法は許容しているか否かという形で問題が定式化されています。しかし、そうなのでしょうか。第1講6［法の支配］での説明にさかのぼって考えてみましょう。

法律や命令を典型とする法は、どう行動すべきか自分で判断するのはやめて私の言う通りにしろ、と人に向かって要求するものです。つまり法は「権威 authority」であると主張します。なぜそんな要求をするか（そんな要求が正当化できるか）と言えば、法の言う通りに行動すれば、本来、各自がそうすべき行動（理由のある行動）をより効果的にとることができるという理由です。

典型的な場面は、第18講5(4)で取り上げた調整問題状況です。ほかのみんなが行動するように自分も行動するべきだとみんなが考えているのに、ほかのみんながどう行動するか分からないので困っているという状況です。そうしたとき、法が「こうしなさい」ととるべき行動を指し示してくれれば、問題は解決します。これは、道路の交通規則のような単純な場面だけの話ではありません。自分くらいの収入の人間は、公共サービスを提供する政府の活動を支えるためにどれくらいの税金を払うべきなのかという問題も、ほかの大部分の人が同じように行動するなら、自分もそうすべき理由があるという問題の一種です。

ただ、法を権威として受け取るのは、人としては例外的なことです。本来は、自分がどう行動すべきかは自分で考え、自分で判断すべきものですから（「実践理性」とか「道徳的判断」と言われる働きです）。それが人というものです。見知らぬ人も含めてきわめて多数の人々と一緒に社会生活をおくる以上は、法を権威として受け取り、法の求めに応じて行動するのが、常識的な態度だというくらいの話です。法は、せいぜいのところ、私たちの思考や判断を簡易化するための補助手段です。

このことは、裁判官についてもあてはまります。裁判官の通常の任務は法の支配を支えることです。権威だと主張する法律や命令通りに行政機関が行動しているかどうかチェックする、法の要求に反して行動する人がいれば制裁を加える、財産をめぐって紛争が持ち上がれば、やはり法にもとづいて解決する。裁判官として、普段はそうしていれば十分ですし、そうすべきでもあるでしょう。

しかし、そうした通常の任務に収まらない事件がときには起こります。法律の規定通りに人に刑罰を科すことが、いかにも良識に反するように思えること（最大判昭和四八・四・四刑集二七巻三号二六五頁〔尊属殺重罰規定違憲判決〕）、法律の規定通りに遺産を配分することが、一人一人を個人として尊重するという普通の理念に反しているのではないかと思えること（最大決平成二五・九・四民集六七巻六号一三二〇頁〔非嫡出子法定相続分規定違憲訴訟〕）があります（第14講3）。

そうした場合には、法の権威主張を額面通りに受け取るのをやめて、本来の人としての立場に戻り、自分の良識に照らして事案を判断し、何が適切な解決かを見出していく必要があります。別の言い方をするなら、「良心に従った」判断をする必要があります。もともと、法令は私たちの思考や判断を簡易化するための補助手段にすぎないものですから。

つまり、良心に従った判断とは、個人によってさまざまで激しく対立し得る世界観や信条にもとづいて裁判をするということではありません。多元的な価値が衝突するこの世界を生きる上で必要となる、法以前の良識に従って道徳的判断をするということです。こうした判断がときに求められることは、憲法七六条三項に「良心に従ひ」という文言があるか否かとは関係がありません。この文言がなくとも、裁判官は、ときには法の権威主張を否定して人本来の立場に戻り、自分の実践理性にもとづく判断をすることが求められます。裁判官も、裁判官である以前に、一人の人ですから。

そもそも、法律をはじめとする客観法に従うべき理由があるとすれば、それは法の外にある道徳的判断でしかあり得ません。法律が法律に従えと言っているから法律に従うという議論は、ただの循環論です。なぜ法の権威主張を受け入れるのか、その答を出すことができるのは道徳的判断だけ、あなたの良心だけです。

憲法の基本権規定は、裁判官を含めて人はときには人本来の立場に戻るべきであることを思い出させようとしています。基本権規定は権威要求はしていません。あらゆる人を平等に扱えと言われただけでは、具体的に何をどうすればよいかは分かりません。自分で判断するしかないということは、権威要求はしていないということです。思考・判断を簡易化する補助手段にはなりません。ときには、どうすべきか、自分で判断するしかないことがある、そのことを思い起こさせてくれるためのよすがとして、基本権条項は存在しています。

同じような役割を果たす条文としては、公序良俗に反する法律行為を無効とする民法九〇条や、正当な行為については違法性がない（阻却される）ので犯罪とはならないとする刑法三五条もあります。公序良俗に反するとは何か、正当な行為とは何かは、文言をいくらにらんでいても分かりません。これらの条文について、最高裁をはじめとして裁判所が多くの先例を出していることはその通りですが（基本権についてもそうですが）、最後は具体的な事情に即して自分で判断するしかない事柄です。

基本権規定に促されて憲法判断をする際に必要な考慮事項は何かについては、第24講の前半（1～6）で考えていきます。

第23講

地方自治

1　地方自治の本旨

(1)　団体自治と住民自治　憲法九二条は、地方公共団体の組織・運営に関する定めを法律で定める事項とすると同時に、それは「地方自治の本旨」にもとづいていなければならないとしています。最高裁は、「憲法第八章の地方自治に関する規定は、民主主義社会における地方自治の重要性に鑑み、住民の日常生活に密接な関連を有する公共的事務は、その地方の住民の意思に基づきその区域の地方公共団体が処理するという政治形態を憲法上の制度として保障しようとする趣旨に出たもの」だとしています（最判平成七・二・二八民集四九巻二号六三九頁）。

このうち、中央政府から独立したその区域の地方公共団体が地方の公共的事務を処理するという原則を団体自治、団体自治が住民の意思にもとづいて行われることを住民自治と呼びます。両者をあわせたものが、地方自治の本旨です。

(2)　地方分権の長所と短所　ところで、地方分権にはどのような効果が期待できるでしょうか。長所としては、公害問題、土地の利用規制問題など、同一の社会問題について異なる地方自治体が多様な解決のアプローチを試みることが可能となり、自治体間の競争を通じて、最適の解決策を各地域の実情に応じて探究することが可能となることが挙げられます。人々も適切な解決を行っている自治体に移住すること（足による投票）で、よりすぐれた公共サービスを享受することができ、それがさらに自治体間の競争を促進することになります。また、一般論として、権力の分散は、権力濫用のリスクを減らすことにつながるでしょう。

他方、分権には短所もあります。自治体間の競争がかえって社会問題の解決を困難にすることがあります。たとえば環境保護のための汚染物質の排出規制や労働条件を守るための規制が企業の生産コストを押し上げる場合、企業はよりコストの小さな（規制の緩やかな）自治体へと移動しようとするでしょう。高所得者は累進税率で地方税を課す自治体を去り、税率の低い自治体へと移動しようとするでしょうから、税制を通じた所得の再分配も困難となります。

また、複数の自治体にまたがる結果を私企業の活動がもたらす場合、たとえばある企業の排出する公害の被害が他の自治体へ及ぶ場合、分権は問題の解決をかえって困難にします。さらに、ジェームズ・マディソンがアメリカ建国当初の地方政治について懸念したように（『フェデラリスト』第一〇篇）、小規模の民主政は、すぐれた人材を集めることが困難ですし、特殊な私的利害によって政治過程が占拠・専断されるリスクも高まります。

分権には長所もあれば短所もあることに注意が必要です。

(3) 民主主義の学校

地方自治の関連で、「地方自治は民主主義の学校」というジェームズ・ブライスのことばがしばしば引き合いに出されます（『近代民主政治』第一篇第一二章）。ただ、彼が語っているのは、アメリカ東海岸北部に見られた小規模な村落で、すべての住民が道路の補修や村の清掃、ポンプの新設などの共同事業に参加することを通じて、互譲の精神、穏健な判断力や公徳心が養われるという話です。現代日本の大規模な地方公共団体について、この話がどこまであてはまるかは、再検討の必要があります。

2 地方公共団体の組織と権限

(1) **地方自治制度の変遷**　旧憲法は地方公共団体に関する定めを置かず、地方自治制度は国の法令によって定められていました。日本国憲法は第八章で地方自治に関する規定を置いています。ただ、地方自治の現実にはさまざまな課題がありました。

まず、地方で処理される事務のうち、国から地方公共団体の各機関（都道府県知事、市町村長等）に委任され、事務の執行について都道府県知事は主務大臣の、市町村長は都道府県知事の指揮監督を受ける、機関委任事務が大きなウェイトを占めていました。この点で、地方公共団体が行う事務の独立性には限界がありました。また、地方公共団体を運営するための財源は、使途が各団体の判断に委ねられる一般財源（地方税・地方交付税等）と、使途が特定された特定財源（国庫支出金・地方債等）からなっていますが、このうち一般財源、とくに地方税の歳入に占める割合が低いことから、財政面での地方の独立性も脆弱でした。さらに国が法令上、当然負担すべき国庫支出金を支出しないことから一般財源に負担が食い込む、いわゆる超過負担の問題も生じていました。地方債の発行には自治大臣（当時）または都道府県知事の許可が必要であったことも、地方の財政上の独立性を弱める要因でした。

こうした問題点を改善するため、一九九五年に制定された地方分権推進法は、その四条で、地方分権の推進に関して、「国においては……国が本来果たすべき役割を重点的に担い、地方公共団体においては住民に身近な行政は住民に身近な地方公共団体において処理するとの観点から地域における行政の自主的かつ総合的な実施の役割を広く担うべきことを旨として」行うべきことをうたっていました（地方自治法一条の二参照）。同法にもとづいて設置された地方分権推進委員会は数次にわたる報告書を公表し、それを基礎として一九九九年に地方自治法の大規模な改正が行われました。

改正後の地方自治法は、機関委任事務制度を廃止するとともに、地方公共団体で処理される事務をすべて地方公共団体の事務として位置づけ、それを、地方公共団体の自主性をより大きく発揮して処理すべき自治事務と、地方公共団体による適正な事務処理をとくに確保すべく国または都道府県に相対的に大きな役割が期待される法定受託事務とに区分しています（同法二条八項・九項）。

地方公共団体に対する国等による関与については、それぞれの事務の区分に応じて、助言・勧告・

資料提出の要求・是正の要求・代執行などの関与の類型が定められ（同法二四五条以下）、関与が公正・適正に行われるよう、その手続が定められています（同法二四六条〜二五〇条の六）。また、新たに設置されることとなった国地方係争処理委員会および自治紛争処理委員が、国等の関与に関する紛争を処理する手続と、その司法的解決に関する仕組みも規定されています（同法二五〇条の七以下）。

かつての機関委任事務と異なり、法定受託事務もあくまで地方公共団体の事務で、条例制定権（同法一四条）や議会の調査権（同法一〇〇条）も、自治事務だけでなく法定受託事務にも及びます。

(2) 憲法上の地方公共団体　憲法九三条一項は、地方公共団体に議会を設置するとした上で、二項で、「地方公共団体の長、その議会の議員及び法律の定めるその他の吏員は、その地方公共団体の住民が、直接これを選挙する」と定めています。問題は、ここでいう「地方公共団体」とは何かです。

地方自治法一条の三は、普通地方公共団体として都道府県および市町村を、特別地方公共団体として特別区、地方公共団体の組合および財産区を置いています。このうち、基礎的な地方公共団体である市町村が憲法九三条二項にいう地方公共団体にあたることについては、争いがありません。しかし、都道府県がそれにあたるか、また東京都の特別区がそれにあたるかについて議論があります。

一九五二年の地方自治法の改正で、東京都の特別区の長の公選制が廃止されたことについて、憲法九三条との関係が問題になりました。最高裁は、憲法上の地方公共団体と言えるためには、単に法律で地方公共団体として扱われているだけでは足りず、事実上住民が経済的文化的に密接な共同生活を営み、共同体意識を持っているという社会的基盤があるとともに、沿革的に見ても、また現実の行政の上でも、相当程度の自主立法権、自主行政権、自主財政権等の権限を付与されていることが必要だとし、結論として、東京都の特別区は、憲法上の地方公共団体にあたらないとしました（最大判昭和三八・三・二七刑集一七巻二号一二一頁）。一九七四年の地方自治法改正で、特別区の長の公選制は復活しています。なお、一九九八年の地方自治法改正で、特別区は「基礎的な地方公共団体」とされ、市町村とほぼ同格の存在として位置づけられています（同法二八一条の二第二項）。

判例の示した基準からすると、都道府県は憲法上の地方公共団体にあたるように思われます。導入が論議されている道州も、憲法上の地方公共団体だとすれば、長や議員の直接公選が要求されることになります。

最高裁は、一九九五年に下した判決で、憲法九三条二項にいう「住民」は、地方公共団体に住所を有する日本国民を意味するとし、定住外国人に、地方公共団体の長、その議会の議員等に対する選挙権を保障したものとはいえないとしました。しかし、同時に、日本に「在留する外国人のうちでも永住者等であってその居住する区域の地方公共団体と特段に緊密な関係を持つに至ったと認められるもの」について、法律をもって、長や議員の選挙権を付与する措置を講ずることは、憲法上禁止されてはいないとしています（前掲最判平成七・二・二八）。

(3) 法律と条例

憲法九四条は、地方公共団体は「法律の範囲内で条例を制定することができる」

とし、地方自治法一四条一項は、地方公共団体は「法令に違反しない限りにおいて」その事務につき条例を制定できると定めています。憲法でいう条例は、地方公共団体の議会の制定する狭義の条例（地方自治法九六条一項一号）だけでなく、長の制定する規則（同法一五条）や委員会の制定する規程（同法一三八条の四第二項）を含んでいます。ただ、主として議論の対象となっているのは、議会の制定する狭義の条例と国会の制定する法律との関係です。

1 法律事項と条例　憲法の条文上「法律」で定めるとされている事項について、条例でも定めることができるかが議論されます。

憲法二九条二項は、財産権の内容についての定めを法律事項としています。本項の文言、および財産権が全国的な取引の対象となるため、全国一律の国会制定法による規律を必要とするとの理由で、条例による財産権の規制を違憲とする見解もありますが、多数説は地域の特性に応じた条例による財産権の規制は合憲であるとします。

財産権の規制に関する事案で、第11講2［内在的制約］で説明した奈良県ため池条例事件判決（最大判昭和三八・六・二六刑集一七巻五号五二一頁）がありますが、この事件で問題となったのは、憲法の保護範囲外の財産権の行使でしたので、この問題に関する先例としての価値は限られています。

租税の賦課・変更を法律事項とする憲法三〇条および八四条との関係で、条例が法律の根拠なしに租税を課すことができるかが問題となります。学説上は、地方自治の本旨等を根拠に地方自治体に独自の課税権があるとの説が有力ですが、「地方団体は、この法律の定めるところによつて、地方税を賦課徴収することができる」とする地方税法二条は、同法にもとづかなければ、地方公共団体は課税し得ないとの立場をとっているものと思われます。現在の地方税法は、地方公共団体が法定外の普通税もしくは目的税を課すには、総務大臣と協議し、その同意を得る必要があるとしています（同法二五九条以下・七三一条以下）。

神奈川県が条例を制定して、地方税法の定める法人事業税に関する欠損金の繰越控除の適用を遮断しようとした事案で、最高裁は、各事業年度間の所得の金額と欠損金額の平準化をはかり法人の税負担をできるだけ均等化して公平な課税を行うために欠損金の繰越控除の必要的な適用を定める地方税法の規定との関係において、この条例は、その趣旨、目的に反し、その効果を阻害する内容のものであって、法人事業税に関する地方税法の強行規定と矛盾抵触し、違法無効であると判断しました（最判平成二五・三・二一民集六七巻三号四三八頁〔神奈川県臨時特例企業税条例事件〕）。地方公共団体の課税権は、法律の定めた準則に従い、その範囲内で行使されなければならないことをあらためて明らかにした判例です。

② 罰則の委任　地方自治法一四条三項は、地方公共団体は条例で罰則を設けることができるとし、条例への包括的な罰則の委任を行っています。憲法三一条および七三条六号との関係で、この規定の合憲性が問題となります。

最高裁は、①条例は公選の議員で組織する地方議会の制定する自治立法で、行政府の制定する命令とは性質を異にすること、②地方自治法旧二条三項が定める、地方公共団体が処理することとされる事務の例示が相当に具体的であること、③同法旧一四条五項（現三項）の委任する罰則の範囲も限定されていることを理由として、売春勧誘行為を刑罰をもって取り締まる条例を制定しても憲法に違反しないとしました（最大判昭和三七・五・三〇刑集一六巻五号五七七頁）。現在の地方自治法では、②でいう具体的な事務の例示が欠けているため、この判決の判例としての意義は、再検討の余地があります。

他方、①の趣旨からすると、違憲が疑われるのは、執行機関たる長の制定する規則に、規則への違反者に過料を科す定めを置くことを包括的に委任する地方自治法一五条二項だということになるでしょう。

③　法令の限界と条例　憲法九四条およびその趣旨を確認する地方自治法一四条一項から、法令に違反する条例を制定することができないことは明らかです。問題となるのは、具体的な場面で、条例が法令に違反しているか否かを判断することです。

とくに、公害の防止を目的として制定された「横出し」（法律が規制対象としないものに対する法律と同一目的の規制）あるいは「上乗せ」（法律と同一の規制対象に対する法律より厳しい規制）を行う条例の効力が議論されました。

伝統的には、いったん法令が規定を置いた事項については、法令の委任がない限り条例があらためて規定を置くことはできないとする「先占」理論が有力でしたが、判例はより柔軟な態度をとっています。道路交通法と公安条例の抵触の有無が問題とされた徳島市公安条例事件で、最高裁は、条例が国の法令に違反するかどうかは、両者の対象事項と規定文言を対比するのみでなく、それぞれの趣旨、目的、内容および効果を比較し、両者の間に矛盾抵触があるかどうかによって判断すべきだとしました（最大判昭和五〇・九・一〇刑集二九巻八号四八九頁〔徳島市公安条例事件〕）。

この判断基準からすれば、法律の規制の趣旨が全国一律の規制の上限を定めるというものであれば、条例による横出し・上乗せ規制は違法となるでしょうが、法律が全国一律の規制の最小限度を定める趣旨のものであれば、地方公共団体が地域の特性を考慮して条例で規制を強化することも許されることになるでしょう。なお、前述の神奈川県臨時特例企業税条例事件判決も、条例の適法性を判断するに際して、徳島市公安条例事件判決の示した判断基準を用いています。

他方、国の法令が規制していないことが、条例による当該対象の規制を許さないことを意味する場合もあります。最高裁は、高知市の普通河川条例について、条例が河川法適用河川より強い管理の定めをすることは違法だとしました（最判昭和五三・一二・二一民集三二巻九号一七二三頁）。

一八歳未満の者への「淫行」を処罰する青少年保護育成条例についても、刑法が一三歳未満の者についてのみ、合意がある場合であっても性交等をすることを犯罪としていることとの関係が問題となります。最高裁は違憲ではないとしましたが（最大判昭和六〇・一〇・二三刑集三九巻六号四一三頁〔福岡県青少年保護育成条例事件〕）、伊藤正己裁判官の反対意見が指摘するように、合意の有無にかかわらず性交等を処罰する年齢の上限を何歳とするべきかは、地域ごとに異なる定めが置かれるべきものではなく、国の法律によって一律に定められるべきものと考えられます。

第24講

憲法の保障

第1講3で説明した実質的意味の憲法をその違反や破壊から守ることを広く、憲法の保障と言います。権力分立や議院内閣制などの統治機構の諸原則も広い意味での憲法の保障手段になります。ここでは、国家行為が憲法に違背するか否かを裁判所が審査する手法（違憲審査）と、憲法典の変更に必要な手続（憲法改正）について、説明します。

1 違憲審査の類型

裁判を通じて法律、命令、処分等の国家行為の合憲性をコントロールする方法としては、大きく二通りのものが区別されます。

(1) 付随的違憲審査と抽象的違憲審査　一つは、司法権を行使する通常裁判所に違憲審査権を行使させる方法です。この制度の下では、具体的な争訟の解決が第一次的な目的とされ、それに付随して必要な限りで違憲審査を行うことが原則となります（付随的違憲審査）。別の言い方をするならば、この制度では、憲法秩序の保障が第一次的な目的ではなく、具体的な事件における個人の権利保障が主たる目的となります（私権保障型）。アメリカ合衆国のほか、イギリスを除くイギリス連邦諸国に、この類型の違憲審査制を採用している国が多く見られます。

他方、違憲審査を担う特別の裁判所を設営する方式もあります。ドイツ、オーストリア、フランスなど、ヨーロッパ大陸諸国に多くこの方式をとる国があります。この方式では、具体的事件の解決とは無関係に（抽象的に）国家行為の合憲性が判断されます（抽象的違憲審査）。私権の保障より憲法秩序の保障が主たる目的となります（憲法保障型）。また、通常裁判所のすべてに違憲審査の権限が分散される付随的違憲審査方式と異なり、この方式では、憲法判断は中央の違憲審査機関に集権化されます。一九二〇年のオーストリア共和国憲法が最初にこの方式を設営したこと（同憲法一三七条以下）に貢献したハンス・ケルゼンの名をとって、ケルゼン型と言われることもあります。

もっともこうした区別は理念型のレベルでの区別にすぎません。たとえばドイツの憲法裁判所は抽象的違憲審査とは別に個人の権利保障を主眼とする憲法異議（Verfassungsbeschwerde）の制度を備えていて、大部分の憲法判断はこのルートでなされています。また、アメリカや日本の最高裁も、具体の事件の解決とは距離を置いた憲法判断を示すことがあります。

(2) 強い違憲審査と弱い違憲審査

近年注目される類型論として、強い違憲審査と弱い違憲審査の区別があります。強い違憲審査では、違憲審査機関による合憲性に関する判定は最終的で、国内のすべての人と機関を拘束します。違憲審査機関自身がその判断を変更するか憲法典が改正されない限り、合憲性に関する判定が覆ることはありません。アメリカ合衆国、ドイツ、フランスの違憲審査は強い違憲審査の典型です。

他方、弱い違憲審査の下では、違憲審査機関による合憲性の判断は、立法府の特別多数決（あるいは単純多数決）で覆されます。典型はカナダで、同国の一九八二年憲法法律三三条は、裁判所による違憲判断にもかかわらず、法律の効力が維持される旨を議会が宣言する余地を認めています。イスラエルも弱い違憲審査制の国です（イスラエルにはまとまった一つの憲法典はありませんが、いくつかの基本法があり、最高裁判所は基本法違反の法律を無効とし、適用しません）。

ここでいう「強い」「弱い」は、違憲審査機関が違憲審査に積極的か消極的かの区別とは異なります。カナダ、イスラエルの最高裁判所は、いずれも積極的な違憲審査機関として知られています。議会による見直しの余地のあることが、むしろ違憲審査への積極的な姿勢を支えている可能性があります。

最も強い違憲審査機関は、憲法改正自体が違憲無効であると判断することがあります。インドの最高裁判所は憲法の基本構造に反する憲法改正は無効であるとの法理を確立し、実際に改正を無効と判断したことがあります（Kesavananda Bharati v. State of Kerala, (1973) 4 SCC 225）。同様の法理は、ドイツ、台湾でも受け入れられています。

(3) **日本国憲法の違憲審査制**　日本国憲法については、判例・通説ともに、付随的違憲審査制が採用されていると考えています。最高裁は、憲法八一条は「米国憲法の解釈として樹立せられた違憲審査権を、明文をもって規定した」ものだとしています（最大判昭和二三・七・七刑集二巻八号八〇一頁）。

つまり、違憲審査権は、具体的な争訟の解決という司法作用の範囲内で行使されることが原則となります。警察予備隊違憲訴訟の最高裁判決は、「わが裁判所が現行の制度上与えられているのは司法権を行う権限であり、そして司法権が発動するためには具体的な争訟事件が提起されることを必要とする。我が裁判所は具体的な争訟事件が提起されないのに将来を予想して憲法及びその他の法律命令等の解釈に対し存在する疑義論争に関し抽象的な判断を下すごとき権限を行い得るものではない」としています（最大判昭和二七・一〇・八民集六巻九号七八三頁〔警察予備隊違憲訴訟〕）。

もっとも、最高裁に抽象的な違憲審査権を与える法律を制定しても違憲ではないとの理解もあり得ます。警察予備隊違憲訴訟判決が、裁判所が「具体的事件を離れて抽象的に法律命令等の合憲性を判断する権限を有するとの見解には、憲法上及び法令上何等の根拠も存しない」としている点も、法令上の根拠がある場合の結論を留保していると見る余地があります（傍点筆者）。

裁判所に、機関訴訟や民衆訴訟のような、伝統的な司法作用ではない紛争を解決する権限を法律によって付与することが許容され、それらの訴訟の解決に際して数々の憲法判断が行われていることからすれば（第22講**2**(3)［法律の定めにもとづく裁判所の権限］）、具体的事件を離れた違憲審査権を与えることが直ちに憲法違反になるとまでは言えないでしょう。もっとも、伝統的な司法作用を固有の権限とする裁判所に、違憲審査権を含むどこまでの権限を与えることが許容されるかについては、慎重な判断が必要です。複雑な問題が絡み合っているために、本来、多方面にわたる知識と情報にもとづいて国民の代表が審議・決定すべき問題を司法裁判所の判断に丸投げするような授権は、憲法七六条一項に反することになります。

2 憲法判断回避の準則

(1) 必要性の原則　日本の違憲審査制が付随的違憲審査制であることからすると、違憲審査が行われるのは、具体的事件の解決に必要な場合に限られることが原則になります（必要性の原則）。必要性の原則の実質的根拠としては、①民主政の下にあっては、有権者に直接に政治責任を負うことのない司法権は謙抑的であるべきこと、②司法権は具体的事件の解決を第一次的任務とすべきことが挙げられています。

もっとも、必要性の原則は、司法の自制につながるさまざまな慎慮（司法過程が考慮し得る事実や主張の限界、司法権力の本来的脆弱さ、民主的な審議・決定の余地が残されるべきこと等）にもとづく裁判所の裁量的判断を方向づけるものであって、憲法の直接の要請ではないことに留意する必要があります。別の言い方をするなら、必要性の原則に反して憲法判断を行うことが、それ自体、直ちに憲法違反になるわけではありません。

(2)　**ブランダイス・ルール**　必要性の原則からは、憲法判断回避の準則が導かれます。この準則については、アメリカ連邦最高裁が一九三六年に下したアシュワンダー判決（Ashwander v. TVA, 297 U.S. 288（1936））の補足意見でブランダイス裁判官がまとめたものがよく知られています。彼は七つの準則を述べていますが、そのうち重要なのは、次に掲げる第四準則と第七準則です。

第四準則：連邦最高裁は、憲法問題が記録によって適切に提出されていても、もし事件を処理することのできるほかの理由が存在する場合には、その憲法問題には判断を下さない。

第七準則：連邦議会制定法の効力が問題となった場合、合憲性について重大な疑いが提起されても、その憲法問題を避けることができるような法律の解釈が可能かどうかを連邦最高裁が最初に確かめることが、基本的な原則である。

第四準則は、事件を解決できる論点が複数あるときは、なるべく憲法問題を含まない論点で解決せよと求めています。他方、第七準則は、①ある法律を解釈する際、その法律の合憲性への疑いを避けることのできる解釈が可能であれば、それに従うべきであるし、②憲法問題を含む論点について法律を解釈する場合でも、ある解釈をとれば合憲となり、ある解釈をとれば違憲となる場合には、合憲となる解釈を採用することを求めています。第四準則と第七準則①は、憲法判断自体の回避を求めており、第七準則②は合憲解釈を求めているというわけです。

(3) **憲法判断自体の回避**　憲法判断自体の回避が問題となった事例としては、自衛隊の合憲性が争われた恵庭事件が有名です。この事件で札幌地裁は、「裁判所が一定の立法なりその他の国家行為について違憲審査権を行使しうるのは、具体的な法律上の争訟の裁判においてのみであるとともに、具体的争訟の裁判に必要な限度にかぎられることはいうまでもない」として、このことを刑事事件に即して言うならば、「当該事件の裁判の主文の判断に直接かつ絶対必要なばあいにだけ、立法その他の国家行為の憲法適否に関する審査決定をなすべき」だとしました（札幌地判昭和四二・三・二九下刑集九巻三号三五九頁）。

そして、自衛隊の演習地の通信線を切断した被告人の行為は、「防衛の用に供する物を損壊」するという自衛隊法一二一条の構成要件に該当しないので、自衛隊法に関する憲法判断は不必要であるとしています。これは前述の区分で言えば、第七準則①に応じた解釈と言えるでしょう。

しかし、憲法判断回避の準則をここまで厳格に適用すべきではないのではないか、むしろ、国民の基本権にかかわるもので類似の事件が多発するおそれがあり、しかも憲法上の争点が明確である場合には、主文の判断に直接かつ絶対必要な場合ではなくとも、憲法判断に踏み込むべきだとの見解も有力です。

最高裁の判例の中には、訴えの利益が失われたという理由で原告の請求を却下し（最大判昭和二八・

一二・二三民集七巻一三号一五六一頁〔皇居前広場事件〕）、あるいは、原告の死亡によって訴訟が終了したとしながら（最大判昭和四二・五・二四民集二一巻五号一〇四三頁〔朝日訴訟〕）、「なお、念のため」として、憲法判断をあえて示しているものがあります。厳格な必要性が憲法判断の前提条件であるとの立場を最高裁はとっていないと考えられます。

⑷　**合憲解釈**　前述の第七準則②から導かれる解釈技術として、合憲解釈の手法があります。よく行われるのは、法令の適用範囲を解釈によって正当化可能な範囲まで限定することで、違憲性の疑いを避ける、合憲限定解釈（saving restrictive construction）と言われるものです。この解釈技術が用いられた典型的な事例としては、「二重の絞り」論がとられた都教組事件判決（最大判昭和四四・四・二刑集二三巻五号三〇五頁）があります（第16講**6**⑵参照）。

他方、国籍法違憲判決（最大判平成二〇・六・四民集六二巻六号一三六七頁）（第14講**3**⑴参照）で、藤田宙靖裁判官の意見は、原告を救済する手段として、簡易な手続によって日本国籍を取得する途を日本人たる父から出生後に認知されたにとどまる子にも拡張する合憲拡張解釈の手法を提案しています。

もっとも、こうした合憲解釈の技術にも一定の限界があります。とくに表現の自由のような優越的自由を規制する法令については、限定解釈をしなければ合憲と言えない法律の存在すること自体が、憲法で保護された行為への萎縮効果をもたらすため、むしろ法律自体を文面上違憲とすべき場合があります。憲法上規制を正当化し得ない行為が相当程度、過剰に規律されている場合は、合憲解釈をしようとすると解釈の結果と文面との間に大きな乖離が生ずるため、法令全体が漠然性の瑕疵を帯びて無効となるという、過度の広範性のゆえに無効の法理は、こうした考え方のあらわれです（第7講7(2)参照）。

最高裁は、表現の自由を規制する立法について合憲限定解釈が許されるのは、「その解釈により、規制の対象となるものとそうでないものとが明確に区別され、かつ、合憲的に規制し得るもののみが規制の対象となることが明らかにされる場合」であって、しかも「一般国民の理解において、具体的場合に当該表現物が規制の対象となるかどうかの判断を可能ならしめるような基準をその規定から読みとることができる」場合に限られるとしています（最大判昭和五九・一二・一二民集三八巻一二号一三〇八頁〔税関検査事件〕）。

刑罰法規に対する明確性の要請に関しても、やはり解釈によって法令を救済することには限界があります。徳島市公安条例事件判決は、「通常の判断能力を有する一般人の理解において、具体的場合に当該行為がその適用を受けるものかどうかの判断を可能ならしめるような基準が読みとれるかどうか」が、ある法令が違憲と判断されるか否かの分かれ目であるとしました（最大判昭和五〇・九・一〇刑集二九巻八号四八九頁〔徳島市公安条例事件〕）（第7講7(1)〔漠然性のゆえに無効の法理〕）。

最高裁は、青少年に対する「淫行」を処罰する福岡県の条例について、「淫行」とは「青少年を単に自己の性的欲望を満足させるための対象として扱っているとしか認められないような性交又は性交類似行為」をいうものとした上で、このように限定して解釈するときは、同条例の規定について、処罰の範囲が不当に広範であるとも不明確であるともいえないとしています（最大判昭六〇・一〇・二三刑集三九巻六号四一三頁〔福岡県青少年保護育成条例事件〕）。ただ、こうした結論に到達するに十分な基準を一般人が「淫行」という文言から読み取ることができるか否かについては、疑問が提起されています（同判決への伊藤正己裁判官の反対意見参照）。

3　適用違憲と法令違憲

2で説明した憲法判断回避の準則からすると、たとえ憲法上の論点についての判断が必要となった場合でも、裁判所としてはまず法令の合憲解釈が可能か否かを調べるべきであり、適切な合憲解釈が困難である場合に限って違憲判断を下すべきことになります。ところで、違憲判断には、適用違憲と法令違憲の二つの方式があります。

(1)　**適用違憲**　ある法令の合憲性について重大な疑いがある場合でも、その法令が適用されるあらゆる場面について違憲と判断されることは稀です。憲法上規制が正当化され得ない行為を制約する法令は、規制が正当化され得る行為をも制約していることが通常です。

そうした場合には、まず規制を正当化し得る行為に規制範囲を限定する合憲限定解釈が試みられるべきです。そうした解釈が難しいときは、違憲判断を下すことになりますが、司法裁判所の本来的任務が具体的争訟の解決にあることからすれば、当該事件で問題となった事実関係に適用される限りで当該法令は違憲という判断を下すことがまず考えられます。これが適用違憲と言われる判断手法です。全農林警職法事件判決（最大判昭和四八・四・二五刑集二七巻四号五四七頁）に付された田中二郎等五名の裁判官の意見は、こうした判断の手順を説明しています。

こうした適用違憲の判断が示された裁判例として、猿払事件の第一審判決があります（旭川地判昭和四三・三・二五下刑集一〇巻三号二九三頁）。同判決は、「非管理職である現業公務員で、その職務内容が機械的労務の提供に止まるものが、勤務時間外に、国の施設を利用することなく、かつ職務を利用し、若しくはその公正を害する意図なしで行った人事院規則一四－七、六項一三号の行為」に刑事罰を科す国家公務員法一一〇条一項一九号（現一一一条の二第二号）は、行為に対する制裁として合理的な必要最小限度を超えるが、同条項に対して「制限解釈を加える余地は全く存しない」との前提から、被告人の行為に適用される限度において、同条項は憲法二一条および三一条に反するとの判断を下しています。

適用違憲の判断は、これ以外の場面でも用いられることがあります。まず、合憲限定解釈が可能であるにもかかわらず、それをしないで当該法令が違憲的に適用された場合、その適用行為を違憲とする類型です。全逓プラカード事件の第一審判決は、やはり国家公務員法一〇二条一項および人事院規則一四-七の違憲性が問題となった事件に関するものですが、これらの規定を合憲限定解釈すれば原告の行為は懲戒処分の対象とはならないはずであるにもかかわらず、そうした解釈をしないでなされた処分を、同判決は、適用上、違憲無効としています（東京地判昭和四六・一一・一判時六四六号二六頁）。ただ、こうした事例では、当該処分を違法とすれば足り、違憲と判断する必要はないとも言えます。

純然たる訴訟事件について、非公開の非訟手続により決定の形式でした裁判は、非訟事件のみを対象とすべき金銭債務臨時調停法の解釈適用を誤ったもので、違法であるとともに憲法八二条および三二条に反するとした最高裁決定（最大決昭和三五・七・六民集一四巻九号一六五七頁）も同じ類型のものです（第17講**6**）。

次に、法令そのものは完全に合憲であるにもかかわらず、その解釈適用を誤った結果、違憲の行為が行われたときに、それを違憲とする判断があります。この類型でも、違法とすれば足り、違憲判断は不要とも言えます。現行の教科書検定制度そのものは違憲ではないが、教科書の記述の内容の当否に立ち入って検定を行い不合格とした処分を、制度の運用を誤ったもので憲法二一条二項違反とした第二次家永教科書訴訟第一審判決（東京地判昭和四五・七・一七行集二一巻七号別冊一頁）がこの類型の例です。

法令の解釈適用を誤った末に下された処分が違憲とされる類型は、処分違憲と言うべきだという見解があります。もっとも、こうした事例でも、問題となる法令を当該場面で適用したことが違憲であることは前提となっているはずですから、適用違憲の類型として位置づけることが誤りというわけではないでしょう。

(2)　法令違憲　法令違憲とは、当該法令が適用され得るあらゆる場面で違憲という判断です。きわめて例外的な判断のはずです。

もっとも、第7講7(2)で説明した過度の広範性のゆえに無効の法理が妥当する場面のように、行き過ぎた広範性があるために、法令を救済するための合憲限定解釈を施そうとすると実際に適用される範囲と法令の文言との間に極端な乖離が生じ、そのために法令全体が漠然性の瑕疵を帯びることもあります。その場合は、法令は適用され得るあらゆる場面で違憲ということになります。

このことを指して、過度の広範性のゆえに無効の法理が妥当する場面については、例外的に、第三者の権利侵害を主張する資格（適格）が認められると言われることがあります（規制が正当化されるはずの当事者であっても、規制が正当化されない行動をとる人が萎縮することを理由に法令全体が無効だと主張していることになりますから）。しかし、これは見かけの上の話です。結局、この法令は全体が漠然性の瑕疵を帯びて無効となるわけですから、規制が正当化され得るはずの当事者も結局、自分に適用されることも違憲だと主張する資格が十分あります。

最高裁が法令の一部が違憲であると判断するとき、一定のベースラインの存在を前提として、意味の一部が違憲であると判断することがある点については、第14講3(1)〔国籍法違憲判決〕・(3)〔再婚禁止期間規定違憲判決〕、第17講8(1)〔郵便法違憲判決〕で説明しました。

4　違憲判決の効力

違憲判決の効力という標題で通常、議論されているのは、最高裁判所が下した法令違憲の判断の効力です。二つの説が対立しています。

(1)　一般的効力説と個別的効力説　一般的効力説によると、最高裁による法令違憲の判断には、当該法令を廃止する（法令集から削除する）効力があります。これに対して、個別的効力説によると、法令違憲の判断は当該法令を廃止するわけではなく、当該事件の当事者にはその法令が適用されないという効果を持つだけです。

付随的違憲審査制の建前からすると、法令違憲の判断の効力も当該事件の当事者に限って及ぶと考えるのが素直です。しかし、実際問題としては、仮に個別的効力説の立場をとったとしても、違憲であるとされた法令は以後、行政機関や裁判所によって適用・執行されることはないでしょうから、事実上は、一般的効力説と同じ効果を持つことになります。両説の間に違いがあるとすれば、最高裁による法令違憲の判断が下されたのち、立法府がその法令を廃止しないうちに、最高裁が判例変更をしたというごくごく例外的な場合でしょう（個別的効力説からすると、法令の効力は復活して再び適用・執行されることになります）。

(2) **違憲判断の効果の遡及**　いずれの説をとる場合でも、違憲判断の効果が遡及するのかという問題があります。古典的な司法観からすると、司法裁判所が行うのは立法作用ではなく、既存の法令の解釈適用にとどまりますから、違憲判断の効果は遡及すると考えるべきことになります。制定当時は合理性を具えていた立法が、その後の諸事情の変化によって合理性を失い違憲の法令となったという場合でも、合理性を失った時点までは遡及するはずです。

最高裁は、非嫡出子の法定相続分に関する当時の民法九〇〇条四号ただし書が違憲であるとした際、この判断が先例としての事実上の拘束性という形ですでに解決済みの遺産分割等にも遡及して及ぶこととなれば、著しく法的安定性を害することになるとし、この違憲判断は、本件規定が合憲であることを前提としてされた遺産の分割の審判その他の裁判、遺産分割の協議その他の合意等によって確定的なものとなった法律関係に影響を及ぼすものではないとしています（最大決平成二五・九・四民集六七巻六号一三二〇頁）（第14講**3**(2)）。先例の拘束性（力）は**6**で後述するように、もともと法的安定性をはかるためのものですから、拘束性の遡及がかえって甚大な法的不安定を招くことは背理と言えるでしょう。

(3) **純粋将来効**　これに対して、投票価値の不均衡に関して、最高裁が、定数配分規定が全体として違憲の瑕疵を帯びると判断した際に事情判決の法理を用いて当該選挙を無効としなかった判断手法（第14講4［投票価値の平等］）は、最高裁が解決すべき個別の事件にさえ違憲判断をあてはめない、純粋将来効（pure prospective effect）の判断だということになります。将来効判断には、既存の法を前提として行動した私人の期待を保護する機能や、違憲判断の結果として発生し得る重大な国政上の混乱を避けるという利点がある一方、違憲訴訟提起のインセンティヴを失わせる懸念や、裁判所の法創造機能を正面から認めることが司法部への国民の信頼を掘り崩す懸念もあります。とくに強い必要性のある場合に限って用いられるべき判断手法でしょう。

(4) **法令合憲判断の効果**　法令違憲の主張を退ける判断を法令合憲の判断と呼ぶことができるでしょう。法令違憲とは、当該法令が適用され得るあらゆる場面で違憲になるという主張ですから、それを否定する判断は、当該法令は適用され得るあらゆる場面で違憲になるわけではない（合憲的に適用され得る場面もある）と述べているだけです。

最高裁は猿払事件判決の中で、第一審・第二審の判決がとった適用違憲の判断手法について、「ひっきょう法令の一部を違憲とするにひとしし」いもので、法令違憲の主張が退けられた以上は、とることができないとしました（最大判昭和四九・一一・六刑集二八巻九号三九三頁）。しかしこれは、法令違憲でない以上は、当該法令は適用され得るあらゆる場面で合憲であるという明白な論理の錯誤をおかしています。現在の最高裁は、こうしたおかしな考え方はとっていません。

5 違憲審査の対象

憲法八一条の下での違憲審査の対象に法律や命令が含まれることは明らかですが、主に条約について、違憲審査の対象となるか否かが論議されてきました。この問題を検討するには、いくつかの前提問題に解答しておく必要があります。

まず、条約がそのまま国内法としての身分を持つのかという問題があります。イギリスのように、条約に国内法の身分が認められず、条約の内容を国内で執行するには、同じ内容の法律をあらためて制定しなければならない体制の下では、条約を違憲審査する必要はなく、憲法と抵触し得るのはそれを実施するための法令だということになります。日本では、条約の締結に国会の承認が必要とされていることもあり（憲法七三条三号）、条約にはそのまま国内法としての身分があると考えられています。

第二に、条約の中には、抽象的なレベルの法規範にすぎず、それを具体的に実施するためには、やはりあらためて国内法を制定しなければならないものもあります。このような条約については、それを実施するための国内法の合憲性を問うことで足りると考えることもできます。逆に言うと、条約の違憲審査が問題となるのは、本来は、国内法として自働執行性のある（self-executing）条約のはずです。

もっとも、最高裁は砂川事件で、自働執行性があるとは言いがたい旧日米安保条約の合憲性を審査していますから（最大判昭和三四・一二・一六刑集一三巻一三号三二二五頁）（第22講 **2** ⑵ ⑦）、自働執行性のあることが条約の違憲審査を行う必要条件だとは考えていないようです。現日米安保条約および日米地位協定による国の義務を履行するための駐留軍用地特別措置法にもとづく土地の使用認定等の合憲性が論点となった訴訟で、最高裁は、条約上の国の義務を履行するために必要かつ合理的な行為を行うことが違憲であるとの主張は、その条約が違憲であるという主張に等しいとしています（最大判平成八・八・二八民集五〇巻七号一九五二頁〔沖縄代理署名訴訟〕）。こうした考え方からすると、自働執行性の有無を議論することにさほどの意味はなさそうです。

第三に、条約にそのまま国内法としての身分があるとすると、他の国内法との効力関係が問題になります。条約と法律とでは、条約の効力が上回ると考えられていますが、憲法との関係では説が分かれます。通説は憲法優位説をとっています。その根拠は、条約締結という簡易な手続に憲法改正と同様の効果を認めるべきでないことにあります。そうである以上は、容易には変化しない「確立された国際法規」（憲法九八条二項）には、憲法を上回る効果を認める余地もあるでしょう。

国内法として、憲法の効力が条約の効力を上回るとすると、その次にはじめて、条約は違憲審査の対象となるのかという問題が出てきます。

この点について、条約は違憲審査の対象とならないとする説があると言われることがあります。その主唱者とされているのは清宮四郎ですが、彼は実際には、条約の中には違憲審査の対象とならないものもあるとするにとどまり、「条約は、その内容も締結手続も憲法適合性が判断されるべきものである」と明言しています（清宮四郎『憲法Ⅰ〔第三版〕』〔有斐閣、一九七九〕三四一頁）。

彼が、条約の中に裁判所の審査に適しないものがある、その根拠として挙げているのは、①条約は憲法八一条に列挙された違憲審査の対象から除かれている、②条約は国家間の合意であり、一国のみの判断で無効とはできない、③条約の中には高度に政治的な内容を含むものが多い、という三点です（同書三七五頁）。

しかし、憲法八一条は違憲審査の対象を限定列挙しているわけではないでしょうし（条例も挙げられていません）、国家間の合意であることを理由に無効とできないのは国際法上の効力であって国内法上の効力ではありません。また条約の内容が高度に政治的であるか否かは、せいぜい統治行為論の適用の可否の問題です。

ただ、前述のように清宮四郎自身、原則として条約が違憲審査の対象となることは認めているわけですから、この問題はほとんど議論する実益がないと思われます。

最高裁は、前述のように、旧日米安保条約のような高度に政治的な条約も、違憲審査の対象となることを認めています（第22講2(2)⑦）。

6　判例とその変更

判例、とりわけ最高裁の判例については、法的拘束力があるか否かが議論されることがあります。判例法国では法的拘束力があるが、成文法国では事実上の拘束力のみがあるとの議論もありますが、最高裁の判例が下級裁判所を拘束する局面に関する限り、これはあまり実益のない議論でしょう。判例が裁判所を事実上、拘束しているということは、それが法的に裁判所を拘束しているということと、実際には違いがありません。

他方、憲法問題に関する最高裁の判例が、最高裁判所自身をどこまで拘束するかという問題があります。判例変更の条件に関する問題です。憲法に関する最高裁の解釈を変えるには、最高裁自身がそれを変えない限り、憲法改正手続が必要となることを理由に、憲法判例の変更は他の判例変更の場合より柔軟に考えるべきだとの見解もありますが、おそらくは、判例の機能に即して、次のように考えるべきでしょう。

先例の拘束性を支える論理としてアメリカ合衆国でしばしば言及されるのは、「多くの事柄では、適用される法的ルールが定まっていることは、それが正しく定まることより重要である」とのブランダイス裁判官の見解です（Burnet v. Coronado Oil & Gas Co., 285 U.S. 393（1932））。判例の役割は、多くの人々が従うべきルールを示し、調整問題を解決することに求められるのだから、いったん判例が私人に行動の基準を示した以上、その予測可能性を保障することが肝心だという議論です。調整問題の解決である以上は、その判例が「誤った」判例であるということは考えにくいでしょう。よほどの理由がない限りは、判例を変えるべきではありません。

ただ、憲法の場合は、社会生活のルールを示す通常の判例とは異なる考慮が妥当することがあります。憲法、とくにその基本権条項は、権威主張を行う法律以下の法令の権威を解除し、本当にこの法令に従って行動するのが正しいのか、人としての良識に立ち戻って考え直せと呼びかけています（第22講**4**〔裁判官の良心〕）。そうした良識に照らしたとき「誤って」いると考えるべき十分な理由のある過去の判例も存在するでしょう。その場合は、判例は変更されるべきです。他方、基本権条項を含めて憲法に求められているのは、通常の立法によっては変更されるべきでない、中長期的に守り伝えていくべき社会の基本的価値であり原理です。そうした価値や原理に即した判例は、簡単に変えるべきではありません。

というわけで、通常の判例と異なり、憲法については、内容の善し悪しについて個別に検討しない限り、変えるべきか否かの判断ができないわけです。憲法判例変更の条件について、一般論はできません。

7　憲法の改正

(1)　硬性憲法

憲法典（形式的意味の憲法）が、通常の法律よりも厳格な手続によらなければ改正できない場合、それを硬性憲法と呼び、通常の法律と同様の手続で改正できる場合、軟性憲法と呼びます。

硬性憲法と軟性憲法の区別は、イギリスの法学者ジェームズ・ブライスが行ったものですが、彼は、成典か否かの区別を前提とせず、憲法一般にこの分類をあてはめました。ただ、軟性か硬性かの区別は、憲法典がある場合に限って、それが通常の法律と同じ手続で改正できるか否かで区別する方が、問題が明確になります。

というのも、たとえば国会主権の原則（国会制定法でどんな法令でも変更できるという原則）があると言われるイギリスでは、仮に硬性の憲法典を国会が制定したとしても、その憲法典を国会が後で単純多数決で廃止したり変更したりすることもできます。言い換えると、イギリスは軟性憲法（国会主権）という変更し得ない憲法原則がある国だということになって、結局、硬性憲法の国だということにならないでしょうか（軟性憲法の原則は変えられないわけですから）。となると、軟性憲法の国家はこの世に存在しないことになってしまいます。

近代立憲主義は、一般に憲法の成典化と硬性化を推し進めました。政治権力に対する拘束と人民の基本権の内容を成典化すれば、内容は明確となりますし、そうしてできあがった成典憲法を硬性化すれば、そのときどきの議会多数派の恣意的な決定から、少数者の権利や社会の中長期的な基本原理を守ることができます。また、改正手続に国民投票を取り入れることで、国民の意思を憲法に反映し、憲法の正統性を高めることも期待できるでしょう。

もっとも、憲法改正手続が厳格であることは、必ずしも実際の改正が困難であることを意味しません。改正がなされるか否かは、実際の政治情勢や憲法を擁護しようとする国民の意識にもよるものです。議会での特別多数決の意味は議員を選出する選挙制度にも依存します。小選挙区制で選出される議会で三分の二の多数を確保することは、純粋な比例代表制で選出される議会で二分の一の多数を確保することに比べて困難とは限りません。

憲法の改正が困難であると、憲法典の外側でそれを補充したり、あるいは憲法典と抵触する法令や慣習が生成することもあります。

(2) **憲法改正手続**　日本国憲法は九六条一項で、改正のためには、衆参両院の総議員の三分の二以上の賛成による改正の発議と、国民の承認とが必要だとしています。日本国憲法は硬性憲法です。

二〇〇七年に成立した「日本国憲法の改正手続に関する法律」は、国民投票の手続について定めるとともに、国会による発議に関する手続を整備するための国会法の改正を行っています。憲法改正案の原案の発議は、衆議院では議員一〇〇人以上、参議院では議員五〇人以上の賛成をもって「内容において関連する事項ごとに区分して」行われます（同法一五一条、国会法六八条の二・六八条の三）。国民投票は、国会が改正を発議した日から起算して六〇日以後、一八〇日以内において、国会の議決した期日に行われ（日本国憲法の改正手続に関する法律二条一項）、国民投票において、改正案に賛成する投票数が有効投票総数の二分の一を超えたときは、憲法九六条一項にいう「国民の承認」があったものとされます（同法一二六条一項）。

最近議論となった論点として、国民投票に向けて改正の賛否を有権者に訴えかける国民投票運動に関して、テレビ広告の時間量等について賛否の立場の公平性を期すための規制を設けるべきではないかという問題があります。

表現の自由の原則論から、規制を設けるべきではないというのが一つの立場です。他方、一般に国政に関して表現の自由が保障されるべきなのは、自由な表現活動が結果として思想の公正な自由競争をもたらすと期待されるからであって、公正な競争が到底期待できそうもない場合にまで、表現の自由にこだわるべきではないという議論もあります。テレビ・ラジオに関する限りは、広告放送も放送事業者の編集権の下にある以上、第8講3［放送の規律］で触れた、放送法四条一項の定める「政治的に公平であること」という責務が課されることになります（日本国憲法の改正手続に関する法律一〇四条参照）。

(3) 改正の限界

日本国憲法に限らず、憲法にはそれを支える核心的な原則があり、その原則を変えることは、たとえ憲法の定める改正手続を踏んだとしても、できないはずだという議論があります。憲法改正の限界と言われる論点です。

大日本帝国憲法の核心であった君主制原理（天皇主権原理）は、改正手続を踏んでも変えられないはずのものであり、それがポツダム宣言受諾時に国民主権原理に変わったのは法的意味の革命だという八月革命説（第2講7）は、旧憲法に改正の限界があったことを前提としています。また、改正の限界を超える改正が行われた場合には、違憲審査機関がその改正自体を違憲無効とできるという議論（本講1(2)）もこうした考え方に立脚しています。

改正の限界という論点を明確化したカール・シュミットは、それを国民の憲法制定権力という想定と結びつけました。憲法制定権力が憲法制定時に行った基本的決定は、改正手続を経ても変えることができないという議論です。ただ第2講6［「押しつけ憲法」論］でも触れたことですが、国民の憲法制定権力という観念は、法学的には意味のない政治的論議と考えるべきでしょう。まだ憲法も存在せず、誰がメンバーかもはっきりせず、組織もされず、決定の手続も決まっていない人々の集まり（国民）が何事かを決定できるという想定自体、理解が困難です。憲法制定権力という神秘的な概念を引き合いに出さなくとも、改正に限界があるか否かは十分に議論することができます。

改正に限界があるか否かは、最終的には、国会、裁判所、有権者を含めた、改正にたずさわる人々の意識にかかわる問題です。これらの人々の大多数が現に限界があると考えるとき、限界はあります。これは、日本国憲法が日本の最高法規である究極の根拠が、憲法を最高法規として現に受け入れる国会、内閣、裁判所、有権者がいてこそであることと事情は変わりません。憲法九八条一項に、「この憲法は、国の最高法規」であると書いてあるからではありません。「私は正直者だ」と言う人が正直者とは限らないのと同じことです。

現在の日本にそうした限界はあるでしょうか。第1講で説明した近代立憲主義を支える考え方がそうかも知れません。根底的に対立する世界観を抱く人たちがそれでも人間らしく生きるために社会生活をおくるには、お互いに一人一人を、自身の思想と信条を抱き、それに従って生きる存在であることを認め合うこと、すべての個人を個人として尊重する心が必要です。また、社会全体に共通する利益の実現をはかるには、為政者が国民に対して誠実に国政の状況を説明するとともに、ときには国民の判断で為政者を交代させることのできるメカニズムを保持する必要があります。さらに、国内ではもちろん、他国との間でも無用な紛争を起こさぬよう心がけることも必要です。

抽象的な言い方をすれば、基本的人権の尊重、国民主権、そして平和主義が近代立憲主義を支えています。多元的な現代社会で生きる上での良識の核心とも言えるこうした理念は、第1講でも説明したように、人の本性から自然に導かれるものではありません。むしろ少々無理をしないと維持していくことが難しいものです。事実問題として、これからもこうした理念が日本国民の間で共有されていくか否かは、簡単に見通せる話ではありません。

(4) 憲法典の限界　憲法が憲法として役立つ上で肝心なことは、それが近代立憲主義の理念の範囲内で（つまり、多元的な社会生活を支える良識の範囲内で）、憲法レベルの調整問題を解決していること（つまり、国家機関相互の関係や国家行為の決定手続等を分かりやすく決めていること）です。

憲法について議論したり判断したりするとき、憲法典の条文にこだわりすぎるのは考えものです。他方、憲法の大切な役割は、憲法レベルの調整問題（両院制か一院制か、国会議員の任期は何年か、首相は誰が指名するか等）を解決することに加えて、人々に法という補助手段に頼らず、自分自身の良識を信じ、判断しなければならないこともあることを想起させてくれるよすがとなることです。とりわけ、基本権の尊重や国民主権、平和主義といった、憲法典そのものを支える基本原則に関して、テクストを変えるか変えないかにこだわるのは、子どもじみた態度です。あるいは、プラトンのことばを借りるなら、どんな場合でも条文通りになっていないと気が済まない「強情で愚鈍な人間にそっくり」ということになります（『ポリティコス（政治家）』水野有庸訳〔岩波書店、一九七六〕三一六–三一七頁[294B]）。

「われわれは憲法典、法律、裁判所に期待をかけすぎてはいないだろうか。それは偽りの期待だ。自由は人々の心に生きる。人々の心の中で自由が死んだとき、憲法典も法律も裁判所も、全く助けにならない」と、アメリカの裁判官、ラーニッド・ハンドは指摘しています。政治学者のロバート・ダールは、「憲法典のせいでアメリカの民主主義が守られているという考え方は、明らかに逆立ちしている。われわれの社会の本質が民主的であるからこそ、民主的な憲法典が守られているのだ」と指摘しています。

憲法のテクストが何百年も変わらないとしても、私たちの心の中で憲法が死んでしまえば、テクストは何の役にも立ちません。最後は、私たちがどう考えるか、どう行動するか、それが問われています。

文献案内

本書の内容について、さらに深く勉強したいという方には、憲法の条文ごとに詳しく解説する注釈書をご覧になることをおすすめします。入手しやすいものとしては、たとえば、芹沢斉＝市川正人＝阪口正二郎編『新基本法コンメンタール 憲法』（日本評論社、二〇一一）があります。私が関わっている注釈書として、長谷部恭男編『注釈日本国憲法』（有斐閣）があります。現在、第二巻（一〇条～二四条）と第三巻（二五条～六四条）が刊行されています。

判例を解説する参考書としては、長谷部恭男＝石川健治＝宍戸常寿編『憲法判例百選Ⅰ・Ⅱ』（有斐閣）があります。現在、第七版（二〇一九）が刊行されています。

条文を参照するための法令集（「六法」と言われるものです）としては、有斐閣の『ポケット六法』、三省堂の『デイリー六法』が毎年秋に刊行されます。

憲法に関する教科書、論文集、参考書類は数多あります。法律関係の雑誌（論究ジュリスト、法学教室、法律時報、法学セミナー等）は、毎年五月に刊行される号で、しばしば憲法に関する特集を組んでいます。

近代立憲主義はヨーロッパで生まれたものです。ヨーロッパやアメリカの政治思想の古典を読むことで、憲法学の理解は深まります。本文中でもいくつか紹介しました。そのほか、第1講の関係では、シィエス『第三身分とは何か』稲本洋之助ほか訳（岩波文庫、二〇一一）、ホッブズ『リヴァイアサン1〜4』水田洋訳（岩波文庫、一九八二〜一九九二）、ロック『寛容についての手紙』加藤節＝李静和訳（岩波文庫、二〇一八）があります。

第3講との関連では、マルクス『ユダヤ人問題によせて』城塚登訳（岩波文庫、一九七四）があります。第4講との関連では、ルソー「戦争法原理」同『人間不平等起源論』坂倉裕治訳（講談社学術文庫、二〇一六）が、第5講では、ゲオルク・イェリネック『公権論』美濃部達吉ほか訳（信山社、二〇一二）があります。

全体にわたって参考となる古典的価値のある文献として、美濃部達吉『憲法撮要〔改訂第五版〕』（有斐閣、一九三二）、カール・シュミット『憲法理論』尾吹善人訳（創文社、一九七二）、清宮四郎『憲法Ⅰ〔第三版〕』（有斐閣、一九七九）、芦部信喜『憲法学Ⅰ・Ⅱ・Ⅲ〔増補版〕』（有斐閣、一九九二、一九九四、二〇〇〇）、樋口陽一『憲法〔第四版〕』（勁草書房、二〇二一）、佐藤幸治『日本国憲法論〔第二版〕』（成文堂、二〇二〇）があります。

憲法や民法、刑法など法一般の性質をさらに根底から説明する法理論については、H・L・A・ハート『法の概念〔第三版〕』長谷部恭男訳（ちくま学芸文庫、二〇一四）が基本的な文献です。ハートの法理論は、近代的な法体系には、その社会の法（実定法）が何かを識別するための規準となる認定のルール（rule of recognition）があるという議論で知られています。このルールは、裁判官を中核とする公務員集団の事実上の慣行として存在するもので、完全に定式化されることもありませんし、憲法典のように人為的に変更されることもありません。日本にも、認定のルールはあるはずです。彼の法理論は歯応えがありますから、法律科目の勉強が一応済んでから取りかかるのがおすすめです。誰しも奈落も見ると頭がくらくらします。それなりの準備と覚悟が必要です。

第22講4〔裁判官の良心〕でも説明したことですが、憲法には、民法、刑法など、他の法分野とは違うところがあります。憲法を学ぶ上で大切なのは、憲法学独自の技術的な知識を身につけるだけでなく、多元的な価値が衝突する現代社会を生きるための、人としての良識を鍛練し磨くことです。残念ながら、良識は身につけようと思ってつくものではありません。

私の考えをもっと知りたいという方が万一おいでしたら、一般読者向けの解説書として、『憲法と平和を問いなおす』（ちくま新書、二〇〇四）、『憲法とは何か』（岩波新書、二〇〇六）、『憲法の良識』（朝日新書、二〇一八）がありま す。学生向けの参考書として、『Interactive 憲法』（有斐閣、二〇〇六）、『続・Interactive 憲法』（有斐閣、二〇一一）があります。

論文集もいくつか出しています。本書の内容と関係するところが多いのは、『憲法の円環』（岩波書店、二〇一三）と『憲法の理性〔増補新装版〕』（東京大学出版会、二〇一六）でしょうか。第2講で扱った君主制原理については、『憲法の論理』（有斐閣、二〇一七）の第一四章が、第2講、第23講で扱った憲法制定権力については、『憲法の境界』（羽鳥書店、二〇〇九）の第一章が関係しています。第4講で扱ったグロティウス的戦争観については、『憲法の階梯』（有斐閣、二〇二一）の第八章が、第17講と第19講で扱ったルソーの loi の理解については、同書の第五章が関係しています。

日本国憲法（一九四六年一一月三日公布、一九四七年五月三日施行）

日本国民は、正当に選挙された国会における代表者を通じて行動し、われらとわれらの子孫のために、諸国民との協和による成果と、わが国全土にわたつて自由のもたらす恵沢を確保し、政府の行為によつて再び戦争の惨禍が起ることのないやうにすることを決意し、ここに主権が国民に存することを宣言し、この憲法を確定する。そもそも国政は、国民の厳粛な信託によるものであつて、その権威は国民に由来し、その権力は国民の代表者がこれを行使し、その福利は国民がこれを享受する。これは人類普遍の原理であり、この憲法は、かかる原理に基くものである。われらは、これに反する一切の憲法、法令及び詔勅を排除する。

日本国民は、恒久の平和を念願し、人間相互の関係を支配する崇高な理想を深く自覚するのであつて、平和を愛する諸国民の公正と信義に信頼して、われらの安全と生存を保持しようと決意した。われらは、平和を維持し、専制と隷従、圧迫と偏狭を地上から永遠に除去しようと努めてゐる国際社会において、名誉ある地位を占めたいと思ふ。われらは、全世界の国民が、ひとしく恐怖と欠乏から免かれ、平和のうちに生存する権利を有することを確認する。

われらは、いづれの国家も、自国のことのみに専念して他国を無視してはならないのであつて、政治道徳の法則は、普遍的なものであり、この法則に従ふことは、自国の主権を維持し、他国と対等関係に立たうとする各国の責務であると信ずる。

日本国民は、国家の名誉にかけ、全力をあげてこの崇高な理想と目的を達成することを誓ふ。

第一章　天皇

第一条　〔天皇の地位・国民主権〕
天皇は、日本国の象徴であり日本国民統合の象徴であつて、この地位は、主権の存する日本国民の総意に基く。

第二条　〔皇位の継承〕
皇位は、世襲のものであつて、国会の議決した皇室典範の定めるところにより、これを継承する。

第三条　〔天皇の国事行為に対する内閣の助言と承認〕
天皇の国事に関するすべての行為には、内閣の助言と承認を必要とし、内閣が、その責任を負ふ。

第四条　〔天皇の権能の限界、天皇の国事行為の委任〕
① 天皇は、この憲法の定める国事に関する行為のみを行ひ、国政に関する権能を有しない。
② 天皇は、法律の定めるところにより、その国事に関する行為を委任することができる。

第五条　〔摂政〕
皇室典範の定めるところにより摂政を置くときは、摂政は、天皇の名でその国事に関する行為を行ふ。この場合には、前条第一項の規定を準用する。

第六条　〔天皇の任命権〕
① 天皇は、国会の指名に基いて、内閣総理大臣を任命する。
② 天皇は、内閣の指名に基いて、最高裁判所の長たる裁判官を任命する。

第七条　〔天皇の国事行為〕
天皇は、内閣の助言と承認により、国民のために、左の国事に関する行為を行ふ。
一　憲法改正、法律、政令及び条約を公布すること。
二　国会を召集すること。
三　衆議院を解散すること。
四　国会議員の総選挙の施行を公示すること。
五　国務大臣及び法律の定めるその他の官吏の任免並びに全権委任状及び大使及び公使の信任状を認証すること。
六　大赦、特赦、減刑、刑の執行の免除及び復権を認証すること。
七　栄典を授与すること。
八　批准書及び法律の定めるその他の外交文書を認証すること。

九　外国の大使及び公使を接受すること。
十　儀式を行ふこと。

第八条　〔皇室の財産授受〕
皇室に財産を譲り渡し、又は皇室が、財産を譲り受け、若しくは賜与することは、国会の議決に基かなければならない。

第二章　戦争の放棄

第九条　〔戦争の放棄、戦力及び交戦権の否認〕
① 日本国民は、正義と秩序を基調とする国際平和を誠実に希求し、国権の発動たる戦争と、武力による威嚇又は武力の行使は、国際紛争を解決する手段としては、永久にこれを放棄する。
② 前項の目的を達するため、陸海空軍その他の戦力は、これを保持しない。国の交戦権は、これを認めない。

第三章　国民の権利及び義務

第一〇条　〔国民の要件〕
日本国民たる要件は、法律でこれを定める。

第一一条　〔基本的人権の享有〕
国民は、すべての基本的人権の享有を妨げられない。この憲法が国民に保障する基本的人権は、侵すことのできない永久の権利として、現在及び将来の国民に与へられる。

第一二条　〔自由・権利の保持の責任とその濫用の禁止〕
この憲法が国民に保障する自由及び権利は、国民の不断の努力によつて、これを保持しなければならない。又、国民は、これを濫用してはならないのであつて、常に公共の福祉のためにこれを利用する責任を負ふ。

第一三条　〔個人の尊重・幸福追求権・公共の福祉〕
すべて国民は、個人として尊重される。生命、自由及び幸福追求に対する国民の権利については、公共の福祉に反しない限り、立法その他の国政の上で、最大の尊重を必要とする。

第一四条　〔法の下の平等、貴族の禁止、栄典〕
① すべて国民は、法の下に平等であつて、人種、信条、性別、社会的身分又は門地により、政治的、経済的又は社会的関係において、差別されない。

② 華族その他の貴族の制度は、これを認めない。

③ 栄誉、勲章その他の栄典の授与は、いかなる特権も伴はない。栄典の授与は、現にこれを有し、又は将来これを受ける者の一代に限り、その効力を有する。

第一五条 〔公務員選定罷免権、公務員の本質、普通選挙の保障、秘密投票の保障〕

① 公務員を選定し、及びこれを罷免することは、国民固有の権利である。

② すべて公務員は、全体の奉仕者であつて、一部の奉仕者ではない。

③ 公務員の選挙については、成年者による普通選挙を保障する。

④ すべて選挙における投票の秘密は、これを侵してはならない。選挙人は、その選択に関し公的にも私的にも責任を問はれない。

第一六条 〔請願権〕

何人も、損害の救済、公務員の罷免、法律、命令又は規則の制定、廃止又は改正その他の事項に関し、平穏に請願する権利を有し、何人も、かかる請願をしたためにいかなる差別待遇も受けない。

第一七条 〔国及び公共団体の賠償責任〕

何人も、公務員の不法行為により、損害を受けたときは、法律の定めるところにより、国又は公共団体に、その賠償を求めることができる。

第一八条 〔奴隷的拘束及び苦役からの自由〕

第一九条　何人も、いかなる奴隷的拘束も受けない。又、犯罪に因る処罰の場合を除いては、その意に反する苦役に服させられない。

［思想及び良心の自由］

第二〇条　思想及び良心の自由は、これを侵してはならない。

［信教の自由］

第二〇条　① 信教の自由は、何人に対してもこれを保障する。いかなる宗教団体も、国から特権を受け、又は政治上の権力を行使してはならない。

② 何人も、宗教上の行為、祝典、儀式又は行事に参加することを強制されない。

③ 国及びその機関は、宗教教育その他いかなる宗教的活動もしてはならない。

［集会・結社・表現の自由、通信の秘密］

第二一条　① 集会、結社及び言論、出版その他一切の表現の自由は、これを保障する。

② 検閲は、これをしてはならない。通信の秘密は、これを侵してはならない。

［居住・移転及び職業選択の自由、外国移住及び国籍離脱の自由］

第二二条　① 何人も、公共の福祉に反しない限り、居住、移転及び職業選択の自由を有する。

② 何人も、外国に移住し、又は国籍を離脱する自由を侵されない。

第二三条　〔学問の自由〕
学問の自由は、これを保障する。

第二四条　〔家族生活における個人の尊厳と両性の平等〕
① 婚姻は、両性の合意のみに基いて成立し、夫婦が同等の権利を有することを基本として、相互の協力により、維持されなければならない。
② 配偶者の選択、財産権、相続、住居の選定、離婚並びに婚姻及び家族に関するその他の事項に関しては、法律は、個人の尊厳と両性の本質的平等に立脚して、制定されなければならない。

第二五条　〔生存権、国の社会的使命〕
① すべて国民は、健康で文化的な最低限度の生活を営む権利を有する。
② 国は、すべての生活部面について、社会福祉、社会保障及び公衆衛生の向上及び増進に努めなければならない。

第二六条　〔教育を受ける権利、教育の義務〕
① すべて国民は、法律の定めるところにより、その能力に応じて、ひとしく教育を受ける権利を有する。
② すべて国民は、法律の定めるところにより、その保護する子女に普通教育を受けさせる義務を負ふ。義務教育は、これを無償とする。

第二七条　［勤労の権利及び義務、勤労条件の基準、児童酷使の禁止］
①　すべて国民は、勤労の権利を有し、義務を負ふ。
②　賃金、就業時間、休息その他の勤労条件に関する基準は、法律でこれを定める。
③　児童は、これを酷使してはならない。

第二八条　［勤労者の団結権］
勤労者の団結する権利及び団体交渉その他の団体行動をする権利は、これを保障する。

第二九条　［財産権］
①　財産権は、これを侵してはならない。
②　財産権の内容は、公共の福祉に適合するやうに、法律でこれを定める。
③　私有財産は、正当な補償の下に、これを公共のために用ひることができる。

第三〇条　［納税の義務］
国民は、法律の定めるところにより、納税の義務を負ふ。

第三一条　［法定の手続の保障］
何人も、法律の定める手続によらなければ、その生命若しくは自由を奪はれ、又はその他の刑罰を科せられない。

第三二条　〔裁判を受ける権利〕
何人も、裁判所において裁判を受ける権利を奪はれない。

第三三条　〔逮捕の要件〕
何人も、現行犯として逮捕される場合を除いては、権限を有する司法官憲が発し、且つ理由となつてゐる犯罪を明示する令状によらなければ、逮捕されない。

第三四条　〔抑留・拘禁の要件、不法拘禁に対する保障〕
何人も、理由を直ちに告げられ、且つ、直ちに弁護人に依頼する権利を与へられなければ、抑留又は拘禁されない。又、何人も、正当な理由がなければ、拘禁されず、要求があれば、その理由は、直ちに本人及びその弁護人の出席する公開の法廷で示されなければならない。

第三五条　〔住居の不可侵〕
① 何人も、その住居、書類及び所持品について、侵入、捜索及び押収を受けることのない権利は、第三十三条の場合を除いては、正当な理由に基いて発せられ、且つ捜索する場所及び押収する物を明示する令状がなければ、侵されない。
② 捜索又は押収は、権限を有する司法官憲が発する各別の令状により、これを行ふ。

第三六条　〔拷問及び残虐刑の禁止〕

公務員による拷問及び残虐な刑罰は、絶対にこれを禁ずる。

第三七条 [刑事被告人の権利]

① すべて刑事事件においては、被告人は、公平な裁判所の迅速な公開裁判を受ける権利を有する。

② 刑事被告人は、すべての証人に対して審問する機会を充分に与へられ、又、公費で自己のために強制的手続により証人を求める権利を有する。

③ 刑事被告人は、いかなる場合にも、資格を有する弁護人を依頼することができる。被告人が自らこれを依頼することができないときは、国でこれを附する。

第三八条 [自己に不利益な供述、自白の証拠能力]

① 何人も、自己に不利益な供述を強要されない。

② 強制、拷問若しくは脅迫による自白又は不当に長く抑留若しくは拘禁された後の自白は、これを証拠とすることができない。

③ 何人も、自己に不利益な唯一の証拠が本人の自白である場合には、有罪とされ、又は刑罰を科せられない。

第三九条 [遡及処罰の禁止・一事不再理]

何人も、実行の時に適法であつた行為又は既に無罪とされた行為については、刑事上の責任を問はれない。又、同一の犯罪について、重ねて刑事上の責任を問はれない。

第四〇条　〔刑事補償〕
何人も、抑留又は拘禁された後、無罪の裁判を受けたときは、法律の定めるところにより、国にその補償を求めることができる。

第四章　国会

第四一条　〔国会の地位・立法権〕
国会は、国権の最高機関であつて、国の唯一の立法機関である。

第四二条　〔両院制〕
国会は、衆議院及び参議院の両議院でこれを構成する。

第四三条　〔両議院の組織・代表〕
① 両議院は、全国民を代表する選挙された議員でこれを組織する。
② 両議院の議員の定数は、法律でこれを定める。

第四四条　〔議員及び選挙人の資格〕
両議院の議員及びその選挙人の資格は、法律でこれを定める。但し、人種、信条、性別、社会的身分、門地、教育、財産又は収入によつて差別してはならない。

第四五条　〔衆議院議員の任期〕
衆議院議員の任期は、四年とする。但し、衆議院解散の場合には、その期間満了前に終了する。

第四六条　〔参議院議員の任期〕
参議院議員の任期は、六年とし、三年ごとに議員の半数を改選する。

第四七条　〔選挙に関する事項〕
選挙区、投票の方法その他両議院の議員の選挙に関する事項は、法律でこれを定める。

第四八条　〔両議院議員兼職の禁止〕
何人も、同時に両議院の議員たることはできない。

第四九条　〔議員の歳費〕
両議院の議員は、法律の定めるところにより、国庫から相当額の歳費を受ける。

第五〇条　〔議員の不逮捕特権〕
両議院の議員は、法律の定める場合を除いては、国会の会期中逮捕されず、会期前に逮捕された議員は、その議院の要求があれば、会期中これを釈放しなければならない。

第五一条　［議員の発言・表決の免責］
両議院の議員は、議院で行つた演説、討論又は表決について、院外で責任を問はれない。

第五二条　［常会］
国会の常会は、毎年一回これを召集する。

第五三条　［臨時会］
内閣は、国会の臨時会の召集を決定することができる。いづれかの議院の総議員の四分の一以上の要求があれば、内閣は、その召集を決定しなければならない。

第五四条　［衆議院の解散・特別会、参議院の緊急集会］
① 衆議院が解散されたときは、解散の日から四十日以内に、衆議院議員の総選挙を行ひ、その選挙の日から三十日以内に、国会を召集しなければならない。
② 衆議院が解散されたときは、参議院は、同時に閉会となる。但し、内閣は、国に緊急の必要があるときは、参議院の緊急集会を求めることができる。
③ 前項但書の緊急集会において採られた措置は、臨時のものであつて、次の国会開会の後十日以内に、衆議院の同意がない場合には、その効力を失ふ。

第五五条　［資格争訟の裁判］
両議院は、各々その議員の資格に関する争訟を裁判する。但し、議員の議席を失はせるには、出席議員の三分の二以上の多数による議決を必要とする。

第五六条［定足数、表決］

① 両議院は、各々その総議員の三分の一以上の出席がなければ、議事を開き議決することができない。

② 両議院の議事は、この憲法に特別の定のある場合を除いては、出席議員の過半数でこれを決し、可否同数のときは、議長の決するところによる。

第五七条［会議の公開、会議録、表決の記載］

① 両議院の会議は、公開とする。但し、出席議員の三分の二以上の多数で議決したときは、秘密会を開くことができる。

② 両議院は、各々その会議の記録を保存し、秘密会の記録の中で特に秘密を要すると認められるもの以外は、これを公表し、且つ一般に頒布しなければならない。

③ 出席議員の五分の一以上の要求があれば、各議員の表決は、これを会議録に記載しなければならない。

第五八条［役員の選任、議院規則・懲罰］

① 両議院は、各々その議長その他の役員を選任する。

② 両議院は、各々その会議その他の手続及び内部の規律に関する規則を定め、

又、院内の秩序をみだした議員を懲罰することができる。但し、議員を除名するには、出席議員の三分の二以上の多数による議決を必要とする。

第五九条［法律案の議決、衆議院の優越］

① 法律案は、この憲法に特別の定のある場合を除いては、両議院で可決したとき法律となる。

② 衆議院で可決し、参議院でこれと異なつた議決をした法律案は、衆議院で出席議員の三分の二以上の多数で再び可決したときは、法律となる。

③ 前項の規定は、法律の定めるところにより、衆議院が、両議院の協議会を開くことを求めることを妨げない。

④ 参議院が、衆議院の可決した法律案を受け取つた後、国会休会中の期間を除いて六十日以内に、議決しないときは、衆議院は、参議院がその法律案を否決したものとみなすことができる。

第六〇条［衆議院の予算先議、予算議決に関する衆議院の優越］

① 予算は、さきに衆議院に提出しなければならない。

② 予算について、参議院で衆議院と異なつた議決をした場合に、法律の定めるところにより、両議院の協議会を開いても意見が一致しないとき、又は参議院が、衆議院の可決した予算を受け取つた後、国会休会中の期間を除いて三十日

以内に、議決しないときは、衆議院の議決を国会の議決とする。

第六一条　〔条約の承認に関する衆議院の優越〕

条約の締結に必要な国会の承認については、前条第二項の規定を準用する。

第六二条　〔議院の国政調査権〕

両議院は、各々国政に関する調査を行ひ、これに関して、証人の出頭及び証言並びに記録の提出を要求することができる。

第六三条　〔閣僚の議院出席の権利と義務〕

内閣総理大臣その他の国務大臣は、両議院の一に議席を有すると有しないとにかかはらず、何時でも議案について発言するため議院に出席することができる。又、答弁又は説明のため出席を求められたときは、出席しなければならない。

第六四条　〔弾劾裁判所〕

① 国会は、罷免の訴追を受けた裁判官を裁判するため、両議院の議員で組織する弾劾裁判所を設ける。

② 弾劾に関する事項は、法律でこれを定める。

第五章　内閣

第六五条　〔行政権〕
行政権は、内閣に属する。

第六六条　〔内閣の組織、国会に対する連帯責任〕
① 内閣は、法律の定めるところにより、その首長たる内閣総理大臣及びその他の国務大臣でこれを組織する。
② 内閣総理大臣その他の国務大臣は、文民でなければならない。
③ 内閣は、行政権の行使について、国会に対し連帯して責任を負ふ。

第六七条　〔内閣総理大臣の指名、衆議院の優越〕
① 内閣総理大臣は、国会議員の中から国会の議決で、これを指名する。この指名は、他のすべての案件に先だつて、これを行ふ。
② 衆議院と参議院とが異なつた指名の議決をした場合に、法律の定めるところにより、両議院の協議会を開いても意見が一致しないとき、又は衆議院が指名の議決をした後、国会休会中の期間を除いて十日以内に、参議院が、指名の議決をしないときは、衆議院の議決を国会の議決とする。

第六八条　〔国務大臣の任命及び罷免〕

① 内閣総理大臣は、国務大臣を任命する。但し、その過半数は、国会議員の中から選ばれなければならない。

② 内閣総理大臣は、任意に国務大臣を罷免することができる。

第六九条　〔内閣不信任決議の効果〕

内閣は、衆議院で不信任の決議案を可決し、又は信任の決議案を否決したときは、十日以内に衆議院が解散されない限り、総辞職をしなければならない。

第七〇条　〔内閣総理大臣の欠缺・新国会の召集と内閣の総辞職〕

内閣総理大臣が欠けたとき、又は衆議院議員総選挙の後に初めて国会の召集があつたときは、内閣は、総辞職をしなければならない。

第七一条　〔総辞職後の内閣〕

前二条の場合には、内閣は、あらたに内閣総理大臣が任命されるまで引き続きその職務を行ふ。

第七二条　〔内閣総理大臣の職務〕

内閣総理大臣は、内閣を代表して議案を国会に提出し、一般国務及び外交関係について国会に報告し、並びに行政各部を指揮監督する。

第七三条　[内閣の職務]
内閣は、他の一般行政事務の外、左の事務を行ふ。
一　法律を誠実に執行し、国務を総理すること。
二　外交関係を処理すること。
三　条約を締結すること。但し、事前に、時宜によつては事後に、国会の承認を経ることを必要とする。
四　法律の定める基準に従ひ、官吏に関する事務を掌理すること。
五　予算を作成して国会に提出すること。
六　この憲法及び法律の規定を実施するために、政令を制定すること。但し、政令には、特にその法律の委任がある場合を除いては、罰則を設けることができない。
七　大赦、特赦、減刑、刑の執行の免除及び復権を決定すること。

第七四条　[法律・政令の署名]
法律及び政令には、すべて主任の国務大臣が署名し、内閣総理大臣が連署することを必要とする。

第七五条　[国務大臣の特典]
国務大臣は、その在任中、内閣総理大臣の同意がなければ、訴追されない。但し、これがため、訴追の権利は、害されない。

第六章　司法

第七六条　[司法権・裁判所、特別裁判所の禁止、裁判官の独立]

① すべて司法権は、最高裁判所及び法律の定めるところにより設置する下級裁判所に属する。

② 特別裁判所は、これを設置することができない。行政機関は、終審として裁判を行ふことができない。

③ すべて裁判官は、その良心に従ひ独立してその職権を行ひ、この憲法及び法律にのみ拘束される。

第七七条　[最高裁判所の規則制定権]

① 最高裁判所は、訴訟に関する手続、弁護士、裁判所の内部規律及び司法事務処理に関する事項について、規則を定める権限を有する。

② 検察官は、最高裁判所の定める規則に従はなければならない。

③ 最高裁判所は、下級裁判所に関する規則を定める権限を、下級裁判所に委任することができる。

第七八条　〔裁判官の身分の保障〕
裁判官は、裁判により、心身の故障のために職務を執ることができないと決定された場合を除いては、公の弾劾によらなければ罷免されない。裁判官の懲戒処分は、行政機関がこれを行ふことはできない。

第七九条　〔最高裁判所の裁判官、国民審査、定年、報酬〕
① 最高裁判所は、その長たる裁判官及び法律の定める員数のその他の裁判官でこれを構成し、その長たる裁判官以外の裁判官は、内閣でこれを任命する。
② 最高裁判所の裁判官の任命は、その任命後初めて行はれる衆議院議員総選挙の際国民の審査に付し、その後十年を経過した後初めて行はれる衆議院議員総選挙の際更に審査に付し、その後も同様とする。
③ 前項の場合において、投票者の多数が裁判官の罷免を可とするときは、その裁判官は、罷免される。
④ 審査に関する事項は、法律でこれを定める。
⑤ 最高裁判所の裁判官は、法律の定める年齢に達した時に退官する。
⑥ 最高裁判所の裁判官は、すべて定期に相当額の報酬を受ける。この報酬は、在任中、これを減額することができない。

第八〇条　〔下級裁判所の裁判官・任期・定年、報酬〕

第八一条

［法令審査権と最高裁判所］

最高裁判所は、一切の法律、命令、規則又は処分が憲法に適合するかしないかを決定する権限を有する終審裁判所である。

第八二条

［裁判の公開］

① 裁判の対審及び判決は、公開法廷でこれを行ふ。

② 裁判所が、裁判官の全員一致で、公の秩序又は善良の風俗を害する虞があると決した場合には、対審は、公開しないでこれを行ふことができる。但し、政治犯罪、出版に関する犯罪又はこの憲法第三章で保障する国民の権利が問題となつてゐる事件の対審は、常にこれを公開しなければならない。

第七章　財政

第八三条　［財政処理の基本原則］
国の財政を処理する権限は、国会の議決に基いて、これを行使しなければならない。

第八四条　［課税］
あらたに租税を課し、又は現行の租税を変更するには、法律又は法律の定める条件によることを必要とする。

第八五条　［国費の支出及び国の債務負担］
国費を支出し、又は国が債務を負担するには、国会の議決に基くことを必要とする。

第八六条　［予算］
内閣は、毎会計年度の予算を作成し、国会に提出して、その審議を受け議決を経なければならない。

第八七条　［予備費］
①　予見し難い予算の不足に充てるため、国会の議決に基いて予備費を設け、内

閣の責任でこれを支出することができる。
② すべて予備費の支出については、内閣は、事後に国会の承諾を得なければならない。

第八八条 〔皇室財産・皇室の費用〕
すべて皇室財産は、国に属する。すべて皇室の費用は、予算に計上して国会の議決を経なければならない。

第八九条 〔公の財産の支出又は利用の制限〕
公金その他の公の財産は、宗教上の組織若しくは団体の使用、便益若しくは維持のため、又は公の支配に属しない慈善、教育若しくは博愛の事業に対し、これを支出し、又はその利用に供してはならない。

第九〇条 〔決算検査、会計検査院〕
① 国の収入支出の決算は、すべて毎年会計検査院がこれを検査し、内閣は、次の年度に、その検査報告とともに、これを国会に提出しなければならない。
② 会計検査院の組織及び権限は、法律でこれを定める。

第九一条 〔財政状況の報告〕
内閣は、国会及び国民に対し、定期に、少くとも毎年一回、国の財政状況について報告しなければならない。

第八章　地方自治

第九二条　［地方自治の基本原則］
地方公共団体の組織及び運営に関する事項は、地方自治の本旨に基いて、法律でこれを定める。

第九三条　［地方公共団体の機関、その直接選挙］
① 地方公共団体には、法律の定めるところにより、その議事機関として議会を設置する。
② 地方公共団体の長、その議会の議員及び法律の定めるその他の吏員は、その地方公共団体の住民が、直接これを選挙する。

第九四条　［地方公共団体の権能］
地方公共団体は、その財産を管理し、事務を処理し、及び行政を執行する権能を有し、法律の範囲内で条例を制定することができる。

第九五条　［特別法の住民投票］
一の地方公共団体のみに適用される特別法は、法律の定めるところにより、その地方公共団体の住民の投票においてその過半数の同意を得なければ、国会は、これを制定することができない。

第九章　改正

第九六条　[改正の手続、その公布]

① この憲法の改正は、各議院の総議員の三分の二以上の賛成で、国会が、これを発議し、国民に提案してその承認を経なければならない。この承認には、特別の国民投票又は国会の定める選挙の際行はれる投票において、その過半数の賛成を必要とする。

② 憲法改正について前項の承認を経たときは、天皇は、国民の名で、この憲法と一体を成すものとして、直ちにこれを公布する。

第十章　最高法規

第九七条　[基本的人権の本質]

この憲法が日本国民に保障する基本的人権は、人類の多年にわたる自由獲得の努力の成果であつて、これらの権利は、過去幾多の試錬に堪へ、現在及び将来の国民に対し、侵すことのできない永久の権利として信託されたものである。

第九八条

［最高法規、条約及び国際法規の遵守］

① この憲法は、国の最高法規であつて、その条規に反する法律、命令、詔勅及び国務に関するその他の行為の全部又は一部は、その効力を有しない。

② 日本国が締結した条約及び確立された国際法規は、これを誠実に遵守することを必要とする。

第九九条

［憲法尊重擁護の義務］

天皇又は摂政及び国務大臣、国会議員、裁判官その他の公務員は、この憲法を尊重し擁護する義務を負ふ。

第十一章　補則

第一〇〇条

［憲法施行期日、準備手続］

① この憲法は、公布の日から起算して六箇月を経過した日から、これを施行する。

② この憲法を施行するために必要な法律の制定、参議院議員の選挙及び国会召集の手続並びにこの憲法を施行するために必要な準備手続は、前項の期日より

も前に、これを行ふことができる。

第一〇一条〔経過規定―参議院未成立の間の国会〕

この憲法施行の際、参議院がまだ成立してゐないときは、その成立するまでの間、衆議院は、国会としての権限を行ふ。

第一〇二条〔同前―第一期の参議院議員の任期〕

この憲法による第一期の参議院議員のうち、その半数の者の任期は、これを三年とする。その議員は、法律の定めるところにより、これを定める。

第一〇三条〔同前―公務員の地位〕

この憲法施行の際現に在職する国務大臣、衆議院議員及び裁判官並びにその他の公務員で、その地位に相応する地位がこの憲法で認められてゐる者は、法律で特別の定をした場合を除いては、この憲法施行のため、当然にはその地位を失ふことはない。但し、この憲法によつて、後任者が選挙又は任命されたときは、当然その地位を失ふ。

高等裁判所

地方裁判所

外国判決

判例索引

大審院・最高裁判所

ま行

や行

ら行

わ行

な行

は行

た行

さ行

事項索引

あ行

か行

著者紹介

長谷部恭男（はせべ やすお）

1956 年　広島に生まれる

1979 年　東京大学法学部卒業

現　在　早稲田大学大学院法務研究科教授

主要著書

『権力への懐疑――憲法学のメタ理論』（日本評論社、1991）

『憲法学のフロンティア』（岩波書店、1999）

『Interactive 憲法』（有斐閣、2006）

『憲法の境界』（羽鳥書店、2009）

『憲法入門』（羽鳥書店、2010）

『憲法の imagination』（羽鳥書店、2010）

『続・Interactive 憲法』（有斐閣、2011）

『憲法の円環』（岩波書店、2013）

『憲法の理性〔増補新装版〕』（東京大学出版会、2016）

『憲法の論理』（有斐閣、2017）

『比較不能な価値の迷路――リベラル・デモクラシーの憲法理論〔増補新装版〕』（東京大学出版会、2018）

『憲法学の虫眼鏡』（羽鳥書店、2019）

『戦争と法』（文藝春秋、2020）

『憲法の階梯』（有斐閣、2021）

『法律学の始発駅』（有斐閣、2021）

『神と自然と憲法と――憲法学の散歩道』（勁草書房、2021）

/Towards a Normal Constitutional State/ (Waseda University Press 2021)

『憲法〔第 8 版〕』（新世社、2022）

憲法講話
——24の入門講義
〔第2版〕

2020年3月10日　初版第1刷発行
2022年2月25日　第2版第1刷発行

著　者　長谷部恭男

発行者　江草貞治
発行所　株式会社有斐閣
〒101-0051
東京都千代田区
神田神保町2-17
http://www.yuhikaku.co.jp/

印　刷　株式会社精興社
製　本　牧製本印刷株式会社

落丁・乱丁本はお取替えいたします。
定価はカバーに表示してあります。

ISBN 978-4-641-22833-7